U0523858

后浪

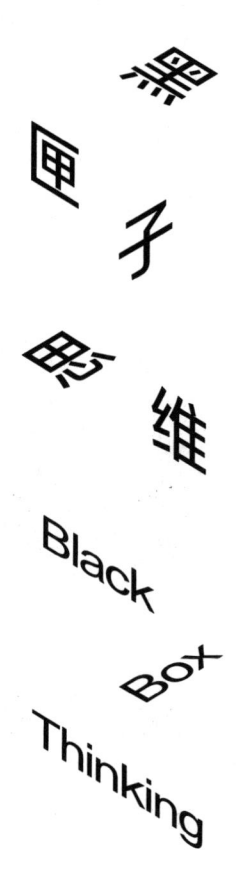

黑匣子思维

Black Box Thinking

[英]马修·萨伊德 —— 著
孙鹏 —— 译

民主与建设出版社
·北京·

献给凯西

目　录

第一部分　对失败的态度之差　从医疗业到航空业

第1章　一台常规手术 ... 3
无法插入的导气管　3
失败的闭路循环　8
犯错＝无能　17

第2章　美国联合航空173号航班 ... 25
在错误中发现价值　25
新规范的建立　32
黑匣子思维　40

第3章　成功的伴谬 ... 46
"哈得孙河奇迹"背后　46
不仅需要证明，还需要证伪　50
制度与意愿缺一不可　59
任重道远　66

第二部分　认知的弱点　人类犯错的心理根源

第4章　冤假错案 ... 77
屈打成招　77
DNA鉴定也无法推翻的错判　79

认知失调　86
　　无尽的借口　94
　　重程序，轻证据　101

第 5 章　理智的扭曲 104
　　自我欺骗与欺骗的根本差异　104
　　消失的大规模杀伤性武器　109
　　迟早会升的通货膨胀率　114
　　试错的勇气　120
　　智慧和资历的反作用力　124

第 6 章　司法改革 129
　　"李森科事件"　129
　　不可靠的记忆　132
　　冰山一角　140

第三部分　重复与对照　应对复杂问题的试错策略

第 7 章　喷嘴悖论 147
　　计算与测试　147
　　自下而上的进步动力　149
　　叙述谬误　159
　　精益创业模式　163
　　平衡计划与变化　171
　　从测试中学习　173

第 8 章　恐吓从善 177
　　监狱之行　177
　　随机对照试验　182
　　恐吓从恶　188

第四部分　小进步与大飞跃　精进细节，百炼创新

第9章　边际收益 201
　　天空车队的成功法则　201
　　援非资金的效果评估　204
　　最优化循环　209
　　商业与公共政策领域的随机对照试验　217
　　边际收益的普适性应用　221
　　顾全大局，还是注重细节　222

第10章　失败激发创新 226
　　吸尘器业界的革命　226
　　创意的生成　230
　　创意的执行　239
　　玩转创意的皮克斯　244
　　失败要趁早　248

第五部分　因小失大　问责倾向的二次伤害

第11章　利比亚阿拉伯航空114号航班 255
　　108条冤魂　255
　　"圆圈行刑队"　261
　　减少谴责，提升业绩　265
　　公开透明的态度　273

第12章　第二受害者 277
　　狂热追责的反作用　277
　　从英雄到罪犯　281
　　远非公正　284

第六部分　拥抱失败　创造不畏失败的成长文化

第13章　贝克汉姆效应 295
　　无数次失误的奠基　295
　　两种思维模式　299
　　"野兽训练营"　304

第14章　重新定义失败 310
　　最成功也最脆弱　310
　　失败与创业精神　314
　　自我妨碍的悖论　317

尾声：放眼全局 323
　　真理观的历史变迁　323
　　社会科学的窘境　330
　　我们能做什么　335
　　持续改变　342

后　记 345

出版后记 348

第一部分

对失败的态度之差

从医疗业到航空业

第1章 一台常规手术

无法插入的导气管

2005年3月29日早上6点15分,马丁·布鲁米利一觉醒来,走到两个孩子——维多利亚和亚当的卧室,叫他们起床。那是一个下着雨的春日清晨,复活节刚过去几天。孩子们兴高采烈,蹦蹦跳跳地下楼吃早饭。几分钟后,他们的妈妈伊莱恩也来到了餐桌前。她在床上多躺了一会儿。

伊莱恩37岁,生性活泼。她在成为全职母亲之前从事旅游业相关工作。今天对伊莱恩来说是个重要的日子:她要入院做手术。她患鼻窦疾病已有几年了,医生建议她进行手术根除。"别担心,"医生告诉她,"没什么危险。只是一个常规手术。"

伊莱恩和马丁结婚15年了。两人通过朋友在一次舞会上相识,然后相爱,最后在北马斯顿定居。这里是一个舒适的小村庄,地处白金汉郡乡下的中心地带,在伦敦西北48千米处。维多利亚1999年出生,亚当晚她两年,生于2001年。

对这对夫妇来说,和很多新家庭一样,生活是紧张忙碌的,但也充满乐趣。就在上周四,他们一家四口首次共同乘坐飞机,周六又参加了一位朋友的婚礼。伊莱恩想尽快把手术做完,再好好休息几天。

早上 7 点 15 分,他们出门了。在去医院的路上,孩子们叽叽喳喳地说个不停。马丁和伊莱恩对手术都不怎么担心。耳鼻喉科的手术医生爱德华兹行医长达 30 多年,声誉颇佳。麻醉师安德顿也有 16 年的经验。[①] 医院的设施都是一流的,一切准备都已就绪。

他们到医院后被领到一个房间,伊莱恩在那里换上了一件蓝色的病号服。"我穿这个漂亮吗?"她问亚当。儿子被逗笑了。维多利亚爬上病床,让妈妈给她讲故事。马丁听着熟悉的剧情,脸上带着微笑。亚当坐在窗台上,玩着他的小汽车。

安德顿医生进来过一次,问了一些常规问题。他很健谈,也很有幽默感。作为一名优秀的医生,他明白让患者放松的重要性。

快到 8 点半时,护士长简进入病房,把病床上的伊莱恩推往手术室。她笑着问道:"你准备好了吗?"维多利亚和亚当走在手推车旁,陪妈妈通过走廊。他们对妈妈说,下午手术后见。走到路口时,马丁带着孩子左转,伊莱恩被推着向右去了。

她侧过身来,笑着对家人说:"再见啦!"

马丁和孩子们走向停车场,准备去超市进行每周一次的采购,再给伊莱恩买几块饼干。与此同时,伊莱恩的病床被推到了手术准备室里。这个房间与手术室相邻,是做最后检查和实施全身麻醉的地方。

安德顿医生来到伊莱恩身旁。对伊莱恩来说,他有着一张熟悉而可靠的面孔。他把一根像吸管一样的套管插入伊莱恩手背上的血管里,麻醉剂会顺着这根管子直接进入她的血液。

[①] 为保护当事人隐私,文中医护人员均使用化名。

"轻轻扎一针，"安德顿医生说，"好了，好好睡一觉吧。"现在是早上8点35分。

麻醉剂的效力很强，不只会让病人进入梦乡，还能让身体的很多重要功能停止运作，因此必须谨慎施打。一般会使用一种叫"喉罩"的器具来辅助呼吸。这是一个可充气的小口袋，用法是从口中插入，固定在呼吸道上方。氧气经此从呼吸道进入，直达肺部。

但这时出了点问题。安德顿医生无法把喉罩放进伊莱恩嘴里：她下颌的肌肉过于紧张，这在麻醉过程中并不罕见。医生加大了肌肉松弛剂的剂量，又试着换上更小型的喉罩，但是仍然无济于事。

8点37分，进入昏迷状态2分钟后，伊莱恩的身体开始发青了。她的血氧饱和度降到了75%，而这个数值一旦低于90%就会被看作严重偏低。8点39分，安德顿医生开始尝试使用氧气面罩盖住病人的口鼻。他仍然无法把氧气送进病人的肺部。

8点41分，安德顿医生决定使用一种经典方法——气管插管。这是在供氧无效时医生会采取的标准办法。他开始向血液中注入肌肉松弛剂，以使患者的下颌肌肉完全松弛、嘴巴完全打开。然后，他用喉镜照亮患者口腔后部，这样一来，他就可以把导气管直接插入呼吸道了。

但就在这时，医生遇到了另一个麻烦：他无法看到呼吸道的位置。通常情况下，那应该是一个规则的三角形孔洞，两边是声带。一般来说，应该很容易把导气管插入呼吸道，让病人开始呼吸。但是，对某些病人来说，呼吸道会被口腔中的软腭挡住，因此无法被观察到。安德顿医生一次又一次地推进导气管，希望能找到目标，但他就是无法成功。

8点43分,伊莱恩的血氧饱和度降到了40%。这已经是仪器所能测量的最低值了。没有了氧气,脑部会开始水肿,可能导致严重的脑损伤。伊莱恩的心率也开始降低,从每分钟69次降到了50次。这说明心脏供血也开始不足。

情况开始变得严重,手术室中的另一位麻醉师巴尼斯特医生也过来帮忙。不久后,耳鼻喉科手术医生爱德华兹也来了。此外,还有三名护士在旁边待命。目前的情况还不能说是灾难性的,但可以容忍错误发生的空间越来越小了。现在,每一个决定都可能攸关生死。

幸好有一种办法正是为这种情况而设计的,那就是气管切开术。到目前为止,所有的困难都在于供氧设备无法通过伊莱恩的口腔进入呼吸道,而气管切开术的一大优势就是可以让医生避开口腔,把患者的咽喉切开一个口,把导气管直接插入气管。

这种手术有一定风险,因此只能被当作万不得已时的最后一招,而眼下就到了这种时刻。现在唯一能让伊莱恩免受致命脑损伤的方法,就是气管切开术。

8点47分,是护士先想到了这个方法。三个护士中最有经验的简飞奔出去,拿来了气管切开术的工具。回来后,她告诉围在伊莱恩身旁的三名医生,工具已经准备好了。

医生们回头看了她一眼,但不知为什么没人回答。他们还在继续尝试把导气管插入伊莱恩口腔后部紧闭的呼吸道中。他们全心投入这种尝试,伸长了脖子,紧张地相互交谈。

简犹豫了。随着时间的流逝,情况变得越来越危急,但她告诉自己,有三名经验丰富的医生在场,他们当然考虑过使用气管切开术的可能性。如果她再次出声提醒,也许会打扰到医生们。如果因此出了什么差错，也许她要负上责任。说不定他们已经出于某种她没想到的理由否决了气管切开术。在这个房间里，她是资历最浅的人之一。他们才是权威人士。

事到如今，医生们的心脏也跳得飞快。他们的注意力被限制住了，这是高度压力下常见的生理反应。他们还在一个劲儿地往她口腔里插导气管。情况变得令人绝望。

伊莱恩的身体已经几乎变紫了。她的心率仅为每分钟40次。她极度渴求氧气。每拖延一秒，都会让她活下去的希望减少一分。

医生们还在狂乱地尝试从口腔进入气管。爱德华兹医生试着插管，巴尼斯特医生又拿起了喉罩。一切都是徒劳。简还在纠结是否要发出提醒，但她最终还是没有出声。

8点55分，一切都已经太迟了。医生们终于帮伊莱恩把血氧饱和度恢复到90%，但此时距离首次尝试插入导气管已经过去了8分钟。从头到尾，伊莱恩在极度缺氧的状况下度过了整整20分钟。医生们在抬头看表时大吃一惊：这不可能。时间都去哪儿了？怎么会过得这么快？

伊莱恩被转入了重症监护室。不久之后的脑部扫描显示出了毁灭性的损伤。通常情况下，扫描结果会是一幅能够清晰显示人脑纹理和形状的图片，但伊莱恩的扫描图片就像电视屏幕上的雪花。缺氧造成了无法挽回的伤害。

那天上午11点，在位于北马斯顿的布鲁米利家，起居室的电话响了。马丁被告知马上来医院一趟。他明白出了问题，但看到妻子陷入昏迷、生死未卜的时候，他仍然大受打击。

随着时间过去，情况进一步恶化了。马丁怎么也想不通，伊莱恩本来很健康，两个孩子还在家等着妈妈回来，他们从超市给妈妈买了饼干。到底是哪里出了问题？

爱德华兹医生把马丁拉到一旁。"马丁，麻醉过程中出了一些问题，"他说，"这种事情在所难免。我们也不知道为什么。麻醉师已经尽全力了，但于事无补。这是个偶发事故。我感到非常抱歉。"

没人提到一次又一次的插管失败。没人提到气管切开术被忽略的事实。没人提到灾难发生时护士对医生的提醒。

马丁点点头，说："我明白了，谢谢您。"

2005年4月11日晚上11点15分，伊莱恩·布鲁米利在经历13天的昏迷后撒手尘寰。白天一直守在病床前的马丁在数分钟后回到了医院。当他到达时，伊莱恩仍有体温。他握着她的手，对她说他爱她，向她保证会尽力照看好孩子们。然后，他吻了她，对她说晚安。

第二天，去医院拿回她的衣物前，马丁问孩子们是否愿意见妈妈最后一面。他没想到，孩子们说愿意。他们被带到一个房间，维多利亚站在床脚，亚当伸手抚摸着妈妈，说了再见。

伊莱恩去世时年仅37岁。

失败的闭路循环

这本书的主题是如何获得成功。在接下来的几百页中，我们将考察世界上最具进取性和创新性的机构和个人，包括谷歌、天空车队（Team Sky）[①]、皮克斯公司和梅赛德斯-奔驰F1车队（Mercedes Formula One Team），也包括篮球运动员迈克尔·乔丹、发明家詹姆

[①] 英国的一支职业自行车队。——编者注

斯·戴森（James Dyson）以及足球明星大卫·贝克汉姆。

纵观人类两百万年的历史，进取性是最令人瞩目的品质之一，在近两个半世纪以来尤其如此。进取性不仅体现在伟大的企业和体育团队身上，也体现在科学、技术和经济的发展过程中。人类取得过重大的进步，也取得过微小的进步，各种改变影响着人类生活的方方面面。

我们想做的是总结出一种规律。我们要透过现象，去发现表象之后，在商业、政治以及生活的各个层面，人类是如何学习、革新并变得越来越具创造性的。最终我们发现，所有这些事例都体现了，人们能获得成功的一个关键点就是学会如何面对失败。这一点得到了有力的证明，而有时可能是通过某些违背我们直觉的方式。

失败是我们常常需要忍受的事。不管是本地足球队输掉了一场比赛，还是没能在面试中好好表现，或者考试发挥失常，这些都是失败。在某些情况下，失败的严重性会比上述情况大得多。对医生和其他从事与安全相关工作的人来说，失败可能意味着致命的后果。

正因如此，我们在进行调查、研究成败关联的一开始，就要把当今世界上的两个与生命安全关系最紧密的行业放在一起对比：医疗业与航空业。我们将会看到，这两个行业在心理、观念和制度变迁上有着诸多不同，但最深刻的区别在于这两者处理失败的截然不同的方式。

航空业对待失败的态度是鲜明而坚决的。每架飞机都装有两个几乎无法被破坏的黑匣子。一个记录着发往机上电子系统的操作指令，另一个记录着驾驶舱内的对话与声音。[①]一旦事故发生，黑匣子将被打

[①] 现在的"黑匣子"一般都涂装为鲜艳的橙色，以便被搜救者发现，而且通常是连在一起的。

开,记录的数据将被分析,事故的原因也就一目了然了。这样做保证了操作规程会得到修正,避免重蹈覆辙。

正是由于这种方法,航空业逐步创下了骄人的安全纪录。1912 年,在当时仅有的 14 名美军飞行员中,8 人死于空难,超过了总数的一半。早期军事航空学院的致死率高达近 25%。在当时看来,这些数字也不算出人意料。在航空业的初始阶段,驾驶着金属和木材制造的庞然大物冲上云霄,这种举动本身就充满危险。

不过,现在已经完全不同了。根据国际航空运输协会(International Air Transport Association)的统计,2013 年,全球共有 3640 万架次航班运行,乘客多达 30 亿人次,而在这些人中,仅有 210 人死于空难。据统计,西方国家制造的飞机在每 100 万次飞行中仅有 0.41 次事故发生。也就是说,事故发生率为二百四十万分之一。

2014 年,死于空难的人数上升到了 641 人。部分原因在于马来西亚航空公司的 MH370 航班坠毁事故,造成 239 人死亡。大多数调查人员认为这起空难并非事故,而是飞行员蓄意破坏导致的。截至本书出版时,对该航班黑匣子的搜寻工作仍在持续。但即使我们把这起事故计算在内,2014 年,每 100 万次起飞后发生的航空事故率仍然仅有 0.23,创下历史新低。而对国际航空运输协会的成员公司来说,这一数字仅为 0.12,即八百三十万分之一。这些公司大都建立了最为健全的规章制度,能够从错误中吸取教训。

航空业面对着各种各样的安全问题,新的挑战几乎每周都会出现:2015 年 3 月,德国之翼航空公司的一架飞机在法国阿尔卑斯山脉坠毁,飞行员的精神健康问题因此引起了广泛注意。业内专家承认,类似的难以预料的偶发事故随时都可能发生,这使得空难事故发生率有所增加，甚至大幅上升。但专家们也保证，他们会尽全力从事故中吸取教训，保证同样的失败不会再次发生。说到底，这才是航空安全的终极意义。

在医疗业，情况却与此截然不同。1999年，美国医学研究所（American Institute of Medicine）发表了一篇里程碑式的研究报告，这份报告以《人无完人》（To Err is Human）为题，指出美国每年死于医疗事故的患者在4.4万到9.8万人之间，而这些差错本来都可以避免。在另一份报告中，哈佛大学教授卢西恩·利普（Lucian Leape）指出，实际上的死亡数字还要高。经过全面的调查研究后，利普估计，每年仅在美国就有约100万名患者因为诊疗过程中的错误而受到伤害，12万人因此死亡。

这些数字尽管触目惊心，但仍然低估了问题的严重性。《患者安全季刊》（Journal of Patient Safety）2013年发表的一篇研究报告指出，每年死于可预防的伤害的患者人数高达40万。"可预防的伤害"包括误诊、误用药品、手术中的误伤、对错误部位实施手术、输血不当、跌伤、烧伤、褥疮以及术后并发症等。全球最著名的医学专家之一、约翰·霍普金斯大学医学院教授彼得·普洛诺沃斯特（Peter J. Pronovost）博士在2014年夏天出席美国参议院听证会时曾指出，这相当于每24小时就有两架大型喷气式客机从空中坠落。

"这些数字相当于每天有两架波音747坠毁。每两个月的死亡人数约等于一次'9·11'，"他说，"换作任何一个行业，我们都绝不可能容许这么多本可避免的伤亡事件发生。"这一数据让医疗事故成为美国第三大致死因素，仅次于心脏病与癌症。

然而，这一数字仍然不能概括整体情况，它没有包括家庭护理、药店、护理中心和私人诊所的医疗事故造成的危害，这些地方的监管没有那么严格。北卡罗来纳大学药学实验与体验教育分部的助理药剂师乔·格雷登（Joe Graedon）表示，在美国医疗体系内，死于本可避免的失误的人数每年超过50万。

值得我们担忧的不仅是死亡数字。可预防的失误导致的非致命性伤害同样不容忽视。在同一场参议院听证会上，明尼苏达大学护理学院的临床学教授乔安妮·迪什（Joanne Disch）以她的一个邻居为例指出了这个问题。那位邻居被诊断为癌症，做了双乳切除手术，却在不久后发现，组织切片检查报告被搞混了，她根本没有患上癌症。

这种错误虽不致命，但也会给患者及其家属带来极大的打击。据估计，手术后遭遇严重并发症的患者人数是死于医疗事故的人数的10倍以上。迪什表示："我们不仅面对着每天1000名本可免于死亡的遇难者，还面对着每天1万名本可避免严重并发症的患者……这会影响我们所有人。"

在英国，数据同样触目惊心。据英国审计委员会（National Audit Office）估算，2005年，英国约有3.4万人因人为医疗失误死亡，而发生的整体医疗事故（致命与非致命的）有97.4万起。针对医院急诊部门的一项研究表明，每10名患者中就有1人因诊疗失误或制度问题受伤或丧命。法国医疗业的这一比例更高，达到14%。

这种情况并不是少数疯狂嗜血或不学无术的医生到处破坏造成的结果。据统计，医疗事故的发生呈正态分布，并不是由于医生和护士们感到厌倦、玩忽职守或心生恶意，事故往往是在这些医护人员以医疗从业者应有的勤奋和道德标准来认真对待自己的工作时发生的。

那么，到底是什么导致了如此多的误诊的发生？原因之一在于疾病的复杂性。据世界卫生组织统计，目前共发现了12420种疾病与障碍，每一种都需要不同的诊疗方法，如此复杂的情况使得从诊断到治疗的每一个步骤中都存在着犯错的可能。第二个原因是有限的资源。医生常常过度操劳，医院总是人满为患，资金问题一直难以解决。第三个原因是，医生们常常需要迅速做出抉择。对于严重的病例，医生往往没有时间来全面权衡各种治疗方法的利弊。有时，即使你最后做出了正确的判断，但因为拖延不决，已经铸成了大错。

但在医疗工作中，有一些更为微妙的潜在因素导致了错误的发生，这与资源没什么关系，却与行业观念密切相关。人们发现，在医疗系统中（也包括日常生活的其他方面），很多错误的发生都遵循着某种难以察觉却能被摸索出的规律，事故调查员们称其为"记号"。在公开的报告机制和坦诚的评估体系下，这些错误会被一一发现，业内人士进而可以实行改革，阻止问题再度发生，就像航空业的情况一样。但是，现实往往事与愿违，问题依旧频频出现。

"从错误中吸取教训"简直是老生常谈，这不是很容易做到吗？然而事实证明，出于一些既平常又深刻的原因，人类进步历程中最难克服的困难之一就是从错误中学习。医疗问题只是人类那漫长的"逃避史"中的短短一章。如果能直面这一点，不但医疗业会大有改观，商业、政治和人类生活的方方面面都会得到进步。面对失败的进取态度是一切行业取得成功的基石。

在这本书中，我们将检视自身——无论作为个体、企业还是整个社会——是如何应对失败的。我们如何处理失败，又从失败中学到了什么？当事情出了问题时，我们该怎么办——无论是因为疏忽、误判、没有做该做的事、做了不该做的事等种种原因，还是上述失误的集合，正是后者导致一位 37 岁的健康女性、两个孩子的母亲在 2005 年的一个春日不幸离世。

尽管想法不同,但每个人都明白,我们很难接受自己的失败。即使是一些鸡毛蒜皮的小事,比如一场高尔夫友谊赛,如果我们表现不佳,而后在俱乐部里被人提起,我们依然会感觉如芒在背。而一旦我们生活中的重要方面发生了失败,无论涉及我们的工作、我们身为父母的形象还是我们的社会地位,这种拒绝接受失败的感觉会变得无以复加。

当工作能力受到质疑时,我们倾向于自我防卫。我们不愿相信自己是无能或愚蠢的。我们不愿在同事眼中变得不可信任。对于接受了多年教育、爬到了行业顶端的资深医生们来说,一旦把自己的失误公之于众,后果将不堪设想。

而整个社会对错误的态度却截然相反。我们在自己犯错时忙着找借口,在别人犯错时却毫不留情。2014 年,韩国邮轮沉船事故发生后,韩国总统立即指责船长犯下了"不可饶恕的谋杀罪行",而这时,事故的调查工作甚至尚未开始。她的这番谴责,正是对当时社会公众近乎狂怒的指控做出的回应。

犯错时找替罪羊是人类的本能。读者眼看着伊莱恩·布鲁米利一步步走向死亡的时候,会感到义愤填膺甚至勃然大怒:他们为什么不早点实施气管切开术?那个护士为什么不再次提醒医生?他们到底在想什么?从情感角度来说,我们对死者有多同情,对那些造成她死亡的人就有多愤恨。

但我们将会发现,这种情绪的影响是消极的。我们如此热衷于指责别人的失职,同时又急于掩盖自己的错误。我们也因此能清楚地预见，当错误发生时，他人会如何应对，如何互相指责，如何急于摆脱承担错误的压力。这样做的结果显而易见：没人愿意互相坦白，大家都急于掩盖责任，而我们需要从中学习的关键信息就这样被毁掉了。

当我们再退后一步，全面考虑错误发生的原因时，会发现极具讽刺性的事实。研究表明，我们常常因为过于担心失败而给自己定下一个模糊的目标。这样一来，在我们没能成功的时候，就没人能指责我们了。在开始尝试以前，我们就已经在为维护自己的面子找借口了。

我们掩盖错误，不只是为了在他人面前保护自己，就连在面对自己时，我们也想自我保护。科学实验证明，我们有种神奇的能力，能从大脑中把失败的记忆删除，就像电影剪辑师剪掉一段胶片一样。我们能直接把失败从脑子里的"自传"中删除。这种做法和"从错误中学习"显然背道而驰。

认为失败是非常消极的经历，是自身的耻辱，会遭到他人的抨击的看法有着深刻的文化和心理学根源。根据澳大利亚格里菲斯大学心理学与系统学专家西德尼·戴克（Sidney Dekker）的研究，以犯错为耻的观念至少已有 2500 年的历史。

我写作本书的目的在于提出一个与上述完全不同的观念。本书主张我们重新定义自身与失败之间的关系，无论是作为个人、组织还是整个社会。这是最关键的一步，将会引领一场效率的革命：人类活动的发展速度将会大增，而此前发展较为落后的方面也将得到改善。只有重新定义错误，我们才能释放进步、创造和复苏的活力。

在继续之前，我们有必要明确一个概念——"闭路循环"（Closed Loop）。这个概念接下来会频繁出现。要了解这个词的意思，我们可以回顾一下医学的早期历史。当时，以生活于 2 世纪的佩加蒙的盖伦

第 1 章 一台常规手术 15

（Galen of Pergamon）为代表的医学先驱都在鼓吹放血疗法，并把水银当作长生不老药。这些疗法的本意是治病救人，而且符合当时最先进的医学认知。

但这些疗法大都毫无效果，有些甚至高度危险，特别是放血疗法，这种疗法让身处病痛之中的病人更加虚弱。当时的医生却不懂这一点，原因很简单，也很深刻：他们从未对这种疗法进行临床试验，因此他们从未察觉失败的可能。如果患者康复了，他们会欢呼："放血疗法救了他的命！"而如果患者死了，他们则会叹息："他病得太重了，就连神奇的放血疗法也救不了他。"

这就是典型的闭路循环。放血疗法直到19世纪还被认为是一种正确的治疗方式。根据曾研究过放血疗法历史的作家杰瑞·格林斯通（Gerry Greenstone）的记载，本杰明·拉什（Benjamin Rush）医生就曾以"多次大量给病人放血"著称。1700多年来，大量病人丧生于使用这种疗法的医生手下，这并不是因为医生缺少智慧或同情心，而是因为他们根本无法意识到自己治疗方法中的缺陷。他们如果进行一次临床试验（我们以后还会讲到这一点），就能发现放血疗法的缺陷，也能因此走向进步。[①]

自从开始采用临床试验以来，医学在短短200年间就从盖伦的理念发展到了神奇的基因疗法的阶段。医学发展之路还很漫长，我们也将会发现很多缺陷，但勇于尝试并从错误中学习的精神已经让医学的面貌大为改观。然而，具有讽刺意味的是，当医学凭借"开路循环"

---

① 多数历史学家认为，医疗史上的首次正规临床试验是由一名苏格兰医生詹姆斯·林德（James Lind）在1747年完成的。当时林德随东印度公司的船只出海，为了研究治愈坏血病的方法，他进行了一次试验，发现了柑橘的疗效。

（Open Loop）的方式得到如此迅速的发展时，医疗业——由处于复杂系统中的人行医问诊的机制——却并非如此。（"闭路循环"和"开路循环"这两个概念在工程学和形式系统理论中具有特定含义，和本书中提到的概念并不相同。本书中提到的"闭路循环"指的是关于错误和缺点的信息被人为曲解或忽视，导致失败发生后无法进步；"开路循环"则指向进步，因为有关错误的反馈信息得到了妥善的处理。）

很多书会把失败细分为多种类型：错误、疏忽、重复的无用功、没能得到最优解、该做的事没做或是做了不该做的事、程序上的错误、统计上的错误、试验失败、偶发性错误，等等。光是罗列各种类型的失败都可以写成一本书了。因此在本书中，我们不再细分类别，而是让各种失败之间的微妙差别自然呈现在读者眼前。

应该指出的是，没有人愿意体验失败。无论是企业家、运动员、政治家、科学家还是做父母的，人人都渴望成功。但从总体来看，只有当我们坦然承认错误并从中学习，营造出一种在某种程度上"容许失败发生"的氛围后，才会取得成功。

如果失败意味着悲剧，比如伊莱恩·布鲁米利的死亡，从失败中学习就有了道德上的紧迫性。

犯错 = 无能

马丁·布鲁米利中等身材，有一头棕色的短发，说话的语气实事求是，但当他讲到自己那天亲手关上伊莱恩的呼吸机时，可以听出，他几近崩溃。

"我问孩子们要不要和妈妈说再见，"我们在伦敦的一个春日早晨见面时，马丁对我说，"他们说愿意，于是我开车带他们去了医院。我们握着伊莱恩的手,与她告别。"

他停了一会儿,努力让自己平静下来:"孩子们当时那么小,那么天真。我明白失去母亲会深深影响他们未来的人生,但我更为伊莱恩感到痛心。她是那么好的母亲。一想到她再也不能亲眼看到我们的两个孩子长大成人,我就悲痛欲绝。"

随着时间慢慢过去,马丁开始思考到底是哪里出了问题。他的妻子本是一个健康、充满活力的 37 岁女性,未来的生活还有很长。医生对他们说那只是一个常规手术。那她到底是怎么死的?

马丁并没有感到愤怒。他知道,为他妻子做手术的医生都经验丰富,而且也确实尽力了。但他忍不住思考,到底是什么地方出了差错。

他曾去找过重症监护室的负责人,要求对伊莱恩的死展开调查,但他当场就被拒绝了。"医疗业不是这么运行的,"他被告知,"我们不会做调查的,除非有人去法院提起诉讼。"

"他说这话的时候并不是冷冰冰的,他只是告诉我这样一个事实而已,"马丁告诉我,"在这一行,过去没人这么干过。我觉得他们倒不是怕调查出什么对他们不利的结果。我想,他们是真的认为伊莱恩的死属于偶发事故。他们觉得没必要再为那件事纠结。"

健康研究学者南希·贝林格(Nancy Berlinger)在其影响深远的著作《创伤过后》(After Harm)中对医生讨论错误的方式做过调查,结果令人大跌眼镜。"通过对资深医生的观察,学生们发现他们的导师和领导们不但主张掩盖错误,而且身体力行,甚至对这种行为进行奖励,"贝林格写道,"他们能熟练地对预期之外的结果进行狡辩,直到把'错误'变成'复杂的问题'。最重要的一点是,他们知道,不能向病人透露任何信息。"

书中还描写了"医生们对坦白真相的抗拒程度,以及其中一些人为自己掩盖真相的行为所做的种种辩解——技术性错误、事故的不可避免性、患者不会明白、患者无须知道"等方面。

让我们好好想想这是为什么。总体来说,医生和护士并非不诚实的人。他们投身医疗业,不是为了欺骗或者误导患者,而是为了治愈患者。一些非正式的调查显示,很多医护人员宁愿用自己的部分收入换取更好的治疗效果。

然而,一种逃避责任的思维深深根植于这一行业的观念之中。这并非职业骗子使用的诈骗手段,医生不会凭空捏造医疗事故的原因去蒙骗患者,他们更多地采用一系列委婉的说辞——"技术性失误""情况复杂""意料之外的结果"——每种说法都包含着部分真相,但没有一种足够坦诚。

这样做也不全是为了避免法律诉讼。有证据显示,如果医生对患者足够开诚布公,对医生玩忽职守的投诉反而会下降。美国肯塔基州莱克星顿的退伍军人医疗中心(Veterans Affairs Medical Center)推出一项名为"公开并赔偿"的政策后,该中心用于法律诉讼的费用急剧下降。约40%的受害者表示,真诚的解释和道歉能让他们放弃诉讼的想法。其他研究也得出了类似结论。

问题不全在于失败的结果,还在于对待失败的态度。在医疗业,"称职"往往等同于"尽善尽美"。一旦犯错就会被认为能力不足,因此失败这个词总让人心惊肉跳。

正如大卫·希尔菲克(David Hilfiker)医生在《新英格兰医学杂志》(*New England Journal of Medicine*)上发表的文章中所写的:"患者们期待医生的工作尽善尽美,我们这些医生也一直相信,或者说一直试图说服自己,我们作为医生的工作应该能达到这种水平。当然,这种尽善尽美不过是一个巨大的错觉,就好像大家都在玩的照镜子的游戏。"

看看有关医生的术语吧:医生们在"剧院"里工作。这是他们"表演"的"舞台"。① 他们怎敢念错台词?正如系统安全领域权威詹姆斯·瑞森(James Reason)所说:"在别人眼里,医生受过漫长、艰苦而昂贵的教育,理所当然不能犯错。这种想法的结果就是使医疗失误被排斥与羞辱。总体来说,犯错就等于无能。"

这种情况下,医生们用来转移注意力的委婉语("技术性失误""情况复杂""意料之外的结果")就显得合情合理了。自尊对一个医生来说至关重要,更不用说名誉了。想想你有多少次在医疗业之外的人口中听到类似的说法吧,无论是在政治家的政策出错时、企业家的战略失败时,还是你的朋友和同事出于各种各样的理由时。你还可能偶尔从自己嘴里听到类似的借口,反正我自己就这么干过。

对责任的逃避不仅在医护人员的借口中有所体现,数据也支持这一点。据流行病学家估计,美国全国范围内的医源性伤害(医生在诊断或治疗阶段造成的非故意伤害)的发生率为每1万次就医中出现44~66起严重伤害事件。但一次针对超过200家美国医院的调查显示,只有1%的医院报告的医源性伤害发生率处于这个范围。大约一半医院报告的医源性伤害发生率为每1万次就医出现5起伤害事件。如果流行病学家估计的数据是正确的,那就说明绝大多数医院都出现了行

---

① 在英语中,"theatre"一词既有"剧院"之意,也有"手术室"之意;"perform"既有"表演"之意,也有"做手术"之意;"stage"既有"舞台"之意,也有"手术台"之意。——译者注

业性的逃避责任行为。

大西洋两岸的更多研究也得出了类似的结论。美国卫生与公共服务部监察长（Inspector General of the Department of Health and Human Services）手下的调查人员分析了 273 起住院病例，结果发现医院漏诊或忽视了多达 93% 的医疗伤害事件。欧洲的一项调查则发现，70% 的医生同意将自己的错误公之于众，但只有 32% 的人遵守了诺言。在另一项调查里，在三家顶级医院的 800 名病人的病例中，调查人员发现了 350 多处医疗失误。而其中又有多少失误被医护人员自觉上报呢？只有 4 处。

现在回来看看爱德华兹医生是如何描述那场事故的。"马丁，麻醉过程中出了一些问题，"他说，"这种事情在所难免。我们也不知道为什么。麻醉师已经尽全力了，但于事无补。这是个偶发事故。我感到非常抱歉。"

这并不是谎话。爱德华兹医生甚至可能相信自己说的就是实情。毕竟医生们确实太不走运了，患者下颌肌肉僵直的现象确实不多见。伊莱恩呼吸道受阻，导气管无法插入也的确是个不幸的事实。医生尽全力了，不是吗？还能再说什么呢？

这种理论就是抗拒失败的核心问题所在。自我安慰与根植于行业观念中的对失败的反感，共同筑起了一道几乎不可逾越的藩篱，阻碍着进步的到来。[1]

---

[1] 一些医生指出，掩盖失误是有正当理由的。如果患者们发现医疗事故如此普遍，他们可能会完全拒绝接受任何治疗，这会让情况变得更加糟糕。但这不是讨论的重点。问题不在于患者无法发现错误所在，而在于医生也无法发现，因此就无法从中吸取教训。此外，对患者隐瞒事故率会影响他们做理性判断的能力。病人有权在接受治疗前了解可能面临的风险。

对于很多人来说，接受亲人离世带来的打击也许就是故事的结局了。尤其在英国，医生很少受到质疑。当被专家告知没有进行调查的必要后，处于悲痛中的家庭很难再坚持展开调查。

但是，马丁·布鲁米利拒绝就此放弃。为什么？因为他从事着一项特殊的职业，这种职业对待失败的态度非比寻常，与医疗业截然不同。他是一名飞行员，已经驾驶客机超过20年，还曾向别人传授关于系统安全的经验。他不想让这次手术失败带来的教训和他的妻子一同进入坟墓。

于是，他开始到处写信，展开质疑。在逐步发现妻子死亡背后的更多真相后，他开始怀疑这并非一次偶发事件。他意识到，这起事故可能带有某种"记号"、某种微妙的模式。如果这种模式能被妥善处理，就可能在未来挽救更多生命。

出于一种简单但极为有害的原因，负责手术的医生无法意识到这种规律：医疗业历来就没有收集事故记录的制度，因此也就无法察觉有意义的模式，更不用说从中学习了。

在航空业，恰恰相反，飞行员们总体上说对自身的失误（紧急迫降或未遂事故）都抱着公开和坦诚的态度。这个行业里有强势并独立的组织专门负责对空难进行调查。失败不会被当成控诉某一位飞行员的理由，而会被视为能让所有飞行员、航空公司和管理者们学习进步的一次宝贵机会。

让我们来看一个例子。20世纪40年代，波音公司著名的B-17轰炸机曾发生过一系列令人费解的跑道事故。美国陆军航空队（US Army Air Corps）委托耶鲁大学心理学博士阿尔方斯·查帕尼斯（Alphonse Chapanis）对此展开调查。在研究了历次事故的时间、动力学和心理学等方面因素后，查帕尼斯认定，驾驶舱的设计失误是导致事故发生的原因之一。

查帕尼斯发现，控制 B-17 副翼的开关和控制着陆装置的开关一模一样，还挨在一起。当飞行员处于放松状态、飞行条件良好时，这不是什么问题，但当准备高难度着陆时，飞行员就可能会拉动错误的控制杆。本该收起副翼减速，飞行员却收起了起落架，导致机腹直接接触跑道，造成灾难性的后果。

查帕尼斯提出的解决办法就是改变控制杆的形状，让它们能代表各自控制的装置。起落架开关被装上了一个小小的橡皮轮胎，副翼开关则被装上了副翼形状的装饰，这样一来，每个开关都有了直观的含义，即使身处压力之下也能轻松分辨。结果如何？一夜之间，类似事故就消失了。

这种从错误中学习的方法被应用于商业航空中已达数十年之久，并取得了显著的成效。

当然，航空业的成功有诸多因素的支持。高速革新的技术和商业利益的刺激都让航空公司在衡量名誉损失、与同行展开竞争和支付巨额保险赔付的同时不断努力加强安全性。同时，我们在下面还会看到，航空业也从模拟飞行技术和卓有成效的训练中获利良多。

然而，走向进步最重要的原因深深根植于行业的观念之中。这是一种看似简单，一旦推而广之却可以引领进步革命的态度：航空业不会否认失败或推卸责任，而会从失败中学习。

那么，这一切是如何应用的？这种学习机制是如何在分布于世界各地的航空系统的飞行员、管理者、工程师和地勤人员中成为惯例的？这种开放的文化是如何形成的？更为关键的是，我们该如何把所

第1章 一台常规手术 23

学的推广到航空业以外的领域?

为了找到这些问题的答案,我们将近距离观察近年来,甚至可以说是整个航空史上最具影响力的一起空难,我们将在其中看到调查员是如何工作,如何从灾难中总结教训,并把悲剧变成学习进步的机会的。

这就是美国联合航空173号航班空难事件。

第 2 章　美国联合航空 173 号航班

在错误中发现价值

　　1978 年 12 月 28 日下午，美国联合航空公司的 173 号航班从纽约肯尼迪国际机场起飞，前往目的地俄勒冈州波特兰市。当天天气晴朗，飞行条件近乎完美。

　　机长马尔伯恩·麦克布鲁姆 52 岁，有一头银灰色的头发，语音清脆明快。麦克布鲁姆是一名参加过第二次世界大战的老兵，有着超过 25 年的飞行经验。他与妻子居住在科罗拉多州的博伊德湖地区。他小时候和母亲散步时看到了特技飞行的巡回表演，这瞬间点燃了他成为驾驶员的雄心壮志。他告诉妈妈："我将来要去开飞机。"

　　麦克布鲁姆的副驾驶是罗德里克·毕比，一名已在美联航工作 13 年、累计飞行时间超过 5000 小时的飞行员。驾驶舱中的第三名成员是 41 岁的飞行工程师弗里斯特·门登霍尔，在美联航工作了 11 年，累计飞行时间 3900 小时。乘客们的安全在这三人手中，有着可靠的保障。

　　在丹佛市短暂经停后，173 号航班于 14 点 47 分飞往波特兰。那是圣诞节后的第三天，181 名乘客中的大多数都是度完假回家的旅客。飞机上升到巡航高度后，机组成员在驾驶舱里愉快地聊着天。预计飞行时间为 2 小时 26 分钟。

17 点 10 分左右，波特兰机场的空管向飞机发出可以降落的信号后，麦克布鲁姆拉下控制杆，准备放下起落架。通常在这一操作后，起落架和轮胎会缓缓降下，在到位后发出表示锁定的声响，但是这次却传来了砰的一声巨响。声音回荡在机舱中，机体随即出现了一阵抖动。

客舱中的乘客们紧张地四处张望，开始猜测声音的来源。在驾驶室中，机组成员也感到一阵不安。起落架释放到位了吗？如果没问题，那声巨响又是怎么回事？起落架正常指示灯在此时本该全部亮起，但其中一盏却仍然是暗的，这意味着什么？

机长别无选择，他呼叫塔台，请求更多飞行时间，以便排除故障。机场方面立即做出回应，建议 173 号航班"左转，航向 100 度"。随后，飞机被转移到机场南部的一条等待航道上，在波特兰郊区的上空盘旋。

机组成员进行了几项检查。他们无法看到飞机下方的情景，不知道起落架是否已经全部放下，因此只好用其他方式检查。工程师前往客舱，去查看机翼尾部的螺栓是否可见，如果起落架被放下了，这些螺栓就会被顶起来，工程师会看到它们。结果他确实看到了螺栓。机组成员还联系了位于加州旧金山市的联合航空航线维护控制中心。一切迹象表明，起落架已经被成功放下了。

然而，机长仍然忧心忡忡。他无法确定起落架是否就位。他明白，在没有放下起落架的情况下着陆是很冒险的。尽管数据表明，一般来说，在没有放下起落架的情况下着陆不会造成人员伤亡，但这仍然是一项危险的操作。作为一名负责的飞行员，麦克布鲁姆想要百分之百的保证。

飞机在波特兰上空盘旋时，机长在试图寻找问题的答案，他不明白为什么那盏起落架指示灯没有变绿。他在想,有没有什么办法能检查线路,有没有什么其他方式能解决问题。

在他苦苦思索的同时,另一个问题逐渐浮出水面。一开始,这个问题还不起眼,但随着173号航班在等待航道上盘旋不休,这个问题变得越来越严重了。在离开丹佛时,飞机上共载有21183千克燃油,足够飞机飞到目的地,但这架麦道DC-8型客机每分钟要烧掉大约95千克燃油。飞机不能永远飞下去,麦克布鲁姆早晚得让飞机降落。

到17点46分,燃油表上的读数已经下降到了5。情况还没失控,但容许错误发生的空间正在变小。时间变得越来越重要了。工程师的情绪激动了起来,他提醒机长注意燃油状态,警告后者燃油泵上的灯正在闪烁。驾驶舱录音显示出他逐渐加深的焦虑情绪。

但工程师没能从麦克布鲁姆那里得到期待中的回应。机长是飞行中的最高管理者,他的首要职责就是保证机上乘客与机组成员共189人的安全,将他们置身于他的保护之下。他清楚不放下起落架就着陆有多危险,下定决心不让危险发生。他必须找出问题所在。他必须百分之百确定。

他继续集中精神去想起落架的事。到底放下了没有?还有什么检查的办法是他们没想到的?他们还能做什么?

17点50分,工程师门登霍尔再次提醒机长注意燃油量的下降。机长回答道,油箱里的燃油还能保证15分钟的正常飞行,但他错了。他好像失去了时间的概念。"15分钟?"工程师重复道,他的声音充满了怀疑,"燃油不够……15分钟后,燃油会低得要命。"

每过一秒,燃油就减少一分。现在,这条等待航道上酝酿着一场灾难。不仅对乘客们来说是这样,对波特兰南部的广大居民来说也是

第2章 美国联合航空173号航班 27

如此。一架重达 90 吨的飞机盘旋在城市上空，燃料殆尽。

副驾驶和工程师不明白，为什么机长还不赶快把飞机开往机场。眼下最危险的明明是燃油问题，起落架已经不算什么大事了。但机长是权威人物，他是老板，经验丰富，资历深厚。他们叫他"长官"。

18 点 06 分，油量已经低到让 4 号引擎熄了火。"我想 4 号刚刚熄火了，老兄，你……"30 秒后，他再次发出提醒，"一个引擎熄火了，老兄。"

直到此刻，机长还对眼前的灾难毫无察觉。他对时间的感觉已经彻底瓦解。"为什么？"他问道，好像对引擎熄火一事并不相信。"燃油。"一个声音重重回答道。

173 号航班完全有能力降落。事后发现，起落架确实已经完全放下。即使没有放下，一名经验丰富的飞行员也能在不伤及生命的情况下让飞机降落。那天晚上天气非常晴朗，自从首次降落取消后，机场就一直在视野里。

但现在，他们距离跑道足有约 13 千米，下面是大都市，燃料已经彻底耗尽。这让机组肝胆俱裂。

一切已经太迟。剩下的几个引擎熄火后，所有希望都消失了。飞机以每分钟 900 多米的速度急剧下坠，他们没指望了。

麦克布鲁姆瞪大双眼，不顾一切地在地平线上搜寻，想在飞机下方密密麻麻的大片住宅和公寓楼群中找到一块开阔地带。直到现在，他都不明白到底发生了什么。燃油凭空消失了吗？时间都去哪儿了？

录音的最后几分钟显示出了他们的绝望，此时飞机正一头撞向波特兰郊区的地面。

18：13：38　机长：全都完了〔所有的引擎都熄火了〕

18：13：41　机长：我们到不了特劳特戴尔机场了〔波特兰的另一个机场〕

18：13：43　副驾驶：我们哪儿都到不了

18：13：46　机长：好吧，发出求救信号

18：13：50　副驾驶：（对塔台）波特兰机场塔台，这里是173号航班，我们发出紧急求救……引擎全部熄火了，我们正在坠落，我们无法到达机场

18：13：58　塔台：173号……

18：14：35　（撞击声）

（录音结束）

把联合航空173号航班作为研究航空系统的对象有两个理由。首先，这架航班的坠毁是航空安全史上的分水岭事件。这一点已经得到了广泛认可。但对本书的目标来说，这起事件还有另一个关键之处：它以一种奇特的方式，与伊莱恩·布鲁米利的悲剧产生了很多可比性。虽然一起事故发生在空中，另一起在手术室里，两者还是有着同样的基本特征。

即使粗略一看，也会发现两件事有惊人的相同之处。麦克布鲁姆机长满脑子想的都是起落架，而安德顿医生则一门心思地要通过口腔进入呼吸道。两个人的注意力都被局限住了。正如麦克布鲁姆忽视了不断下降的燃油储量，救治伊莱恩的医生们也对病人的缺氧问题视而不见。就在麦克布鲁姆忙着解决起落架问题、医生们拼命要把导气管送进呼吸道的时候，真正的灾难却被彻底忽视了。

工程师门登霍尔警告机长却得不到回应,和他一样,护士简也提醒过安德顿医生。他们都发出了强烈的暗示,纠结于是否要再说得明白一些,但又被上级的权威所震慑。社会等级与权威的压力破坏了团队合作。

但对我们来说,重要的不是两起事故的共同点,而是两者对错误的不同反应。我们已经知道,在医疗界有着逃避责任的风气,事故会被形容为"偶发"或者"在所难免"。医生们总是说"我们已经尽力了"。这也是当今世界上对失败最普遍的反应。

在航空业,情况从根本上截然不同:从失败中学习的理念已经牢牢扎根于整个系统中。

所有飞机都必须载有两个黑匣子,一个负责记录发往机上电子系统的所有指令,另一个是驾驶舱内的声音记录仪,让调查员能了解事故发生之前飞行员在想些什么。航空业不会掩盖失败,也不会回避失败。航空业把失败变成了资料的宝库。

一旦有事故发生,独立于航空公司、飞行员工会和管理部门之外的调查员会获得充足的权限,进入事故现场勘查,并对所有人证物证进行调查。人们不以犯错为耻,而是视其为学习的机会。由事故调查员搜集的证据在法庭上不会被采纳,因此事故的利益相关方可以毫无顾忌地展开合作,也更容易让事故的原因真相大白。

调查完成后,调查报告会对所有人公开,航空公司负有必须将报告公之于众的法律责任,全世界的飞行员都可以免费查阅相关资料。这让所有人都能从错误中学习,而不限于某个机组、某个航空公司或某个国家。这种方式极大地提升了航空业学习的能力。正如埃莉诺·罗斯福(Eleanor Roosevelt)所说:"要多从别人的错误中吸取教训。毕竟你没那么长寿,不可能自己把所有错误都犯一遍。"

航空业不光会从事故中学习经验,还会从"小"错误中吸取教训。[①]每当飞行员与其他飞机距离过近或在错误的高度飞行,他们就要上交一份报告。如果能在问题发生后10天内上交报告,飞行员就会免受处罚。此外,很多飞机上的数据系统被设定为一旦某些参数脱离正常范围就会自动发送报告,同样,这些报告进入资料收集系统时会被匿名处理。

比如在2005年,调查机构在短时间内接连收到了一系列报告,报告指出,肯塔基州的莱克星顿机场存在安全隐患。在机场外不远的一块荒地上,当地政府立起了一个巨大的告示牌作为城市的装饰。告示牌顶部装有照明设备,能在夜晚把画面照亮。

但这些明晃晃的照明灯对飞行员的视野造成了严重干扰。很多飞行员把告示牌上的灯当成了跑道灯,于是提前下降,等接近跑道时已经飞得太低了。幸运的是,没有飞机因此坠毁,多亏了匿名报告在发生事故之前及时揭示了这一潜在问题。参加了那次会议的航空安全专家肖恩·普鲁尼基(Shawn Pruchnicki)告诉我:"我们在短短一周内收到了一大堆同样的报告,立即意识到那个机场有问题,必须马上行动。"

做出决定后,调查机构在几分钟内就向所有计划在莱克星顿机场降落的航班发出电子邮件,警告飞行员在接近机场时要特别注意分辨灯光。几天之内,告示牌和照明灯就被移除了(如果那块土地属于机

[①] 及时察觉小错误对于企业来说也非常重要。哈佛大学商学院的艾米·埃德蒙森(Amy Edmondson)教授指出:"大多数重大失败都有多重原因,很多原因都深深根植于体制问题中。……小错误就是早期的警告,对避免未来的灾难性失败至关重要。"

场管辖范围，移除工作还会快得多）。就这样，事故在发生前就得到了预防。

如今，很多享誉世界的航空公司做得比这更多：实时监控数以万计的参数变量，如高度偏差、过度倾斜等，对飞机状态做出持续分析，以找出值得特别关注的问题。英国皇家航空学会（Royal Aeronautical Society）指出，这是大幅提升航空安全的关键所在。现在科技发展的目标是持续提升事实数据的处理能力，让所有信息在飞行过程中就被直接发送到中央数据库。这样一来，黑匣子也不再有用武之地了。

航空业就是这样严肃对待失败问题的。任何数据，只要能证明现行的操作规程有缺陷、驾驶舱的设计不完善或者飞行员的训练有不足之处，都会被小心翼翼地提取并保存下来。正是这些数据让航空变得越来越安全，而从业人员不会害怕承认错误，因为在错误中发现价值是整个行业的共识。

新规范的建立

这套机制对173号航班来说意味着什么呢？飞机坠毁后几分钟，美国国家运输安全委员会（National Transportation Safety Board）就组织起了一个调查团，成员包括心理学家阿兰·迪尔（Alan Diehl）和经验丰富的调查员丹尼斯·格罗西（Dennis Grossi）等人。第二天一早，他们就来到波特兰郊区，准备详细梳理所有证据。

麦克布鲁姆直到最后关头仍尽力控制飞机，展示了卓越的驾驶技术。飞机急速下坠时，他在住宅和公寓之间发现了一片区域，看起来是块空地，也许是块农田，于是控制飞机转向那里。接近后，他发现那块地方实际上是一片城郊的树林。他尝试着在树木间穿过，结果撞上了一棵树，又像犁地一样穿过了一间房子，最终撞上了马路对面另一间房子的屋顶，停了下来。

飞机撞上的第一间房子被彻底毁了。飞机左翼的碎片在树林另一边被发现。机身左侧下方，乘客座椅从第四排到第六排，舷窗以下的位置被整个撕开了。万幸的是地面上没有任何人因此丧生，但8名乘客与2名机组成员遇难，其中就包括曾徒劳地提醒机长注意燃油储量的飞机工程师门登霍尔。机长麦克布鲁姆腿部、肩部和肋骨多处骨折，但他活了下来。

研究173号航班的相关证据后，调查员们发现了一种模式。这种模式的发现不仅来源于对波特兰事故的残骸的调查，也来自与之前事故的对比。一年前，另一架麦道DC-8型客机在几乎一模一样的情况下坠毁。那架飞机从芝加哥飞往旧金山，同样是起落架出了问题，在夜幕降临后进入了等待航道，一边盘旋一边试图修复，结果撞山坠毁，机上人员无一生还。

几年前，美国东方航空公司的401号航班遭遇了同样的命运。当时，这架飞机正准备降落在迈阿密国际机场。驾驶舱的一盏指示灯没有亮，机组人员因此担心起落架没有放下。机组人员一心想解决这个问题（事后证明是灯泡故障），没注意到飞机开始下坠，尽管安全系统发出了警报。结果飞机在大沼泽地国家公园（Everglades National Park）坠毁，造成101人死亡。

调查员发现，在这几个案例中，机组成员都失去了对时间的感觉。事实证明，注意力是一种有限的资源：你如果专注于一件事，就会对其他事情视而不见，充耳不闻。

有一项实验可以证明这一点。参加实验的学生会接受不同的任务。

其中一项任务很简单：大声读书。另一项则比较困难：对复杂的词语进行解释。完成任务后，学生们要估算各自花费了多少时间。被分配到简单任务的学生给出了准确的估计，而完成困难任务的学生则大大低估了自己的用时，误差多达40%。对他们来说，时间匆匆飞逝。

现在来看看麦克布鲁姆。他的任务可不是解释词语这么简单。他得解决起落架问题，与副驾驶交流，还要在紧急情况下准备降落。再回头想想伊莱恩·布鲁米利身旁的医生们。他们专注于插管，不顾一切地想挽救患者的生命。他们忘了时间，不是因为不够专注，恰恰是因为太过专注。①现在回到波特兰的事故上来。迪尔注意到，另一个根本性问题与交流方式有关。工程师门登霍尔早就注意到了燃油问题，他对机长进行了多次提示，而且当情况越发紧急时，他又几次直接提示机长注意剩余油量。迪尔反复听着对话录音，注意到了工程师语气的改变。当危险迫近时，他拼命提醒麦克布鲁姆，但他就是无法让自己直接对领导发起质疑。

这就涉及心理学中一个被深入研究的领域了：社会等级对个体自信的压抑。我们与权威人士对话时，会采取委婉的措辞。你不会直接对老板说："周一早上我们必须开会。"你会这么说："如果您没时间就算了，不过您要是周一能抽出半小时来就太好了。"这种尊敬的态度在很多场合下是合适的，但当一架90吨的飞机在大都会上空燃油殆尽时，这么做就是致命的。

同样的等级差别也出现在手术室里。护士简发现了解决办法，她

---

① 在很多情况下，专心致志是有效的工作方式。但问题在于专注力不能以不顾大局为代价。此时，过度的专注就会影响整体表现，对航空业来说，就会影响安全。

去取来了气管切开术的工具。她难道不该大声提醒医生吗？她是不是对病人的死活不够在乎？这种对人们在关乎生命安全的重要场合发生的失误的质疑恰恰是错误的。要记得，工程师门登霍尔因为没能更有效地提醒机长而付出了生命的代价。问题并不在于他们缺乏职业素养或道德，而在于这种没有充分考虑到人类心理的制度。

现在，让我们从当事人的角度来看问题。对北马斯顿医院的医生们来说，那次事故也许确实是个偶然事件。毕竟他们真的没有意识到自己浪费在插管上的时间竟然有 8 分钟之久。他们对时间的主观感觉在恐慌中彻底麻木了。在他们的眼中，出问题的是患者，她死得太快了，他们始料不及。如果不在事后进行调查，医生们又怎么会知道问题的真相呢？

对 173 号航班来说，情况几乎一模一样。事故发生几天后，调查员迪尔前往俄勒冈州医院访问麦克布鲁姆。飞行员对他说，燃油储量的下降速度"快得令人难以置信"。他认为油箱可能发生了泄漏。因为他对时间的感知力随着危险升级而逐渐麻木，因此从他的角度来看，这才是合理的解释。对他来说，"燃油正常耗尽"的事实简直不可思议。

但是，迪尔和他的团队反复检查了黑匣子记录的数据。他们查明了飞机进入等待航道时的剩余油量，结合 DC-8 型客机的平均耗油量，计算出燃油完全耗尽需要的时间，结果完全符合实际情况。失事飞机消耗燃油的速度完全正常。油箱没有任何问题，是麦克布鲁姆对时间的感觉出了问题。

只有从独立的旁观者角度进行调查，才能发现事故的症结。在医疗业，没人认识到潜在的问题，因为从当事人的角度来看，这些问题并不存在。这就是闭路循环持续存在的原因之一：如果人们不去审视错误，他们有时甚至意识不到自己犯了错（尽管他们会模糊地感觉到这一点）。

1979年6月，迪尔和同事们共同发布了173号航班的事故调查报告。在这份后来被公认为航空业里程碑式报告的第30页，作者用类似报告中常见的不带感情的语言做出了如下建议："向所有航空运营督察员发布公告，指示他们敦促各航空运营商，保证各自公司机组成员熟知机上设备管理原则，特别要让机长了解全员协作的重要性，并加强对其他机组成员的自信训练。"

几个星期后，美国国家航空航天局召开了一次研讨会，研究一种新式训练方法：机组资源管理。这种方法的主要目标是加强机组成员之间的交流。首先，机组成员要学习增强自信的步骤。在航空业，增强初级机组成员自信的步骤被称为"P.A.C.E."（探问、警告、挑战、紧急警报）。[①] 多年以来被视为绝对权威的机长现在要学着听取别人的意见，要进行回应并针对对方没说明的地方询问清楚。通过更加清晰的分责制度，对时间的感知问题也被解决了。

当时已经实行的核对清单制度则被扩大和改进了。制定这一制度的初衷是防止处理复杂问题时疏忽大意，但核对清单的操作过程也能起到消除等级差别的效果。机长与副驾驶共同对操作事项进行核对时，会互相交谈，彼此了解，这就打开了交流的通道。这样一来，资历较浅的机组人员在紧急状况发生时也更容易开口对上级进行提示。这就

---

① 这种方法也可被应用于航空业以外的实践中。如果护士简在伊莱恩·布鲁米利的手术中遵循这几个步骤，她就应该这么说：探问——"医生，如果我们无法插入导气管，你还考虑过其他什么方法吗？"警告——"医生，病人血氧饱和度为40%，并且还在下降。插管看来不行了，要不要试试气管切开术？"挑战——"医生，我们必须马上进行气管切开术，否则病人会死亡。"紧急警报——"我要叫急救队来实施气管切开术了。"

解决了所谓的"积极性问题"。

这种新式培训方法立即被引入模拟驾驶系统进行测试。在这一阶段,新的方法会被反复质疑、严格测试,并置于极端情况下进行检测。最后,最有效的方式会保留下来,并被迅速推广到世界各地的航空公司。在20世纪70年代发生的一连串恶性事故后,飞机失事率开始显著下降了。

"联合航空173号航班事件是一个不幸的事故,但也是一次重大的进步,"航空安全专家肖恩·普鲁尼基表示,"它被视为航空安全史上的分水岭。自那以后,我们才明白,制度设计的缺陷经常会导致'人为失误'的发生。这改变了整个行业的思维模式。"

联合航空173号航班失事造成10人遇难,但从中吸取的教训拯救了千万人的生命。

这就是我们所说的"黑匣子思维"[①]。对航空业以外的机构来说,这种思维模式与具体的黑匣子无关,它指的是一种对经常可以在失败后的总结的教训展开调查并从中学习的意愿和决心。这种思维模式能指导人们建立一种机制和观念,让各行业从错误中学习,而不是被失败吓倒。

失败中蕴藏着学习的机会,原因很简单:无论失败以何种方式出现,它总是代表与期望的背离。失败告诉我们,从某种意义上说,这个世界与我们想象中并不相同。伊莱恩·布鲁米利的死表明了手术规程对医护人员心理局限性的漠视,联合航空173号航班的事故说明在

[①] "黑匣子"有时指某事因果之间无法探明、难以预料的演变过程。在本书中,"黑匣子"则指对事故资料的记录。

驾驶舱中存在着同样的问题。

类似的失败总是难免的，因为这个世界过于复杂，我们永远也无法完全了解它的奥秘。正如社会学家常常说的，理论模型与实际系统之间相去甚远。因此，失败就成了指路明灯，它向我们展示了这个世界中还未被我们熟知的部分，并向我们提供了重要的线索，指引我们去改进理论、策略与行为。从这个角度来说，那个在事故发生后被常常提起的问题——"我们能承受调查所要付出的代价吗"——似乎问错了。真正的问题应该是"我们能承受不去调查所要付出的代价吗"。

这就引出了另一个重要的结论。有人会说，航空业和医疗业可用资源的不同，决定了对待失败的态度不同。航空业资金雄厚，因此有能力展开详细调查，并从错误中学习。医疗业如果有更多的资金，难道不会这样做吗？然而，我们现在知道这种思路错得有多严重。医疗业也许确实资金不足，但从错误中学习却恰恰可以为其节省大量资金。据保守估计，仅在美国，因医疗事故付出的赔偿金就高达170亿美元。2015年3月，英国国家医疗服务体系（NHS）诉讼部门拨款261亿英镑，以支付未偿清的医疗责任赔款。因此，从错误中学习并不会消耗资源，而是最有效的保卫资源、保卫生命的方式。[①]

心理学家通常会把错误分成两类，一类是本可防范的，另一类则是难以避免的。医疗事故就属于前者，比如一名护士本该为患者拿A药，但由于疏忽，拿成了B药，这也许是因为时间紧迫，她一时搞混了标签。

[①] 英国议会一个特别委员会在2015年提出的报告中指出："投入资金进行调查并改进医疗安全，从而减少对患者的错误伤害，有利于节省不必要的开支。"

但有时犯错是进步过程中所必需的步骤。药品公司大量测试化学制剂的不同组合，从中发现有效的药剂。没人事先知道哪种会起效。这正是他们进行大量测试并经常失败的原因所在，但也是进步的组成部分。

我们将在本书的前半部分审视第一种错误，在后半部分研究第二种错误。重要的是这两种错误对进步来说都是不可或缺的。比如在医疗业中，第一种错误为制度改革指明了方向，第二种错误则是新药研发的必要步骤。

在练习中犯错和在实际操作中犯错也有所不同。举例来说，花样滑冰运动员在练习中摔倒是常事。通过不断挑战极限、尝试难度更高的跳跃并偶尔摔倒在寒冷的冰面上，运动员们掌握了更高难度的动作，判断力和动作的准确性也得以增强。这让他们在大型比赛中的表现完美无缺。

从这个意义上说，练习是为了能更好地从错误中学习，但同时又能减小犯错的代价：在比赛前的练习中犯错总比直接在比赛中犯错强得多。这对组织机构来说也一样。很多机构都会在推行新策略之前进行小规模试验（航空业和其他安全行业会用模拟设备进行演练）。我们在练习中失败的次数越多，学到的就越多，这样一来，在实际操作时就能一举成功。

然而就算我们再刻苦练习，也难免会在实际操作中遭遇失败。我们恰恰在这种场合下最需要学习。练习不能替代真正的失败，只能起到辅助作用。练习与实际操作是同一个硬币的两面。

了解这些之后，让我们来看"黑匣子思维"的最后一个例子。这个故事涉及第二次世界大战中坠毁的轰炸机，调查者是20世纪最杰出的数学家之一亚伯拉罕·瓦尔德（Abraham Wald）。

瓦尔德的研究不仅是那场大战中的重要节点，也是我们这本书的一个重要内容。"从失败中学习"在事后看来似乎很容易，比如在173号航班事件中，教训不是很明显吗？问题不是一目了然吗？

但在实际调查工作中，有价值的资料常常难以一眼辨别。成功的调查员并非只有一腔热情，更有发觉宝贵信息的慧眼和分析能力。事实上，很多航空专家认为，调查工作本身的进步，是近年来航空安全有所提升的最重要因素之一。

几乎没有任何调查工作比得上瓦尔德的丰功伟绩。数十年来，他的调查工作曾被列为机密。但在最近，他的全部工作以及他为击溃纳粹所做出的杰出贡献已经被公之于众。他的大部分调查工作证明，为了从失败中学习，你不但要利用自己能掌握的资料，更要重视自己没能掌握的资料。

黑匣子思维

亚伯拉罕·瓦尔德1902年出生于匈牙利的一个犹太人面包师家庭。他小时候是在家里接受教育的，由当工程师的哥哥马丁辅导功课。瓦尔德从小就热爱数学，在14岁那年又对几何产生了浓厚的兴趣。在周围人眼中，小亚伯拉罕总是在解谜或者设计难题。

1927年，瓦尔德离开家乡，到维也纳大学求学。他长着一张略显古怪的面孔，有一头深色头发和一双明亮的眼睛。很快，老师和同学们就发现瓦尔德的头脑非常聪明。他的一位同事曾说："他伟大的才智、谦逊的品格和攻克难题时的惊人毅力都让我着迷。"

在大学里，瓦尔德受当时世界上最伟大的数学家之一卡尔·门格尔（Karl Menger）之邀，加入了数学研讨会，人们会在这里举行非正式会议，讨论数学和哲学问题。一些参与者后来成了鼎鼎大名的学者，包括库尔特·哥德尔（Kurt Godel）和阿尔弗雷德·塔斯基（Alfred Tarski）。在这里，瓦尔德继续成长，写出了一系列几何学论文。门格尔对这些论文大加赞赏，称其"深刻、优美而具有根本上的重要性"。

然而，瓦尔德却无法在维也纳获得一份教职，他的犹太血统让这份努力遭到了政治上的阻碍。"在那个经济政治动荡的年代，他不可能在维也纳大学获得教职，尽管那样对大学来说肯定同样有利。"门格尔后来写道："瓦尔德的性格非常谦逊。他对我说过，就算给他一个非正式的小职务，只要能让他继续在数学研讨会中研究，他就心满意足了。"

但随着欧洲战火重燃，瓦尔德连这个小小的职位也不能保全。1937年，因为瓦尔德的关系，纳粹支持者开始声讨数学研讨会。一年后，希特勒吞并了奥地利，瓦尔德也被解职了。维也纳被占领后，他继续在那里待了几周，当纳粹开始迫害犹太人时，此前已经前往美国的门格尔为他在大洋彼岸找到了一份工作。

瓦尔德本不愿离开维也纳，他已经深深爱上了这个城市。他在给一位朋友的信中说，维也纳已经变成了他的第二故乡。但他最终决定离开，而这个选择救了他的命。在他离开后，他的9名家人中有8人死于纳粹之手。他的父母与姐妹在奥斯维辛集中营的毒气室中命丧黄泉，而他敬爱的哥哥马丁，那个引领他进入数学之门的人，则被征为劳工，在纳粹德国被迫害致死。直到战后，瓦尔德才得知这些不幸的消息。

来到美国后，瓦尔德发现自己终于可以继续研究数学了，他对此大感欣慰。他被安排在一个名为"应用数学专家组"的团队中工作，工作地点在纽约哈莱姆区的一座四层公寓楼里。事后证明，他的工作成了整个第二次世界大战的转折点。

专家组由一群极具才华的数学家组成，为美国军方工作。他们的任务是分析与研究一系列问题，包括发射鱼雷的最佳路线和炸弹的空气动力学研究等。作家大卫·麦克雷尼（David McRaney）是这样评价他们的工作的："当年，从这栋建筑旁匆匆走过的人们不知道，在他们身旁的这座四层小楼里，应用数学中最重要的研究正在让世界战争的天平发生倾斜。"

大部分工作都被严格保密，专家组的论文也在战后数十年间被列为机密。但近年来，研究者们开始接触到这些"数学战士"的贡献，并发现他们对战争结果的重要影响。瓦尔德的工作也许是其中最为引人注目的一环。

美军给瓦尔德的任务是帮助解决一个重要的问题。当时，轰炸机飞行员在欧洲执行任务时的风险极大。战争最激烈时，一名飞行员执行任务后平安归来的概率仅仅略高于50%。军事史学家凯文·威尔森（Kevin Wilson）甚至写道，这些勇士"在出征前就已经化身幽灵"。

指挥官们意识到，必须加强轰炸机的装甲，以抵御来自地面和空中的炮火攻击。但问题在于，不可能为整个机身加强装甲，那样会导致飞机太重，无法起飞，即使起飞了也会失去灵活性。瓦尔德的任务是找出机身上最需要加强装甲的部分。

军方为瓦尔德提供了大量的资料。美国空军详细检查了返航的飞机，评估损伤情况，研究如何应对。这是典型的黑匣子思维模式——军方从负面事件中收集信息，试图增强战斗机的安全性。

空军指挥官们欣慰地发现，损伤的模式十分清晰。大部分飞机的机翼和机身上都密布着弹孔，驾驶舱和机尾则保持完好。随着这项调查的继续，这种模式也越来越明显。

图2-1展示了受损战斗机上弹孔的分布情况。

完好的战斗机　　　　　返航战斗机上弹孔的分布情况

图2-1　受损战斗机上弹孔的分布

空军指挥部提出了看似完善的解决办法：在飞机布满弹孔的位置加强装甲。既然这些位置被子弹集中攻击，当然就需要加强防护。这是容易想到的常规思路。对军方领导人来说，这就是在炮火中保护勇士们的最佳方案。

然而，瓦尔德提出了反对意见。他意识到，指挥官们忽视了一个关键问题。他们只看到了安全返回的飞机，却没有考虑到那些没能返航的飞机。那些飞机早已被击落坠毁。弹孔的分布情况显示，机舱和机尾不需要装甲，因为这两个位置压根没被打到。而事实上，这两个位置不是不会被攻击，而是一旦遭到攻击就会导致飞机直接坠毁，因为这两处才是整个飞机上最脆弱的部位。

真正的结论是，返航飞机上弹孔的分布状况显示了飞机上哪些位置是经得起攻击、在受到攻击后仍然能让飞机平安返回的。这些飞机能回来，正是因为它们的机舱和机尾躲过了子弹。弹孔密集的部位绝非需要加强装甲的部分，反而恰恰是最不需要装甲的地方。

事后证明，瓦尔德的这一发现不仅对轰炸机部队至关重要，对整个战争也起到了重要影响。

这个例子有力地证明了两个关键问题。第一，要从负面事件中吸取教训，就必须全面考虑所有信息，包括未能立即掌握的信息。第二，无论是从执行角度还是情感角度来看，从失败中学习都不是一件容易的事，要具备缜密的思维和坚决的信念，才能看透事物的表象。往往只有透过表面的信息才能发现隐含的经验与教训，不仅航空业如此，在商业、政治和其他领域里也是如此。

哈佛大学商学院的艾米·埃德蒙森教授指出，从失败中学习向来不是一件简单的事。大多数企业都缺少发现并分析失败的态度和行动，实事求是的学习方法也没得到应有的重视。企业和机构需要采取更新、更好的方法，不能只停留在问题表层。

瓦尔德在第二次世界大战期间关于机身弹孔的研究拯救了大量飞行员的生命。直到 1980 年 7 月，他提交给军方的论文才被解密，现在在网上也很容易找到。这篇论文是《以幸存者损伤程度为基础判断飞机弱点的方法》(*A Method of Estimating Plane Vulnerability Based on Damage of Survivors*)。

战后，瓦尔德得知了自己的 8 名家人死于纳粹之手的消息。了解他的人都说，失去家人的痛苦一直伴随着瓦尔德。他的密友之一曾写道："这一残酷的打击没能让他心怀怨恨，但旁人能感到，他的余生都萦绕着悲伤的情绪。"

20 世纪 40 年代末期，瓦尔德把他在大屠杀中唯一幸存的亲人——哥哥赫尔曼接到了美国。他的朋友说，哥哥的陪伴给了瓦尔德极大的慰藉。同样给他以安慰的还有在哥伦比亚大学研究数学的工作。

此外，这位才华横溢又温文尔雅的学者还从另一件事上获得了安慰，那就是在那场打败了杀害他家人的罪魁祸首的战斗中，他的研究工作扮演了重要的角色。

他是一名最卓越的黑匣子思想者。

第3章　成功的伴谬

"哈得孙河奇迹"背后

2009年1月15日下午3点25分,在纽约拉瓜迪亚机场4号跑道上,全美航空1549号航班获得空管许可,准备起飞。

那是个晴朗的下午。在驾驶舱内,机长切斯利·萨伦伯格与第一副驾驶杰弗里·斯凯尔斯正在核对安全检查表。两人很期待这次飞行。但谁也没想到,他们即将开始当代商业航空史上最著名的一次飞行。

起飞后不到两分钟,一群加拿大黑雁突然出现在飞机右侧的视野里。飞机与雁群接近的速度太快,飞行员来不及采取躲避动作。结果右侧引擎卷入了两只黑雁,左侧引擎也至少卷入了一只黑雁。

在一连串巨响后,飞机似乎冻结在了半空,接下来是死一般的寂静。引擎失去了推力。飞行员心跳骤然加速,注意力范围开始缩小。这是面对危险时典型的生理反应。现在他们身处纽约上空900米处一架70吨重的空客A-320飞机内,而这架飞机已经失去动力。

他们要在瞬间做出一系列决定。是返回拉瓜迪亚机场,还是前往几千米外的新泽西泰特伯勒机场?这两个选择很快都被否决了。飞机滑行不了那么远,他们下坠得太快。

下午3点29分,萨伦伯格说出了他的决定。这句话事后成了世界各大媒体的头条标题:"我们要降落在哈得孙河上了。"

在本书的开头,我们主要探讨了两大安全相关行业——航空业和医疗业中的失败问题。我们研究了对失败的反应、态度和调查方法。现在让我们来看看成功的案例以及我们是如何应对成功的。通过研究"对在哪里",我们就更容易发现自己"错在哪里"。

最终,萨伦伯格成功地把这架70吨重的飞机降落在了哈得孙河上,降落过程堪称精彩绝伦。在降落后,机长也没有放松警惕。他先后两次前往机舱,确定所有乘客都已经撤离到距水面仅有十几厘米的机翼上,才最后一个离开。在这场事故中,机上人员全部生还。

机长的冷静表现轰动了全美国。当时还未上任的美国总统当选者奥巴马给他打电话表示祝贺,并邀请他参加他的总统就职典礼。《时代》杂志在2009年"全球100位最具影响力人物"的评选中,把他列为"英雄与时代象征"类别下的第二名。学术界则欢呼,在肤浅的名人文化潮流中终于出现了真正的英雄行为。对公众来说,这起事件彰显了令人崇敬的个人英雄主义。一个人凭着自己的技巧与冷静,顶住巨大压力,拯救了100多条生命。

但航空专家看待这个问题的角度与上述不同,他们看到的更多。他们指出,值得称道的不仅是萨伦伯格个人的能力,整个飞行安全制度也有功劳。有人指出,机组资源管理制度是成功的重要原因。萨伦伯格和斯凯尔斯两人的分工非常明确。在飞机撞击鸟群后的几秒钟内,萨伦伯格操控飞机,斯凯尔斯则迅速查阅参考手册。

直到飞行过程的最后几秒之前,机上的通信渠道都保持畅通。在飞机下坠的过程中，斯凯尔斯持续向机长通报飞机的速度和高度，让机长时刻掌握飞机的情况。直到降落前几秒钟，他们还在保持交流。当时萨伦伯格问道："有什么主意吗？"斯凯尔斯则答道："说实话，没有。"

也有一些专家指出，在飞机还差十几厘米就要碰到水面时，电传飞行控制系统（所有空客飞机上携带的高级自动驾驶系统）对飞机的角度做出了精确的修正。另外，也有人把安全降落归功于检查表制度和驾驶舱精巧的人体工学设计，在压力骤增时，这两者都对机组成员有所帮助。

这是一场发生在公众视野之外的精彩讨论，但即使如此也没能触及最深处的真相。20世纪30年代，在经历了一系列坠机事故后，航空业界建立了检查表制度；一连串B-17轰炸机的坠毁则催生了驾驶舱的人体工学设计；在联合航空173号航班事故发生之后，机组资源管理制度诞生了。

这就是成功的佯谬：它建立在失败之上。

这也有助于研究公众对麦克布鲁姆和萨伦伯格截然不同的态度。我们应该记得，麦克布鲁姆是一位出色的飞行员。当DC-8飞机冲向地面时，麦克布鲁姆保持镇定，在树林间穿行，避开了人口密集的街区，竭力让那架90吨的飞机撞向坚固的地面时受到最小的冲击。机上100多人能够幸存或许应该归功于他。

然而，在事故发生后，他被世界抛弃了。虽然航空业主流的态度是从错误中学习，社会舆论却把责任都归罪于这个操纵飞机犯下错误的男人。一名训练有素的飞行员驾驶着一架没有任何故障的飞机，竟然因为耗尽燃油而坠毁，公众对此感到非常愤怒。

事故发生后不久,麦克布鲁姆就离职了。3年后,他与妻子离了婚。在1996年的一次幸存者聚会上,173号航班的一位幸存者艾米·康纳是这样描述麦克布鲁姆的:"他变得非常憔悴……整个人都被毁了。他失去了他的驾驶执照,失去了他的家庭。他的余生已经完了。"8年后,麦克布鲁姆去世了。

他的悲剧——如果你也同意这是个悲剧的话——在于工作在一个对人类注意力的局限性缺乏理解、对交流的重要性也不够重视的时代。当他驾驶173号航班时,一个缺陷始终潜伏在制度里,总有一天会暴露出来,正如27年之后,北马斯顿医院手术室中的爱德华兹医生和安德顿医生所体现的那样。

具有讽刺意味的是,在那种情况下,备受景仰的萨伦伯格可能也会犯下一模一样的错误。他之所以没有犯下错误,而成了一个英雄,正是因为一个简单而深刻的原因:他工作的这个行业已经吸取了教训。萨伦伯格,这位谦逊、正派的君子,坦率地承认了这一点。在"哈得孙河奇迹"发生后几个月的一次电视访谈中,他说出了如下饱含智慧的话语:

> 在航空业中,我们拥有的一切知识、经验手册上的每一条经验、我们的每一条操作规程,都是以某个人的死亡为代价换来的……我们为之付出了巨大代价,这是名副其实的血的教训。因此我们必须珍视这些行业知识,并把它们传授给后来者。从道德上说,我们绝不能忘记这些教训,再次犯下同样的错误。

第3章 成功的佯谬

不仅需要证明，还需要证伪

萨伦伯格的这番话值得深思，因为它从根本上重新解读了失败的含义。出色的航空安全纪录是建立在事故的废墟之上的，这一看似矛盾的说法生动而深刻，同时富于启示。如果仔细思考，你会发现，这个道理几乎适用于人类生活的方方面面。

在科学研究中，从失败中学习是一个重要的方法。哲学家卡尔·波普尔（Karl Popper）指出，正是凭借对自身错误的警觉和反应，科学才能保持进步。科学理论的发展方式通常是提出一种预言并对其进行验证，因此天生便容易遭到攻击。这看起来像是个弱点，但波普尔意识到，这其实是一个无法估量的优势。

"和一切人类思想的历史一样，科学的历史中也充满了错误，"波普尔写道，"但科学是极少数——也许是唯一——能让错误得到系统性批评并常常得到纠正的人类活动。这就是为什么我们可以说，在科学研究中，我们是从自身的错误中学习并发展进步的。"

让我们站在这个角度看看伽利略在16世纪的意大利所做的实验（也有人认为该实验是后人杜撰的）。在那之前的1000多年里，就像盖伦的医学理论一样，亚里士多德主张的物理学说一直被世人奉为圭臬。人们对这位古希腊思想家的理论深信不疑，胆敢挑战他的人被视为异端。亚里士多德的著名理论之一就是物体越重则下落越快，质量与速度成正比。

亚里士多德说得对吗？伽利略进行了一次测试。他爬上比萨斜塔，并抛下两个质量不同的球体。他发现，这两个球体以相同的加速度下落，从而一举推翻了亚里士多德的理论。用波普尔的话说，他对亚里士多德的假说进行了证伪。

对亚里士多德及其追随者来说，这无疑是一次苦涩的失败。很多追随者都对这次实验感到愤怒不已，但这是科学的一次影响深远的胜利。既然亚里士多德是错的，科学家们就有动力去探寻其错误的原因，并提出新的理论。同样，这一理论在未来也会成为后人试图证伪的对象。至少从部分意义上说，这就是科学进步的过程。①

同样的情况也适用于爱因斯坦的相对论。1919 年，一位名叫亚瑟·爱丁顿（Arthur Eddington）的英国科学家远渡非洲，只为测试相对论中最标新立异的假说：光线会受重力吸引，发生弯曲。在一次日全食期间，爱丁顿拍下了太阳所在位置附近天区中恒星的照片，检测射向地球的星光是否会受到太阳重力的影响。爱丁顿的实验结果与爱因斯坦的相对论完全相符。但关键在于，这次实验的结果也可能与其完全相反。相对论是容易被实验证伪的，直到今天仍是如此。

让我们把这种坦然接受失败的态度与伪科学进行对比。比如占星术，其预言含糊得不可救药。我在 Horoscope 网站上查询天秤座运势时，网站给出了这样的解读："家庭或工作中正酝酿着重大的改变。"这看上去像是个可被验证的预言，但不管是不是天秤座，基本上任何人身上发生的任何事都能套用这个说法，我们的家里或工作中都"酝酿"着某种改变。这就让占星术有了充满诱惑的优势：它永远不会"错"。但占星术为这个优势付出的代价也十分高昂：它永远无法通过学习达到进步。两个多世纪以来，占星术没有发生过任何有意义的改变。

---

① 在科学中，失败与进步之间的准确关系是一个复杂的问题。在质疑性的信息面前，科学家何时应该提出新理论、建立新范式，这是一个备受争议的问题。哲学家托马斯·库恩（Thomas Kuhn）曾就这一问题写过大量著作。但举世公认的一个基本观点是：科学理论应该是可被验证的，因此是易被证伪的。自我纠正一直是科学进步的重要因素。

再来看看另一个流行于19世纪的理论：世界是在公元前4004年被创造的。这种理论被化石的发现和碳-14测年法推翻了。新的信息证明了一个几乎不容置疑的事实：宇宙的年龄大大超过了6000岁。

然而，在19世纪，英国的自然主义者菲利普·亨利·戈斯（Philip Henry Gosse）出版了一本叫《圣石》（*Omphalos*）的书，为神创论辩护。他的论据可以说是异想天开。他声称，世界确实是在公元前4004年被创造出来的，但上帝当时还创造了很多化石，让这个世界看起来比实际年龄老一点。他还说，上帝给亚当做了一个肚脐，让他看起来更符合人类祖先的形象，但其实亚当是用泥捏出来的（书名"Omphalos"在希腊语中的本意便是"肚脐"）。

从某种意义上看，戈斯确实保卫了神创论。在他颠倒因果的狡辩中，一切都显得合情合理，但他做的还不止这一点。他让神创论变得不可证伪。任何证据、任何信息或新发现都不能驳倒戈斯的理论。只要有人提出新的证据，证明世界在公元前4004年之前就存在，就会被戈斯的理论解释为上帝创造的小花招。不管发生什么，神创论都岿然不动，但这也意味着神创论永远无法改变，也无法适应新证据的挑战了。

阿尔弗雷德·阿德勒（Alfred Adler）的心理治疗理论也一样。在20世纪20年代，他的理论风靡一时，其影响延续至今。其理论的核心思想为"自卑情结"，即人类行为的根源在于证明自己的欲望。

1919年，卡尔·波普尔和阿德勒面对面探讨了一个似乎与他的理论背道而驰的案例。案例的具体细节并不重要，重要的是阿德勒给出的解释。波普尔写道：

他（阿德勒）虽然还没见过那个孩子，但他想也不想就用自卑情结的理论来分析这个问题。我对此感到有些吃惊，便问他为何能如此有把握。他回答道："因为我有重复了一千次的经验。"此时我忍不住说："那加上这个新案例，您就有一千零一次经验了。"

在波普尔看来，阿德勒理论的问题就在于它能解释一切。比如，一个男人从水中救出了一个快要淹死的孩子。阿德勒会说，他通过跳进河水这一行为，证明了自己有胆量冒生命危险。而如果这个男人没有去救那个孩子，阿德勒会说，他证明了自己有胆量面对社会舆论的非议。不管怎样，他都战胜了自己的自卑情结。不管发生什么，这个理论都不会出错。波普尔针对这一点写道：

我想不出任何无法用这个理论解释的人类行为。而在阿德勒的崇拜者眼中，恰恰是这一点——永远有理，永远正确——成了他们支持这一理论的最佳论据。我慢慢明白，这个明显的优势其实正是这一理论的弱点。

一般来说，闭路循环之所以存在，是因为人们拒绝面对失败或者推卸责任，但对伪科学来说，这是一个结构性问题。这类学说建立时，就被有意或无意地设计成不可能失败的结构。这对其追随者来说极具迷惑性。这类学说对世间万物都适用，但这也意味着它们永远不会有任何发展。

上面的事例说明了证明与证伪之间的细微差别。科学通常被认为是证明问题的过程。科学家观察自然，提出理论，然后尽可能多地收集证据去证明这些理论。但我们现在知道，这还不是科学的全貌。科学不仅仅需要证明，它还需要证伪。获取知识的途径不仅是收集确定性的信息，也包括收集与理论产生矛盾的信息。

比如"水的沸点是100℃"这个说法，看上去似乎没有问题。但我们知道，这个说法到了高海拔地区就不正确了。一旦找到了让某个理论站不住脚的条件，就意味着开启了通向更新、更正确的理论的大门。这个新的理论应该能够解释为什么水的沸点在地面是100℃，而在高海拔地区又是另一个温度。这就是科学进步的结果。

这也揭示了证明与证伪、成功与失败之间细微的不对称性。如果你一直在低海拔地区使用开放容器进行测试，你会无数次地证实水确实会在100℃沸腾，但这些成功的"证据"却无助于拓展我们的知识范围。实际上，这甚至无法让"水的沸点是100℃"这一论点变得更有说服力。

这一观点最先由18世纪的苏格兰哲学家大卫·休谟提出，最近又因为数学家、作家纳西姆·尼古拉斯·塔勒布（Nassim Nicholas Taleb）的著作而为人所熟知。塔勒布指出，就算你亲眼见到100万只白天鹅，也无法证明"所有的天鹅都是白的"这个命题。相反，如果你发现了1只黑天鹅，就能把这个命题一举推翻。

失败深深植根于科学进程的逻辑与精神中。人类靠着对传统教条的不断挑战与对新鲜想法的反复测试，让自己受到了最好的磨炼。某些科学家有时也许过于刻板，但作为一个整体来说，科学家都明白，科学理论，特别是前沿学说，常常是容易出错或不完整的。在测试我们的想法、让它们经受失败考验的同时，我们也做好了成长进步的准备。

尽管航空业与科学界有很多不同，但两者的精神基础是相通的。一架飞机的飞行过程可以被视为一次假设：假设这架飞机的设计制造、飞行员和空中交通管理系统能够保障飞机平安飞到目的地。每次飞行都是一次测试，而一次事故则从某种意义上意味着这个假设被证伪了。所以说，事故对增进系统安全性有着特别的重要性，就好像证伪对科学的贡献一样。

这种情况不但适用于大型系统，对个人来说同样有效。事实上，这解答了现代心理学中最难解的悖论。众所周知，在某个领域有着长期经验的专家，往往一出手就艺惊四座。象棋大师能在瞬间计算出最有利的棋路，网球高手能在对手击球前就判断出回球的落点，经验丰富的儿科护士能在最短的时间里诊断出病因，而他们的判断总会在之后的检查中得到证实。

这些人的经验不是几周或几个月就能积累起来的，往往需要很多年的锻炼。他们缓慢但坚实地建立了一种能使自己表现出色的直觉。这些现象说明，专业知识（至少大部分）是从锻炼中得来的。这也就是所谓的"1万小时法则"。并不是每个人都有成为世界冠军的天赋，但大多数人都能通过训练与应用而掌握并精通一门技艺。[①]

但是，继续研究的结果似乎与此相反。在很多行业中，锻炼与经验似乎完全无用。在这些行业里，人们经过几个月甚至几年的锻炼，却毫无进步。比如，对精神科医生的研究表明，实习医生与持有执照的"专家"的业务水平不相上下。有同样情况的还包括大学招生办公

---

① 在 2010 年出版的《天才假象》(*Bounce*) 一书中，我对熟能生巧这一道理进行过详细的阐述。在这一章中，我不会重复该书中的论调。这里只是要说明，在可预见的范围内，长期练习是达到高水平的先决条件。

第 3 章 成功的佯谬 55

室人员、人事部门人员和临床心理医生等。①

这是为什么呢？为什么在一些行业中，经验是如此宝贵，但在另一些行业中却几乎一文不值？

想知道这个问题的答案，先想象你在打高尔夫球。你身在练习场上，朝着目标击球。你集中精神，每次击球距离目标过远，就调整技术动作，努力让球接近你的目标。这就是体育运动中的练习方式。这是一个不断尝试、不断失败的过程。

现在想象你在黑夜中打球，伸手不见五指。在这种环境下，就算你练上十年，哪怕是一万年都无法进步。你连球被打到哪儿去了都看不见，要怎么进步呢？每次击球，你都不知道是太远还是太近，偏左还是偏右。每个球都被黑暗吞没了。你得不到任何反馈信息，也就无法提升球技。

这个比喻解释了熟能生巧的道理。以国际象棋运动员为例，一旦走错一步，马上就会被对手反将一军。临床护士也是一样，一旦误诊，患者的病情和检查结果就会恶化。护士和国际象棋运动员的直觉不断受到错误的检验与挑战，因此他们不得不做出调整、改进，重新审视自己的判断。这就是所谓"有意识的练习"的特点。

对精神科医生来说，情况就完全不同了。他们的工作是改善患者的精神功能，但他们怎么知道自己对病人的干预是对还是错呢？大多数精神科医生并不是根据客观数据来评估患者对治疗的反应的，而是通过对患者直接的临床观察。但这样的方式很不可靠。患者可能会尽

---

① 对于这些人员来说，唯一会随着时间增长的不是业务水平，而是自信心。一次调查显示，25%的精神科医生认为自己的水平在行业最高的10%内，而没有一个人觉得自己达不到行业平均水平。

量美化自己的病情，以取悦医生。这一点在对精神疗法的研究中得到了公认。

然而，还有更深层次的问题。在治疗结束后，精神科医生很少继续关注患者的病情。这意味着他们无法获取关于持续疗效的反馈信息。他们不知道自己的治疗方法在改善患者的长期精神功能方面有没有效果，这也就是很多精神科从业者的临床判断力迟迟没有进步的原因，他们根本就是在黑暗中打高尔夫球。

放射科医生也是如此。这些医生通过低放射性的X线检查患者体内是否存在肿瘤。如果诊断出恶性肿瘤，患者就会接受探查性手术。手术结果出来后，放射科医生才能知道自己的判断是对是错。但到那时，他们会因为新的病例忙得团团转，没有时间仔细回想当初的诊断了。对直觉性判断来说，这种滞后的反馈的效果微乎其微。[1]

但更严重的是，有时候放射科医生没能检查出恶性肿瘤，患者安心地回家了。几个月或几年后，事实证明诊断出错了，肿瘤病情恶化了，医生却可能永远都不会发现自己当初的错误，这意味着他们无法从错误中吸取教训。这也解释了为什么新医生总是进步很慢，他们的诊断正确率只能慢慢接近70%，却很少能超过这一比例。

如果我们想帮助心怀抱负的专业人士进一步提高职业水平，我们就不应该仅仅关注积极性或责任心这种一般的激励因素。在很多情况下，通向进步的唯一道路是找到"开灯"的方法。一个人如果不能发现"错误信号"，即使花再长的时间练习、从事某种职业的年头再多，

---

[1] 心理学家丹尼尔·卡内曼（Daniel Kahneman）用开车和开船的比喻来帮我们理解这一观点。开车时，车辆对驾驶员的操作立即发生反馈，因此学车比较容易。而学习开船则麻烦得多，因为操作与运行之间有很长的延时。

第3章 成功的佯谬 57

可能也毫无进步。

可以针对放射科医生建立一个培训机制,让学生们能进入一个数字化 X 光片图书馆,接触到已知诊断结果的 X 光片。学生们能够利用大量 X 光片进行诊断,同时能迅速得知自己的诊断是对是错。他们会面对很多次失败,但这能让他们学到更多。我们还可以为这个 X 光片图书馆建立索引,鼓励学生们对互相关联的病例进行详细检查,从而建立对肿瘤特征的判断能力。

让我们再回到科学研究上来,看看那些曾经风靡一时的理论与假设吧:视觉的发射理论、托勒密的折射定律、以太理论、地球空心论、电子云模型、热质说、燃素说、瘴气致病说、母体印痕说等。

以上这些理论,从实质上说,并不比占星术更有根据,但与占星术最重要的区别是,这些理论都做出了可被验证的预言。这也正是它们被更好的理论取代的原因。它们实际上是为现在这些成功理论的诞生打下的重要基石。

最后,还要注意一点:现在的学生们不会去学习这些"失败"的科学理论了。为什么要学呢?科学领域要学的知识太多了,没有时间留给这些被时间淘汰的学说。但这会造成一个盲点:如果只看到那些成功流传下来的理论,我们就看不到那些孕育过成功的失败了。

这个盲点不仅存在于科学中,也普遍出现在我们的世界里,也正是这个盲点在很大程度上导致了我们对失败的偏见。成功永远只是冰山一角。我们会学习前沿理论,会乘坐极其安全的飞机在天空穿梭,会惊叹于专业人士的精湛技艺,但这些成功的表象下——在我们的视野甚至意识之外——是由不可或缺的失败堆成的巍巍高山。

制度与意愿缺一不可

2002年,刚刚就任位于西雅图的弗吉尼亚-梅森医疗中心(Virginia Mason Health System)首席执行官的加里·S. 卡普兰(Gary S. Kaplan)医生与其他几位管理人员共同访问了日本。他很期待参观医疗业之外的企业是如何运营的。他希望看到自己与同行的高管人员意料之外的东西。

在参观丰田公司的生产车间时,卡普兰医生大受启发。丰田有一套不同寻常的生产流程:生产线上的任何人如果遇到了问题或是发现了错误,会拉动一个开关,整个车间的生产工作就会暂停。

此时,车间管理人员会迅速到达事发现场查看问题。如果有雇员在工作过程中遇到了麻烦,管理人员就会施以援手。如果是生产流程发生了错误,管理人员会对其进行评估,吸取教训,进而改良生产系统。这套生产方式被称为"丰田生产体系",是工业历史上最为成功的生产方式之一。

"那套系统是针对汽车的,与医疗系统有很大不同,"卡普兰在接受我的采访时说,"但根本的原则是相通的。如果对待错误的态度是开诚布公的,那么整套系统就能从中学习。通过这种方式,你就能取得进步。"

卡普兰有一双明亮的眼睛和永不休止的好奇心。在谈话时,他一直起劲地挥舞着双手。"从日本回来后,我把同样的系统搬到了西雅图,"他说,"我们知道,全美有成千上万的患者死于医疗事故,我们决心要改善这种情况。"

他的改革中关键的一条就是鼓励工作人员在发现可能伤害患者的错误时及时上报,这与航空业内和丰田公司的报告机制几乎一模一样。

他设立了一部24小时热线电话和一个在线报告系统。他称之为"患者安全警报"。

这套新系统对他的员工来说是一次重大的文化冲击。此前在弗吉尼亚-梅森医疗中心,和在医疗业其他地方一样,错误总会让人皱眉,同时由于森严的等级划分,护士与年轻医生们往往不敢上报资深医生的错误,结果几乎没人上报问题,这让卡普兰既惊讶又失望。在与这种潜规则的矛盾冲突中,一个充满创意的发明诞生了。[1]

在弗吉尼亚-梅森医疗中心担任高级副总裁长达14年、负责质量安全与投诉业务的凯西·福尔曼(Cathie Furman)表示:"世界范围内医疗界的行业观念一直充满了推卸责任的行为与等级制度,要改变这一点是非常困难的。"

然而在2004年11月,弗吉尼亚-梅森医疗中心的一切都发生了改变。在一次脑动脉瘤手术中,69岁、有4个儿女的玛丽·迈克林顿因为被错误注射了一种名为氯己定的有毒防腐剂后死亡。她本该注射一种完全无害的标记染料,这两种药剂被并排放置在两个一模一样的不锈钢容器中,护士取药时搞混了。这个错误导致玛丽的一条腿被截肢。19天后,她因为多重器官衰竭而不幸去世。

加里·卡普兰并未逃避问题,推卸责任,而是发表了一份充满诚意的道歉声明。这与伊莱恩·布鲁米利死后发生的情况截然相反。"我们对自己的行为感到无比震惊,"声明表示,"如果隐瞒错误,我们将

---

[1] 这也解释了为什么死亡率与发病率会议(临床医生定期举行的会议,目标在于改善医疗状况)没能有效减少可预防的错误的发生。这种会议由医疗中心定期举行,本意在于让医疗从业者有机会从错误中吸取教训,然而医生们往往对发出不同声音或指出同事的错误感到紧张和焦虑。也许更重要的原因在于,几乎没人愿意揭露制度的问题。

永远无法明白错在何处。"死者亲属接受了这份道歉，它帮助他们了解了自己亲人的不幸遭遇。

这次死亡事件也给了弗吉尼亚-梅森医疗中心的5500名员工当头一棒。"那是个艰难的时刻，但患者的死亡为我们吹响了战斗的号角，"卡普兰说，"那次事件在文化上敲醒了我们，让我们意识到了问题的严重性。"

一夜之间，患者安全警报开始响个不停。报告错误的员工惊讶地发现，只要不是完全因为鲁莽和粗心造成的事故，他们非但没有受到惩罚，反而得到了嘉奖。一名同事告诉肿瘤科医生亨利·欧特罗（Henry Otero），他没能查出一名患者体内镁含量过低的情况。欧特罗医生随即上报了这一问题。"我出现了失误，"他后来对一家报纸说，"我不知道自己是怎么失误的。但我认识到这不但是我的事，更是病人的事。操作规程应该能阻止我再犯类似的错误。我应该说出这样的话：'我可能是造成事故的原因，帮我改进吧。'"

现在，每个月都有大约1000起患者安全警报在弗吉尼亚-梅森医疗中心响起。美国卫生部的一份报告指出，这些警报揭露了从处方到护理等各方面潜在的问题。报告提到，有一次药剂师和护士都弄错了一份字迹模糊的处方，导致病人受到伤害，医疗中心立即建立了一套详细规程，从而彻底避免了类似问题再度发生。

另一起警报是关于手环的。"一次，一名新入院的患者领到了一个彩色手环，这个手环本应提示别人他对某种药物过敏，但由于发放手环的护士是色盲，结果把代表'拒绝接受心肺复苏抢救'的手环错发给了他。在这次警报后，医疗中心开始在手环上印刷文字。"

2002年，卡普兰成为首席执行官时，弗吉尼亚-梅森医疗中心已经是华盛顿州一家出色的医院了。到了 2013 年，它已经被公认为全世界最安全的医院之一。在同一年，这家医院获得了杰出临床医院奖和最佳患者体验奖，并连续 8 年被著名的第三方医疗评级机构 Leapfrog 评为"最佳医院"之一。自从推行新制度以来，医院支付的责任保险费用下降了 74%。

这种成功并非偶然，也不是侥幸，而是一种方法。行之有效的学习文化让世界各地的医院都有了很大改观。举例来说，密歇根大学医学院 2001 年 8 月收到了 262 次投诉与诉讼。在推行公开、透明的政策之后，这一数字在 2007 年已经降低到 83 次。伊利诺伊大学医疗中心在建立了公开报告制度后，收到的失职投诉在两年内减少了一半。

弗吉尼亚-梅森医疗中心的例子揭示了一个关键的问题：要从错误中学习，有两点必不可少。首先，要建立一种制度。我们可以把错误理解成期望与现实之间的差距，处于前沿的机构一直寻求消除这种差距，但它们必须先建立一种制度，以便随时抓住机会进行学习。这种制度本身可能随着时间发生改变，很多专家已经开始试验各种生产管理办法，希望能超越丰田生产系统。但无论如何，每种制度都有一个最根本的基础结构，也就是引导学习和自我纠正的机制。然而，有时仅仅有一套良好的制度还不够，如果从业人员不去分享有用的信息，再完善的制度也无法产生效果。在弗吉尼亚-梅森医疗中心开始推行这种制度的时候，其员工并没有启动过患者安全警报。他们害怕受到批评，害怕声誉受损，于是拒绝分享有用信息。如果不被人们所接纳，这种学习错误的机制就毫无用武之地。只有当整个机构的观念发生改变时，这种制度才能开始产生惊人的效果。

再来看看科学研究。科学具有一种能够自我纠正的结构。通过做出可验证的预测，科学家们就能发现自己的理论哪里出了问题，这会推动他们创造新的理论。但如果科学家们是一群只会忽视问题、推卸责任、掩盖错误的人，那他们将一事无成。

这样看来，科学研究就不仅是一种方法，更是一种观念了。推动科学前进的是孜孜不倦的渴求、充满智慧的勇气、直面失败的决心与坦然接受事实的意愿，即使这种事实会让科学家们宝贵的信仰发生动摇。科学是一种方法，也是一种观念。

在医疗业中，从失败中学习的科学方法很早就通过临床试验等途径被应用到新药的开发中了。但弗吉尼亚-梅森医疗中心的事例表明了把这种方法应用到实际治疗过程中的重要性，这正是医疗业一直以来所需要的，而且在很大程度上解释了为什么医疗失误比交通事故导致的死亡人数还要高。

约翰·霍普金斯大学医学院教授、患者护理研发中心医学总监彼得·普洛诺沃斯特说："美国医疗质量最根本的问题在于我们没能把治病救人当成一门科学来对待。我们发现了基因，发明了各种疗法，但如何应用却全凭个人……这简直是一场灾难。这就是为什么这么多人在医疗过程中受到了伤害。"

普洛诺沃斯特的父亲50岁时死于医疗事故，此后他便决定致力于患者安全工作。他的父亲患有淋巴瘤，却被错误地诊断为白血病。"在约翰·霍普金斯上学的第一年，我带爸爸去找学校的一位专家求诊，"普洛诺沃斯特在接受《纽约时报》采访时说，"那位医生说：'如果你们来得再早点，就来得及接受骨髓移植了，可惜现在癌细胞已经扩散了。'没人提'错误'这个词，但事实已经非常清楚了。我感到悲痛欲绝,对那些医生和我自己都感到愤怒。我止不住地想:'医疗工作不该是这样的。'"

在接下来的几年中,普洛诺沃斯特把职业生涯投入了对行业观念的改变中。他不会对美国医院里每天出现的庞大死亡数字无动于衷,不会把这些悲剧看成无法避免的损失,或是让现行机制在困难条件下运转的必要代价。他对这些悲剧展开了研究,收集信息,总结资料,寻找医疗事故的"记号"。他尝试着进行改革。

他的调查中最有影响力的就是对中心静脉导管感染的研究(中心静脉导管是插入主静脉的导管,用于控制药物、收集血样等)。这种感染每年会造成3万~6万人死亡。普洛诺沃斯特发现了很多导致失败的原因,其中大部分是医生和护士在进行插管时没有佩戴口罩或没有穿无菌手术服。在时间的压力下,专业人士也忘记了这些关键的基本步骤。

普洛诺沃斯特制定了一份包括5项内容的检查表,保证所有必要的步骤都被一一实施。更重要的是,他鼓励护士们向没有遵守规则的医生发出提醒。一般来说,护士们不愿这样做,但他们得到了管理层的支持。这样做的效果立竿见影:插管后10日内的感染率从11%下降到了0。仅在密歇根州,这项改革就在18个月内挽救了1500名患者的生命,避免了1亿美元的损失。2008年,《时代》杂志把普洛诺沃斯特列为"全球最有影响力的100人"之一,以表彰他的成就。

在他优秀的著作《安全患者,智能医院》(*Safe Patients, Smart Hospitals*)中,普洛诺沃斯特写道:"因为医疗事故与护理失职,我的父亲在50岁时就受尽痛苦,在不该离去的年纪去世了。我和家人也遭受了无谓的痛苦。身为一名年轻医生,我为父亲与家人而立志,要尽自己所能,改进医疗工作的质量与安全性。……(这意味着)让治病救人成为一门科学。"

加里·卡普兰在弗吉尼亚-梅森医疗中心的工作也拯救了成千上万人的生命。他用更加简洁的语言表明了同样的观点:"我们从自身的错误中学习。这很简单,也很困难。"

航空业和医疗业对待失败的区别,部分原因也在于两种从业者的意愿不同。飞行员犯下的错误往往会导致他们自己的死亡,而如果医生犯了错,死亡的却是别人,这也是飞行员比医生更有动力减少错误发生的原因。

但这样的分析忽略了一个关键问题。在航空业发展早期,飞行员的死亡数字居高不下,这不是因为他们缺乏求生意愿,而是因为整个制度缺陷太多。在这个复杂的世界里,失败是不可避免的。也正是因此,从错误中吸取教训刻不容缓。

但在医疗业中,人们认为医生不会犯错。在传统观念里,资深的医生是不容置疑的。因此,整个行业对错误讳莫如深,整个制度建立在忽视与抵赖而不是调查与学习上,也就不足为奇了。

换句话说,努力的意愿只有在明确如何进步的前提下才能发挥作用。古代医生采用的放血疗法导致无数病人死亡,其中还包括医生的亲属。这并非因为这些医生不在乎人命,反而恰恰是因为他们太在乎了,他们以为这种疗法有效。他们笃信盖伦的权威,却不相信批评与实验的力量,而正是后者揭露了盖伦学说中的漏洞,引领了医学的进步。因此,如果我们无法改变自己对失败的认识,对成功的渴求只能是一场徒劳。

任重道远

近年来，医疗业界出现了很多可喜的改变，弗吉尼亚-梅森医疗中心和密歇根大学医学院是其中的两个，其他类似的还有很多。比如，一次针对马萨诸塞州医疗事故的调查显示，在半数的麻醉机上，顺时针转动旋钮会增加麻醉剂的浓度。但在另外一半的机器上，同样的操作却会减少麻醉剂的浓度。

这种缺陷和 20 世纪 40 年代导致 B-17 轰炸机事故频发的问题是一样的。那些飞机的驾驶舱中并排装置着一模一样但功能完全不同的开关。这种缺陷之所以没有被发现，都是因为事故原因没有被认真分析过。

针对麻醉机的调查结束后，机器被重新改造，结果死亡率下降了 98%。这听起来不可思议，但我们不应对此感到奇怪。当年 B-17 轰炸机驾驶舱的改造工作就彻底消除了跑道坠机事故。

不过，在这些成绩以外，仍然存在着巨大的挑战。比如英格兰斯塔福德郡的国民健康保健信托基金会在长达十多年的时间里对反复出现的错误视而不见，可能导致了成百上千起本可避免的死亡事件。多年以来，渎职行为和不符合标准的护理工作屡见不鲜，但这不但被医院的员工，更被国家医疗服务体系的管理者们所忽视，其中就包括英国政府的卫生部。

这个例子揭示出医疗业在观念上存在着根深蒂固的问题。不只是从业者不愿公开或者直接忽视了自己的错误，管理者也没有尽到调查的责任。

位于英格兰北部的弗内斯综合医院的一起丑闻也暴露出了相同的问题。这家医院的产科一直错误多发、护理状况堪忧，但这些问题在长达十多年的时间里一直无人知晓。2015年,一份厚达205页的报告显示,弗内斯综合医院发生了20起严重的治疗错误,导致3次生产死亡事故,另外造成16名婴儿夭折。

事实上,这些悲剧仅是冰山一角。更严重的问题在于,全世界所有的医院每天都会发生这种"常规"的悲剧。这是医疗业整体上的问题。就在本书出版前几周,英国议会下院公共管理特别委员会(House of Commons Public Administration Select Committee)发布了一份里程碑式的报告。报告指出,英国国家医疗服务体系仍然没能有效地从错误中吸取教训。"在国家医疗服务体系中,没有系统、独立的调查规程,也没有从最严重的医疗失败中吸取教训。在整个系统里,没有任何个人或组织为医疗调查的质量负责,也没人能保证调查结果会促进安全性的提高。"

委员会指出,一些汇报与突发应对机制已经建立起来,但是深层的观念问题却一再阻止这些机制发挥效用。斯科特·莫里什,一位在医疗事故中痛失爱子的父亲,就发现事后调查工作并不是为了找出教训,反而是为了掩盖问题。"我们现在发现的大多数问题之所以能暴露,并不是国家医疗服务体系的分析调查工作的功劳。正相反,这些问题正是因为没能被体系掩盖才得以暴露的。"他在面对委员会做证时说道。对于英格兰国家医疗服务体系,委员会的评价是"(该体系)进行调查与改进的工作过于烦琐,耗时过长,充满了互相指责和对财务责任的推卸。[1]因此,大部分调查的质量都远远达不到患者、家属及医

---

[1] 2015年6月的一份报告显示,英国国家医疗服务体系的错误导致每年有多达1000名婴儿在出生前、生产过程中或出生后死亡。其中,没有对婴儿心跳进行监测导致了约四分之一的死亡事件。

疗服务体系员工所期望达到的标准"。

在美国也存在着同样的问题。2009年,赫斯特基金会(Hearst Foundation)的一份报告指出,"20个州完全没有医疗错误报告制度",同时,"在有医疗错误报告制度的20个州中,医院仅仅上报了其错误中极小的一部分,标准差别很大,监管根本不存在"。报告同时指出,"仅有17个州建立了足够透明的系统性事故报告机制,可以对患者产生帮助"。

除了缺乏从错误中学习的意愿,医疗业界还有一个问题,那就是即使发现了问题,从中学习的机会也无法被推广到整个医疗系统,这就涉及了"采用速度"的概念。我们知道,航空业的规章制度让每家航空公司、每个飞行员和管理者都能有渠道随时接触到最新信息,资料能在第一时间被全世界获取。航空业的采用速度与信息的产生几乎是同步的。

然而在医疗业,多年以来采用速度都很迟缓。微软公司医疗媒体实验室(Microsoft Medical Media Lab)主任迈克尔·吉列姆(Michael Gillam)指出了这一点。1601年,英格兰航海家詹姆斯·兰卡斯特(James Lancaster)船长进行了预防坏血病的试验,当时坏血病是大海上最可怕的杀手。他在前往印度的四艘船中选择了一艘,让船上的水手们每天服用三勺柠檬汁。航程过半时,另外三艘船上的278名船员中已经有110人死亡,而进行试验的船上没有一人死亡。

这是一个重大的发现,可以在未来的航行中让千万水手避免死于非命。但是,要到194年后,英国皇家海军才制定了新的饮食制度。直到1865年,英国贸易管理委员会才为商业船队制定了类似的规章。这种采用速度慢得像被冰冻了一样。吉列姆指出,从兰卡斯特发现预防坏血病的方法到这一方法被推广到全英为止，足足用了264年。

今天，医疗业的采用速度仍然慢得惊人。有人针对肺炎球菌疫苗使成人避免呼吸感染等9项重大医学发现进行过研究。这项研究指出，医生们平均要用17年的时间才能让半数美国人享受新疗法的治疗。《新英格兰医学杂志》（New England Journal of Medicine）上的一篇评论指出，仅有一半美国人能够享受美国国家标准推荐的治疗。

问题不在于信息是否存在，而在于信息的组织形式。身兼医生与作家的阿图·葛文德（Atul Gawande）曾说："问题一般并不出在懒惰或者缺乏意愿上，而更多在于必要的知识没有被转化为一种简单、方便、系统性的形式。如果航空业传递信息时采用的是厚重的报告……就会让飞行员像医生一样，面对着每年在医学杂志上刊登的70万篇文章，这么多的信息将让人手足无措。空难调查员从资料中提炼出了最有用的基本信息。"

也许，最能说明医疗业观念还需要很大转变的例子，是对解剖的态度。医生可以凭借经验、借助仪器或者进行各种化验等方法来对患者做出诊断，但当患者死亡后，医生们才能对尸体进行解剖，探寻真正的死因。这可以被视为医学上的黑匣子。

尸体解剖能够带来的进步是显而易见的。如果对导致患者死亡的疾病，医生在诊断上出了问题，那么他选择的治疗方式很可能是错误的，正是这种错误的日积月累导致了死亡。通过尸检，这名医生就能重新审视自己的判断，这也就为他及其同事提供了学习的机会，从而让他们能在未来拯救其他患者的生命。

正因如此，尸体解剖带来了诸多方面的进步。获益于解剖，人们发现了肺结核的病因，了解了与阿尔茨海默病斗争的方法，还取得了很多其他进步。从 2001 年开始，对美国在阿富汗和伊拉克驻军中阵亡士兵的尸检获取了关于子弹、炮弹和爆炸导致的伤害的关键信息。

这些信息暴露出了士兵护具和车辆防护的不足，大大提高了头盔、防护战斗服和医疗设备的性能（正如亚伯拉罕·瓦尔德在二战期间所做的"黑匣子式研究"加强了轰炸机的装甲那样）。然而，在 2001 年以前，阵亡士兵的尸体很少得到解剖，这意味着问题难以被发现，这可能会让其他士兵也遭受同样严重甚至致命的伤害。

一般来说，大约 80% 的家庭在被问及是否需要对死者进行解剖时会表示同意，很大程度上是因为这样能解答他们心中的困惑，让他们明白家人到底为什么去世。但即使得到了家属的同意，解剖也很少能够真正实施。美国的数据显示，只有不到 10% 的患者会在死后被解剖，很多医院一次解剖也没做过。1995 年以后，没人知道在美国进行了多少次尸检。美国国家健康数据中心（American National Center for Health Statistics）从那时起就不再收集相关数据了。[1]

所有这些宝贵的信息都正在消失，大量能拯救生命的经验教训就这样被白白浪费了。不难明白为什么医生们不愿意去发掘这些宝贵的信息：关键就在于面对失败的态度。

如果调查的结果是暴露出自己的错误，谁还愿意去做调查呢？

这本书的目的不是批评医生、护士和其他医疗人员，他们每天都在做着英雄式的工作。我每次生病入院，都接受了专业并充满关怀的治疗。另外要指出的是，航空业也不是尽善尽美的。很多时候，航空

---

[1] 英格兰和威尔士的法律规定，凡是遇到死因不明的事件，或是造成死亡的原因可疑，就必须进行尸检。2013 年，有近 20% 的死者被进行了尸检。

业界都没能有效地从事故中吸取教训。

但是，只有认识到这两个行业的观念差距，我们才能明白"闭路循环"的意义，才能了解为什么人们再聪明、再勤奋、再小心也难以从中挣脱。而我们的最终目的正是打破这种循环。

另外，在把这两个行业做对比时还要特别注意一点：医疗业远比航空业更为复杂。医疗设备的种类繁多，光是手术泵就有300多种。相比之下，长途客机只有两大生产商。医疗工作中涉及的人工操作也多得多，不像飞行员那样有自动驾驶的帮助。这些都增加了犯错的可能。

这正是最关键的问题：在越是可能出错的地方，从错误中学习的重要性就越高。系统安全领域的权威詹姆斯·瑞森教授曾说过："这是一个悖论：医疗业本身的性质决定它非常容易出错——但是医疗工作者却鄙视错误，从未接受过错误管理或错误调查方面的培训。"

当然，在不同行业之间，对操作规程的借鉴是有限度的。航空业的核对清单制度已经被成功地移植到了一些医疗系统中，但这并不意味着其他规程也能被照搬。关键问题不在于借鉴具体的操作规程，真正需要借鉴的是态度。

正如弗吉尼亚-梅森医疗中心的CEO卡普兰所说："如果你不改变对待错误的态度，就算你有全世界最先进的操作规程也没用。"

我们对待错误的深层问题不是心理上的，也不是意愿上的，更多的是理解认识上的。如果我们不改变对于错误的认识，获得成功的雄心壮志就只能是海市蜃楼。不仅在医疗业如此，在其他行业也是这样。

2005年5月，马丁·布鲁米利的不懈努力终于得到了回报。在他妻子去世的那家医院的院长的委托下，一项调查展开了。调查组的负责人是卡迪夫大学医学院麻醉与重症护理学教授迈克尔·哈默（Michael Harmer）。

7月30日，马丁在接到通知后来到医院，听取调查结果。调查报告提出了一些改进建议。每一条建议都能在近30年前联合航空173号航班事故发生后美国国家运输安全委员会的调查报告中找到。报告提出，应该在手术室中建立更好的交流环境，以使得"任何员工都能提出治疗建议"。

报告还明确提出了人类注意力局限性的问题。报告建议"由于存在对时间不敏感的问题，为避免此类情况再次发生，应安排一名工作人员负责记录各项操作耗费的时间，并提醒所有人注意"。

这些建议是显而易见的，但同时也是革命性的。马丁公开了这份调查报告（其中的医务人员使用了化名）。他让报告得到了最大程度的曝光。他想让所有的医务工作者都能看到这份报告并从中学习，甚至说服BBC拍摄了一部纪录片来介绍这起事件的始末。

此后，马丁建立了一个安全组织，继续推进改革。改革的目标不仅是打开沟通的渠道，还包括树立制度性学习的观念。这个志愿团体名为"医疗人为因素组织"（The Clinical Human Factors Group），马丁至今仍是这个组织的领导者。

很快，马丁开始收到执业医生发来的电子邮件，邮件不仅来自英国本土，还来自美国、亚洲等世界各地。一位医生写道："最近我遇到了职业生涯中第一次'无法呼吸、无法插管'的病例，尽管感到惊慌，我们还是在第一时间就决定采取气管切开术。患者后来康复了，神经没有受到任何损伤。"

一位来自得克萨斯州的医生写道："今天我进行了一场5小时的手

术，病人现在仰躺在床上……根据从您妻子的事件中获得的经验，我在手术中实施了紧急气管切开术……患者术后被送往重症监护室。麻醉药效过去之后，他苏醒了，意识清晰。您与医生们分享的信息让今天的手术获得了成功。我想对您说声谢谢。"

另外一位医生写道："如果不是您孜孜不倦的工作对我们这个行业的贡献，我想今天这位病人的手术不会这么成功（这位医生刚刚完成了气管切开术）。您的工作使我获益良多。"

对伊莱恩·布鲁米利死亡事件的最终调查结果很容易在网上搜索到。调查报告包括18页详细的医学信息，尽管充满了医学术语，但我们仍能从这份报告中看到布鲁米利一家对挚爱妻子与母亲的衷心敬意。

在报告首页的下方，马丁，我所采访过的人物中最具正能量的一位，写下了一行斜体文字。

为了共享经验，让更多生命得到挽救。

第二部分

认知的弱点

人类犯错的心理根源

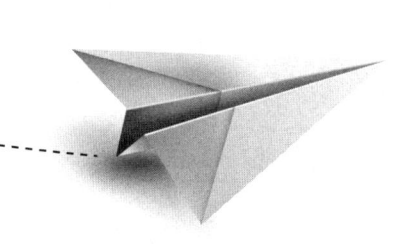

第 4 章　冤假错案

屈打成招

1992 年 8 月 17 日，住在伊利诺伊州小镇沃克岗的 11 岁女孩霍莉·斯塔克离开自己家，走到不远处的邻居唐恩·恩格布雷希特家门前。她准备照看唐恩的两个年幼的孩子：一个两岁的女孩和一个五岁的男孩。①

唐恩在几条街区外的酒吧工作。在那里，她认识了霍莉的妈妈南希。唐恩最近刚刚离婚，她在酒吧上晚班时，常请霍莉来照看自己的孩子。两家人成了好朋友。

下午 4 点，霍莉按约定来到唐恩家所在的两层公寓楼前。公寓位于山胡桃街，街道两旁种满了树木。当天天气很好，唐恩热情地迎接了霍莉。几分钟后，唐恩与孩子和霍莉告别，离开家去上班。她当晚要工作很长时间。

晚上 8 点，霍莉死了。一名身份不明的闯入者进入公寓，锁上房

---

① 案件相关材料来自"无罪计划"（The Innocent Project）组织的调查、对胡安·里维拉及其律师和巴里·谢克的采访、当前和往年的报纸及媒体报道，包括与在《纽约时报》撰文报道此案的安德鲁·马丁的邮件往来。

门,残暴地强奸了霍莉之后,疯狂地朝她连捅27刀。女孩的尸体几乎难以辨认出原来的模样。

刚过8点,一位邻居来到唐恩工作的酒吧,告诉她她的儿子被锁在了门外,回不了家了。唐恩随即往家里打电话,却没人接听。于是她给霍莉的妈妈打了电话。

唐恩和南希在公寓见了面,唐恩打开了房门,她们只看见唐恩两岁的女儿一个人在房间里,于是立即给警察打了电话。警官在卧室房门后发现了霍莉血肉模糊的尸体。

案件发生后,当地社区陷入了恐慌。当地警方对多达600条线索展开查询,询问了200个人,但几周时间过去后仍然一无所获。家长不敢再让孩子出门,媒体称当地社区"精神受创"。

这时,根据一名犯人的证言,警方找到了一名新的嫌疑人:19岁的胡安·里维拉。他住在凶案现场以南几千米处。在之后的整整4天里,有精神病史的里维拉遭受了莱克县警方重案组严酷的审讯,这对他来说实在难以承受。曾有人看到警官揪下他的大把头发,并按住他的头直接朝墙上撞。

到了第三天,审讯已经演变成了直接指控。里维拉终于点头认罪,承认是自己犯下了奸杀罪行。此时,他手脚被铐在一处,像待宰的牲畜一般。他被关在软壁牢房内。监狱的心理医生认定他的精神出现了问题。

警方以里维拉的口供为基础拟定了一份认罪书,让他签字。但他的口供与已知的犯罪事实出入太大,警方只好在第二天继续提审里维拉,在新认罪书上删去了与事实不一致的地方。最后一场审讯持续了近24小时。里维拉在新的认罪书上也签了字。

几个月后，审判开始了。尽管里维拉在认罪后几小时就提出翻供，但那份经过改写的认罪书还是成了控方的核心证据。现场没有目击者。虽然里维拉有过精神病史，但没有任何记录表明他有暴力倾向。同时，没有任何物证能证明里维拉去过现场。尽管犯罪现场布满人体组织，包括血液、毛发、皮肤屑与很多不明指纹，但没有一样属于胡安·里维拉。

但一名年幼的女孩被残忍地杀害了，本地社区仍然处在悲痛之中，而且里维拉毕竟在那份认罪书上签了字。

陪审团很快就做出了决定。里维拉被认定犯有一级谋杀罪，被判终身监禁。法院驳回了对他处以死刑的要求。

包括当地媒体在内的很多旁观者都对判决感到不满。他们清楚，这件案子的关键在于这个有精神问题的大男孩的认罪书，但警方与检方则坚称自己是正确的。这是个麻烦的案子。犯人被定罪判刑了，霍莉的家人也讨回了公道，恐慌情绪也开始缓和了，当地社区可以松口气了。

但真的是这样吗？

DNA 鉴定也无法推翻的错判

司法系统的一个主要职责就是保证人们不会因为自己没有犯下的罪行而受到惩罚。让一个无辜的人身陷囹圄、被国家剥夺自由是非常不合理的。正如英国法学家威廉·布莱克斯通（William Blackstone）所说："宁可错放十罪人，不能错关一好人。"

但司法系统的失误还有另一个重要意义：这也是一次宝贵的学习机会。在上一章里我们看到，航空业从失败中吸取教训，获得了长足的进步。调查员从事故中收集信息并加以分析,改进了操作规程。这样做的结果就是使空难事故大大减少。这就是进步的内涵:根据反馈信息对制度加以改造。

给犯罪者以惩罚,还无辜者以清白,这是司法系统的两大主要功能。显而易见,它们之间存在一个平衡问题。如果要彻底消除错判,就意味着要求检方做到百分之百的证据充分,但这样做的代价高昂,更多的犯罪者将逍遥法外。即使认为被告有罪,但哪个陪审团敢百分之百肯定呢?

我们想达到的目标是在减少错判的同时保证对犯罪者做出公正的裁决,这将带来双赢的局面,一方面让担心司法滥用的自由派人士满意,另一方面也让担心罪犯逍遥法外的保守派人士放心。问题在于要怎么做才能达到这个目标。

还记得我们上一章讲过的 X 光片的问题吗?对放射科医生来说,他们可能犯的错误也有两种。第一种是医生诊断出了肿瘤,但其实肿瘤并不存在,这可以被称作第一类型的错误:做出了不该做的诊断。第二种错误是患者体内确实有肿瘤,但是医生却没能看出来,这可以被称作第二类型的错误:没能做出应有的诊断。我们有可能因为调整了"证据的门槛",在减少一种错误发生的同时增加了另一种错误的发生,就像司法系统内的情况一样。虽然这两者间存在平衡问题,但要注意的是,同时减少两种错误的发生也是可能的,这就是最终的进步方向。

错误的判决和坠机事故有很多相似之处。如果这些错误的判决能被彻底调查(不得不说,这绝非易事),制度的严重问题就会暴露。它们让人有机会去探寻司法制度内存在的一系列问题,从警方的调查到证据的展现，从陪审团的讨论到法官的裁决。从这些错误中学习，我们就能对制度进行改革，保证类似的错误不再发生。

但正如我们看到过的，人们不愿意承认错误。警方以为自己辛辛苦苦抓住了凶手，其实却是把一个无辜的人投入了监狱。如果告诉他们真相，他们会怎么想？在法庭上扮演决定性角色的检察官们如果知道自己的努力工作毁掉的是无辜者的生活，他们会怎么想？如果法官和法律部门的管理者们知道，自己管理的司法系统是个失败，他们又将如何面对这个事实？

在第一部分里，我们通过航空业和医疗业的对比发现了失败的真正意义。我们发现，在医疗业中，从业人员惧怕自己的失败，于是用各种方式掩盖错误，导致自身难以进步。我们还注意到，这种面对失败的态度存在于全世界各个领域。

在这一章里，我们要问一句：为什么？我们将对否认错误的心理机制进行深入研究，调查其深处的微妙形态并观察聪明、诚实的人们是如何走入闭路循环的。除了司法系统，我们还会见证政治、经济和商业上的一些最触目惊心的失败，并了解进步是如何一次次地被阻碍的。如果对令人不快的真相避而不见，我们就无法进步。但我们会看到，选择避而不见正是人类思维的定式，而逃避问题的方式往往令人震惊。

从心理学角度分析，不难看出为什么司法错误一直是法律系统的痛处，历史已经证明了这一点。1932 年，耶鲁大学法学教授埃德温·波尔查德（Edwin Borchard）在其著作《对无辜者的错判以及对刑事司法错误的国家赔偿》（*Convicting the Innocent and State Indemnity for Errors of Criminal Justice*）中罗列了一系列有问题的判决。其中很大一部分都是明显的错误。有 8 个人被判犯有谋杀罪，"受害人"失踪，就被认定死亡。但事后发现，"受害人"根本没有死。

这些案例给人以机会去发现错误，查出制度的缺陷。但是很多检察官、警察和法官（也许还包括辩方律师）却得出了完全不同的结论，他们对此不屑一顾。很多人觉得，认为制度不完美的想法是无稽之谈。正如伍斯特县地方检察官所说："无辜的人是绝不会被定罪的。不用担心……那是绝对不可能的。"

这就是闭路循环思维的最佳例证。如果司法错误是不可能发生的，那么还要去吸取什么教训呢？

"从历史上看，法律制度惯于自我陶醉。"来自纽约的辩护律师巴里·谢克告诉我，"当有人被定罪时，人们会理所当然地认为法律是没有问题的。几乎没人认真地去检验法律制度的可靠性。实际上，人们经常认为'错误判决'的想法很奇怪。"

在19世纪早期，当英格兰和威尔士开始提出设立刑事上诉法院时，最强烈的反对声来自法官。上诉法庭的意义很简单：为法律提供纠正错误的机会。错误总是难免的，这是常识，但法官们却反对这一点。结果，建立上诉法院就成了"法律改革历史上最漫长、最艰难的一场斗争"，"耗时长达60年，通过31项议会法案才得以建立"。

尽管建立了上诉法院，但在接下来的几十年中，情况却几乎没有发生任何变化。证据确凿的错判案例被视为"偶发事件"或者是为了维护这个总体正确的制度所必须付出的代价。几乎没人去系统性检验警方办案的方法、法院审案的流程、庭上辩论的技术或其他相关内容。既然制度接近完美，为什么还要费这种力气呢？

里根总统时期的美国首席检察官埃德温·密斯（Edwin Meese）曾说过："不存在什么无辜的嫌疑人。这种说法本身就自相矛盾。如果一个人是无辜的，他就不是嫌疑人。"

然而，在1984年9月10日这个星期一的早晨，一切都改变了。

那天上午9点05分，在英格兰莱斯特市的一间实验室里，研究员亚历克·杰弗瑞斯（Alec Jeffreys）正在观察一幅DNA实验的X光片。突然，他有如醍醐灌顶。他发现，通过检验基因编码中的变化，有可能发现一种"基因指纹"。这是一种独一无二的标志，能让警方做出准确无误的身份辨别。诺贝尔奖获得者凯利·穆利斯（Kary Mullis）在这一发现的基础上进行研究，最终引发了刑事犯罪学的革命。

在杰弗瑞斯的发现以前，法医学中最精细的技术是血型分析。主要血型只有四种，这意味着在犯罪现场发现的痕迹虽然能够缩小嫌疑人的范围，但程度很有限。在英国，大约48%的人都是O型血。

DNA证据就完全不一样了。如果样本未受污染，检验方式正确，两个人DNA相同的概率仅有十亿分之一。这门技术的前景非常诱人，法律系统很快就认识到了这一点。

在部分案件中，仅凭犯罪现场发现的DNA就能确定嫌疑人的身份。比如在强奸案中，警方如果能从受害者身上收集到精液，就能把嫌疑人的范围缩小到一个人身上。因此，DNA技术在成百上千的案件中发挥了关键作用。它在定罪时有着独一无二的威力。

同时，DNA技术对已经做出的判决也有着深刻的影响，它有为犯人翻案的能力。如果将从强奸案受害人身上获取的精液储存下来，事后应用DNA技术发现其DNA与该案犯人的不符，那么结论也是显而易见：精液来自另一个男人，那个人才是真正的罪犯。

里维拉的辩护律师谢克说："DNA技术之于司法，就好像望远镜之于天文学。DNA技术不是生物化学课上的知识，望远镜也不是为了展示透镜神奇的放大功能。它们是发现事物真正本质的方式,是揭示真相的工具。"

DNA 技术并非完全不会出错,但错误往往出自人为因素,比如故意欺诈、贴错标签或者对微小 DNA 片段的解读出错。但如果分析工作是正确无误、符合标准的,那么结果就是确凿无疑的。1989 年,这门由杰弗瑞斯发现的实验室技术已经被应用于法医学中,从而掀开了司法历史上崭新的一页。不久后,这门技术的成果就开始频繁显现。

1989 年 8 月 14 日,在芝加哥被判犯有强奸罪的加里·道特森在多次宣称自己无罪后终于被释放。受害者的内衣被送进实验室接受 DNA 鉴定,结果显示上面的精液属于另一个人。此时,道特森已经在监狱中服刑超过 10 年。

几个月后,在宾夕法尼亚州被判犯有强奸罪和谋杀罪的布鲁斯·尼尔森也被释放了。DNA 鉴定发现,遗留在犯罪现场的香烟,受害者的乳房、胸罩和头发上残留的唾液不属于尼尔森。此时他已服刑 9 年。接着,莱昂纳德·卡拉斯也被释放了,他在纽约州被控性侵一名 18 岁女孩并被定罪判刑,DNA 鉴定结果显示他并非犯罪者。此时他已服刑近 6 年。

在英国,首位被 DNA 技术洗清冤屈的人是迈克尔·谢里。他是一名海员,于 1986 年被控在朴茨茅斯强奸并杀害了酒吧服务员琳达·库克,并被法庭判决有罪。当时,警方对受害者身上的残留物进行了检验,陪审团被告知嫌疑人的血型与谢里的相符(英国成年男子中有 23.3% 的人都属于这一血型)。

谢里向上级法院发起上诉,并开始绝食以示清白。一名支持他的记者被报社开除。英国内政大臣拒绝把他的案件交给上诉法院重审。

警方开始宣称精液已经损毁，但在压力之下交出了相关物证。DNA 鉴定表明，受害者体内的精液不属于谢里。被释放时，谢里已经被关押了整整 16 年。

到 2005 年，已经有超过 300 人在 DNA 技术的帮助下沉冤昭雪。在物证保存完好的情况下，"无罪计划"（一个帮助囚犯进行上诉的慈善组织）的近半数委托人都获得了释放。

这些冤案引出了很多问题。警方为什么抓错了人？目击者为什么指认了错误的嫌疑人？警方的审讯手段为什么得出了错误的结论？法庭为什么做出了错误的判决？有没有纠正这些错误的方法？

还有比这更大的问题：冤案是否广泛存在于整个司法体系中？DNA 技术只能解决一小部分案件（强奸或谋杀等可以在犯罪现场找到嫌疑人身体组织并将其保存下来的案件）。那么对于其他案件，对于那些无法通过 DNA 技术证明自己清白的嫌疑人，又该怎么办？到底有多少无辜者被关在监狱里？

具体数字很难估计，但密歇根大学法学院教授塞缪尔·R. 格罗斯（Samuel R. Gross）指出："如果我们对待监禁的态度像对待死刑那样谨慎，那么在过去 15 年中，（美国）应该有至少 28500 名徒刑犯被改判无罪，而不是真正得到释放的这区区 255 人。"

我们不应对此感到惊讶。"情况相当清楚，"谢克律师指出，"在刑事司法体系中，从警察局到最高法院，几乎都是一片混乱……哥伦比亚大学的一项研究表明，从 1973 年到 1995 年，在全美范围内，每三次死刑判决中就有两次因为存在漏洞而被上级法院驳回。"

2005 年，胡安·里维拉的代理律师申请了 DNA 鉴定。此时，里维拉已在狱中度过了近 13 年。当得知这种方法能够还原十几年前的那个夜晚发生在伊利诺伊州沃克岗的事情真相时，里维拉感到无比激动。

5 月 24 日，检测结果出来了。结果显示，在霍莉·斯塔克尸体内发现的精液不属于里维拉。刚刚得知这一结果的里维拉有点不知所措。他有点不敢相信人们终于可以知道他与这起可怕的罪行无关了。他对律师说，他感觉自己像是"在空中漫步"。当晚，他在牢房内庆祝了一番。

但这并不是故事的结局。实际上，结局还没有开始。在那天之后，里维拉又在狱中度过了 6 年。为什么？想想警方吧。他们会接受自己的错误吗？检察官们会两手一举，承认自己搞错了吗？整个司法制度能容忍 DNA 证据揭露自身的缺陷吗？

也许，关于 DNA 技术，最令人震惊的事实不是有多少无辜者被解救，而是推行这一技术所要面对的重重阻力，是司法制度如何对这一揭露其缺陷的手段进行还击。

为什么会这样？为什么拒绝失败的心态如此深刻地扎根于人们的观念与制度中？为了弄清这一点，我们需要了解利昂·费斯汀格（Leon Festinger）的学说，他被认为是过去半个世纪以来最有影响力的社会学家。他通过对芝加哥一个小型邪教的研究发现了闭路循环行为的惊人真相。

认知失调

1954 年秋天，费斯汀格在明尼苏达大学从事研究工作。一天，当地报纸上一条不寻常的新闻引起了他的注意。新闻的标题是"号角星球向城市发出预言：快逃离大洪水"，内容是一个名叫玛瑞安·基奇①的家庭主妇自称与外星的神发生了灵异接触。这位神告诉她，世界将会在1954年12月21日的黎明前毁灭。

基奇向她的朋友们发出警告，声称灾难迫在眉睫。其中一些人辞掉了工作，不顾家人的反对离家出走，搬到基奇家中，并视其为精神领袖。基奇对他们说，真正的信徒会在末日那天得到拯救。宇宙飞船会在午夜时分从天而降，把他们从基奇位于密歇根郊外的小屋的花园中接走。

作为一名有抱负的科学家，费斯汀格从这件事里看到了一次难得的机会。如果他能接近这个邪教，甚至谎称自己是信徒，打入其内部，就能观察到这些人在所谓的世界末日降临前的种种行为。他特别想知道的是一旦预言失败，这些人会做何反应。

结局似乎是显而易见的。这些人当然会回归原来的生活。他们会发现基奇就是个骗子，根本与神毫无关联。一旦预言没能成真，他们还能得到其他结论吗？不管是对基奇还是对信任她的追随者来说，都很难想象比这更明显的失败了。

但是费斯汀格估计，信徒们的反应不会是这样的。他认为这些人不会去否定基奇，他们对她的信仰不会发生改变。实际上，费斯汀格相信，这些人会比以往更加忠于这个邪教。

11月初，费斯汀格和同事们开始给基奇打电话，试图获取她的信任。一名同事编了一个在墨西哥旅行时遭遇超自然现象的故事，另一位则扮作一名对关于她的新闻感兴趣的商人。到11月末，他们获准进

---

① 她的真名叫多萝西·马丁，但为了保护她的隐私，费斯汀格在其著作《预言破灭时》(*When Prophecy Fails*) 中使用了化名。

入了基奇的邪教组织,在她家里住了下来,开始观察这些笃信世界末日即将来临的人们。

不消说,世界末日的期限悄无声息地过去了,宇宙飞船连影子都没有(更不用说大洪水了)。费斯汀格和他的同事们冷眼观察着起居室内的信徒们(基奇的丈夫对整件事情毫不关心,一直在卧室里睡觉)。一开始,信徒们频繁出门去看飞船是否降临。然后,随着时间过了午夜,他们开始变得闷闷不乐,满脸困惑。

但是到最后,他们重新拾起了那种反对权威的态度。正如费斯汀格所预期的,那些死忠成员们的信仰完全没有被这种令人大失所望的局面所动摇。事实上,其中一些人的信念变得更强了。

这怎么可能呢?不管怎么说,这都是一次彻底的失败。基奇说过,世界会毁灭,飞船会把真正的信徒救走,但这一切都没有发生。按理说,这个邪教的成员本该改变对基奇超自然能力的信仰,但他们选择去修改证明他们失败的"证据"。

费斯汀格在他的经典著作《预言破灭时》中写道,这些人对预言的失败做出了重新解读。"外星的神明对我们的信仰感到很满意,于是决定再给地球一次机会,"他们这样说(这里只对用词稍做修改),"我们拯救了世界!"结果这些人不但没有退出邪教,一些核心成员反而出去招募更多信徒了。费斯汀格在书中写道:"这个小小的团体静坐了一整夜,散发出的光芒令神决定让这个世界免受没顶之灾。"事后,他们每个人都"欢欣鼓舞,喜气洋洋"。

这件事情的重要性不在于对邪教的展示,而在于它对我们所有人的本质的体现。费斯汀格称,这些人的行为虽然极端,但也揭示了一种人人都会有的心理机制。在面对足以对自己深信不疑的信仰形成挑战的证据时，我们更倾向于篡改这些证据，而不是转变我们自己的信仰。我们会去创造新的借口、辩护和解释。有时我们干脆会选择完全忽视这些证据。

让我们先不去看邪教问题，来看看更常见的事物，比如政治，比如伊拉克战争。在冲突的酝酿过程中，争论的焦点在于伊拉克是否拥有大规模杀伤性武器。西方国家领导人坚称，萨达姆·侯赛因拥有大规模杀伤性武器，并以此作为采取军事行动的借口。问题在于，早在2003年，就有证据证明伊拉克根本没有大规模杀伤性武器。

这对支持美国出兵伊拉克的政客们来说不是一件容易接受的事，这意味着他们做出了错误的判断。很多人花了好几个月的时间为军事干预进行辩护，并对发起军事行动的领导人表示支持。他们坚定地相信，军事行动是正确的选择。伊拉克没有大规模杀伤性武器的事实不能证明军事干预是个错误，但这个事实至少削弱了军事行动的合法性，因为在最初做决定的时候，"伊拉克有大规模杀伤性武器"是最主要的理由。

对这本书来说，最重要的不是伊拉克战争正确与否，而是人们在新证据面前的不同反应。结果令人吃惊。2003年10月的一项民意调查显示，在曾为小布什投票的共和党支持者中，有超过半数的人完全忽视了这一事实。这些人声称，他们相信伊拉克确实有那些武器。

这项调查的发起者表示："一些美国人对这场战争的支持态度可能让他们有意忽视了有关伊拉克并没有这类武器的消息。在当时新闻报道铺天盖地、舆论高度关注这一话题的背景下，这种对信息的忽视是不同寻常的。"

仔细想想这件事吧。没找到大规模杀伤性武器的证据在这些人眼里就这么消失了。这些人明明看了新闻，了解了相关情况，但硬是把它忘了个干净。另一方面，民主党人却对此事高度敏感。很多反对战争的人把这件事深深刻在了脑海中。但那一半以上的共和党人却一点也不记得了。

费斯汀格提出了"认知失调"（cognitive dissonance）这一说法，来形容我们的信仰受到挑战时内心感受到的不安。我们大多数人都觉得自己是理智而聪明的。我们觉得自己善于做出正确的判断，而不会认为自己容易上当受骗。这也是为什么当我们搞砸了一些事，特别是大事的时候，我们的自尊心会受到威胁。我们会坐立不安，如芒在背。

在这种情况下，我们有两个选择。第一是承认我们最初的判断是错误的，比如扪心自问是否应该全心全意地去相信一个无法实现其预言的邪教领袖，或是反思一下为什么萨达姆明明没有造成我们想象中的威胁，我们却还是打了一场伊拉克战争。

这种选择有着显而易见的难处，我们得接受一个事实，那就是我们并没有自己想象中那么聪明。我们得被迫承认，自己有时会失误，甚至在关系重大的问题上铸成大错。

于是就有了第二种选择：否认错误。我们会对证据做出修改，会粉饰证据、搬弄证据，或者干脆彻底忽视证据。这样一来，我们就能自我安慰说自己一直是对的。我们一定能赢！我们没有被骗！哪有什么证据证明我们搞砸了？

那个邪教团体的成员对基奇形成了很大的依赖。他们辞去了工作，冒着家人的怒火，忍受着邻居的嘲讽去跟随基奇。在这种情况下，要让他们承认自己的错误，可不像承认在去超市的路上走错了路那么简单。他们的威信悬于一线，这让他们拼命说服自己，基奇如同她自称的那样，是个真正的导师。

可想而知，那时要离开基奇的房间是件多么羞耻的事。要承认自己把信任托付给了一个异想天开的怪人是多么痛苦。因此，他们不顾一切地想把这次失败解读为成功的伪装（可真是个很棒的伪装！），就好像很多共和党人选择忽视伊拉克没有大规模杀伤性武器的事实，不去面对真相一样。这两种心理机制都平息了内心冲突的感觉，让这些人安心地觉得自己还是聪明、理性的。

心理学家埃利奥特·阿伦森（Elliot Aronson）和同事朱德森·米尔斯（Judson Mills）曾设计过一个实验。参与实验的学生要参加一个小组，讨论性心理学相关话题。参加小组之前，学生们要进行一些准备活动。对一些学生来说，准备活动的内容非常尴尬（朗读色情小说中的性描写片段）；而对另一些学生来说，则只是稍有一点尴尬（朗读词典里关于性的词语）。此后，学生们要听一段录音，录音的内容就是他们准备参加的这个小组此前所讨论的话题。

阿伦森故意把讨论话题设计得非常无聊，无聊到让任何有理智的人都觉得参与这场讨论是个错误。参与者们讨论的都是鸟类的第二性征：翅膀羽毛的形态、身体的颜色，等等。讨论持续了很久。很多参与者对讨论材料一无所知，一直支支吾吾，连话都说不完整。整场讨论冗长乏味，沉闷异常。

在录音结束后，学生们要对讨论的有趣程度做出评价。经历了轻度尴尬的准备活动的学生们都说讨论非常无聊，这是理所当然的，他们对讨论的看法是客观的。录音中，一名成员承认自己没有阅读关于一种珍稀鸟类求偶仪式的材料，这让学生们感到很愤怒。"真是个不负

第 4 章 冤假错案

责任的笨蛋！"学生们说，"他连最基本的阅读都没做！他拖了整个小组的后腿！谁愿意跟他一组！"

但对那些经历了重度尴尬的准备活动的学生来说，一切都不一样了。阿伦森在与卡罗尔·塔弗瑞斯（Carol Tavris）合著的《有人犯了错（但不是我）》[*Mistakes Were Made（but Not by Me）*] 中写道："……他们对讨论的评价是'充满趣味、激动人心'，对小组成员的评价是'富有吸引力、思维敏捷'。他们不但原谅了那个不负责任的笨蛋，而且认为他的诚实值得赞赏。谁不想与这么诚实的人同组呢？简直难以相信他们听的是同一段录音。"

这是为什么呢？让我们从认知失调的角度来看这个例子。如果我为了加入这个团体付出了很多，经历了深深的羞耻后才成为其中的一员，结果这个团体却不那么美好，那我们会显得多么愚蠢。为了保护自尊，我会努力说服自己，这个团体真的很棒，于是我就必须努力夸赞这个团体，尽量往积极的方向调整自己对它的认知。

当然，如果准备活动不够困难，上面这些理论就都不起作用了。要是发现讨论纯属浪费时间，这些学生就能在不伤自尊的前提下坦然承认，这个地方不值得留下来。只有当我们赌上自尊的时候，错误的判断才会产生威胁。这时，我们就会筑起自我防卫的高墙，开始粉饰自己的认知。

在心理学家查尔斯·罗德（Charles Lord）设计的一个类似的实验中，志愿者们不是坚定支持就是坚定反对死刑。死刑的支持者在电视上看到自由主义者呼吁宽容时会破口大骂，会对亲朋好友大谈死刑的震慑效应。而死刑的反对者则称死刑为"被国家认可的谋杀"，担心死刑会让社会变得野蛮。

罗德让这两组人分别阅读两份研究报告。两份材料都十分深刻，引述了很多关于死刑问题的例证。两份报告都很有分量，不同之处在于，一份报告尽其所能地质疑死刑的合法性，另一份则明确地罗列了支持死刑的论据。

现在你可能会觉得，这种对立的报告至少能够说明对于应该支持还是反对死刑，从两方面看都有讨论的空间。你也许会认为，在读过这些材料后，对死刑态度截然不同的两方观点应该都会有所折中。但事实与此相反，两方观点的分化加剧了。支持死刑的人对自己的逻辑更加确定，反对者也是如此。

在读过研究报告后，被问及对死刑的态度时，死刑的支持者表示，他们对那些以例证支持其观点的材料印象深刻。他们说，那些数据翔实严谨，丰富健全，但其他材料则充满漏洞，不堪一击，怎么会有自尊自爱的学者出版这种垃圾呢？

死刑的反对者则得出了截然相反的结论。他们不但不同意支持死刑的材料，而且认为观点中立的数据和研究方法也难以令人信服。在阅读完全相同的材料后，这两组人的观点分歧却不减反增。他们各自修正了自己对证据的认知，以使其符合自己已有的信念。

费斯汀格的伟大成就在于证实了认知失调是一项根深蒂固的人类特性。我们越笃信自己的判断，就越容易对质疑这些判断的证据进行认知上的修正。

现在，让我们带着这种认识，再来观察本章开始时的案例。我们会发现，认知失调对刑事司法制度来说，常常有着巨大而惊人的影响力。

无尽的借口

1987年3月20日,一个小女孩在蒙大拿州比林斯市的家中遭到了袭击。纽约律师巴里·谢克和彼得·纽菲尔德建立的帮助在押犯人进行DNA鉴定的非营利性组织"无罪计划"是这样描述这起案件的:"这名年幼的女孩遭到了一名破窗而入的闯入者的袭击。她被强奸……袭击者偷走一个钱包和一件外套后逃跑了。当天,受害者接受了检查。警方检查了她的内衣和床单,在内衣上发现了精液,并在床单上找到了几根毛发。"

警方根据受害人的描述制作了一幅肖像素描,并以此为线索寻访到了吉米·雷·布鲁姆加德。布鲁姆加德18岁,住在案发地附近,长相与素描相似。他最终同意接受受害人的指认。受害人从几个候选者中指出了他,但并没有太大的信心,她说自己有"60%~65%"的把握。

法庭审理此案时,检方控诉的证据集中在对犯罪现场发现的毛发的法医学检测结果上。事后才知道,这个证据很大程度上是由检方提供的"专家"捏造的。现场没有指纹,除了毛发之外也没有任何物证。尽管布鲁姆加德声称自己在案件发生时在家睡觉,但他仍然被判有罪,并被判处40年监禁。

"无罪计划"在2000年着手调查此案。DNA鉴定结果表明,在受害者内衣上发现的精液不属于布鲁姆加德,这有力地证明了他的清白。"原有的证据不堪一击,新证据说明有罪判决是错误的,"谢克告诉我,"检方应该放弃这个案子。他们应该举起手来承认自己抓错了人,但他们没有这样做。"

或者,也许他们就是做不到这一点。

蒙大拿州检察官迈克尔·麦克格拉斯为这一新证据找到了一种解释，其新奇程度比邪教徒为基奇预言失败而找的借口有过之而无不及。凯瑟琳·舒尔茨（Kathryn Schulz）在其著作《犯错》（*Being Wrong*）中写道，麦克格拉斯称，布鲁姆加德可能是一个"嵌合体"。这个词指的是一个人在胚胎阶段因为其双胞胎兄弟姐妹在子宫中死亡而同时具有两种血型的情况，整个人类历史上大约只有30次这样的记载。这一解读说明了人们对证据认知的修正可以到达多么惊人的地步。

然而，更多检测表明，布鲁姆加德不是嵌合体，这对麦克格拉斯来说不是一个好消息，但这位检察官并没有放弃。布鲁姆加德控告蒙大拿州对他进行错误判决时，纽菲尔德在法庭上与麦克格拉斯当面对质，麦克格拉斯仍然坚称，布鲁姆加德就是首要嫌疑犯。似乎没有什么事能动摇他的信念，不管是辩论、证言或是物证，都不行。

纽菲尔德就这一牢不可破的信念向麦克格拉斯进行质询。纽菲尔德问道，如果布鲁姆加德是有罪的，麦克格拉斯该如何解释受害者身上另一个男人的精液呢？

凯瑟琳·舒尔茨对法庭辩论的记载如下：

麦克格拉斯：精液可能有多种不同来源。

纽菲尔德：请你告诉我这些来源是什么。

麦克格拉斯：有可能受害者与他人保持着性关系。

（受害者当时只有8岁）

麦克格拉斯：也可能是她姐姐与他人保持着性关系。

（受害者的姐姐当时11岁）

麦克格拉斯：当时可能有第三者在房间内。这是有可能的。也可能是受害者的父亲通过很多其他的方式留下了污渍。

纽菲尔德：你指的是什么方式？

麦克格拉斯：他可能在那个房间里用女儿的内衣进行自慰……受害者的父母可能在那张床上做爱，不小心把精液沾到了女儿的内衣上……（父亲）可能在那张床上睡觉时发生了梦遗，他可能与一个女儿发生了乱伦关系。

法庭记录还有 249 页，充满了类似的奇谈怪论。

"检察官提供了 4 种可能性。"舒尔茨写道，"这名 8 岁女孩跟别人发生了性关系；她 11 岁的姐姐穿着她的内衣和别人发生了性关系；当时房间内有第三者（尽管受害者做证时说只有一个闯入者）；或者受害者的父亲通过某种不道德的方式留下了精液。"

当然，还有第 5 种可能性，但那需要麦克格拉斯接受证据的本来面目，而不是他所期望的样子。布鲁姆加德是无辜的。蒙大拿州最终向布鲁姆加德支付了 350 万美元赔偿金。麦克格拉斯试图禁止公开他与纽菲尔德的对话记录，但他失败了。

检察官为什么会这样做呢？唯一合理的解释就是认知失调。很多检察官都认为自己的职业不只是一份工作，更是一项使命。他们花了很多年时间接受教育，让自己达到很高的职业水准，这是一个艰难的准备过程。他们非常愿意相信自己加入的这个体系是公正的。

在调查过程中，他们认识了痛失亲人的家庭，并自然而然地对他们的伤痛产生了同情。同时，他们也愿意去相信，他们花了大把时间、牺牲了与自己家人共处的时间去追求正义，这样做确实能让世界变得更加安全。

想象一下,当他们面对的证据指向下面的结果时,他们会如何反应:他们把错误的人投入了监狱;他们毁掉了无辜者的人生;受害家庭的伤疤将被再次揭开。这种感觉让人五脏俱焚。从认知失调的角度来说,这种感觉是最具威胁性的。

社会心理学家理查德·奥夫舍(Richard Ofshe)说过:"给错误的人定罪是最严重的职业错误,就好像外科医生切下了错误的手臂一样。"

不难想象,他们将如何不顾一切地修正这一切。认知失调是唯一能为检方和警方(以及整个司法系统)对 DNA 证据惊慌失措的反应提供解释的理论了。"他们几乎对此全盘否定,"谢克说,"他们睁着眼睛,就是看不见证据的原貌。"

在抗辩制度中,人们期待看到检方带着正常的怀疑心态去检查辩方呈上的新证据。人们期待看到检方仔细审视这些证据,并综合整体案情判断证据的真实性。但"无罪计划"的一次次翻案表明,很多检察官和警察的否定意识要强得多,没有任何事能让他们承认被关进监狱的人是无辜的。不管是 DNA 鉴定结果还是裁决被撤销的事实,就算囚犯被释放了,也不能改变他们的想法。问题不在于证据的说服力,证据往往是确凿无误的,问题在于承认错误要克服的心理难关。

对证据认识的修正有一个独特的过程。首先,检方会提出拒绝 DNA 鉴定的请求。如果法官对此请求不予接受,检测结果又证明 DNA 的来源不是囚犯本人,他们就会辩称是检测方法出了问题。

这一招也撑不了多久,因为重新进行检测后必定会得出同样的结果。这时检方就会说,精液属于另一个男人,而那个男人不是犯人。换句话说,受害者与另一个男人发生了关系,随即就被犯人强奸,犯

第 4 章 冤假错案 97

人还戴了避孕套。

这就是认知失调的多米诺效应：修正认知的过程是无穷无尽的。

提出一个全新的男性参与者——这个人在最初的审判中从未被提起，没有任何目击者看到此人，受害者也不记得和这个人发生过关系——看起来像是为了逃避证据而孤注一掷的策略，但这种策略被用得太频繁，辩方律师讽刺地将其称为"未被起诉的共同射精者"[①]。

这种说法体现了认知失调的力量。

舒尔茨对"无罪计划"的彼得·纽菲尔德进行过一次精彩的采访。纽菲尔德在采访中说：

> 我们为委托人免罪后，准备离开法庭。这时，检方过来说："我们仍然认为你们的委托人是有罪的。我们会请求重审。"几个月后，检方回来说："我们同意解除指控，不是因为你的委托人无辜，而是因为距案发时间太久，难以找到目击者了。"……有太多的检察官和警官对我们说"我没法告诉你为什么，我也提供不了一个合乎逻辑的解释，但在我心里，你的委托人绝对是有罪的"。

如果不是事关重大，有时这种歪曲会显得很有趣。《纽约时报》记者安德鲁·马丁通过调查发现了很多离奇的解释：

> 在长岛的拿骚县，DNA鉴定结果表明，一名16岁的奸杀案受害者体内的精液不属于因此案被定罪的男性。检方辩称，精液

[①] "未被起诉的共同射精者"原文为"the unindicted coejaculator"，是仿照"未被起诉的同谋者"（the unindicted co-conspirator）这一法律术语创造的。——译者注

属于受害者的情人,但受害者的母亲和密友都坚称,受害者此前是处女。在佛罗里达,DNA 鉴定证明,在一起强奸案现场发现的阴毛不属于被定罪的男性。检方辩称,受害者床上的阴毛可能来自此前一周进入卧室的搬家公司员工。

当然,检方有责任对辩方的说法进行检验。毕竟,强奸案受害者体内的精液确实有可能来自犯人以外的人,对此进行调查是合理的,而且往往也是必要的,那是检方的工作。

但请注意这里的矛盾之处。检方在案件初期开始检视证据时,DNA 被当成最有力的物证,这也是会有那么多的嫌疑人因为 DNA 被定罪的原因。但是一旦检方获胜,DNA 证据就突然变得高度可疑了,这是为什么呢?费斯汀格应该觉得这很容易解释:DNA 证据的说服力确实很强,但不如检方保护自尊的动机强。

弗吉尼亚大学的法学教授布兰登·加里特(Brandon Garrett)指出,检方的反常行为可能也有外部因素的作用。"法律学者认为,检察官们会为自己的政治前途考虑,同时'胜利大于正义'的观念也有一定影响,"加里特在接受《纽约时报》采访时指出,"他们的事业是与这些判决紧密相连的。他们不愿意让自己的工作受到质疑。"

然而,检察官们的否认行为经常远远超出了正常范围。谢克曾对我说:"我不是心理学家,但也能看出来一些检察官就是没办法接受自己犯错的事实。这太明显了。"

让我们再回到胡安·里维拉身上。你一定记得,他在 19 岁时被指控强奸并杀害了一名 11 岁女童,法庭判他有罪的依据是他的认罪书,但这份认罪书是精神有问题的里维拉在一次长达 4 天的审讯后写下的。

你一定也还记得，DNA鉴定结果显示，受害者体内的精液不属于里维拉。

"DNA结果出来了，它表明胡安·里维拉肯定不是强奸了霍莉·斯塔克的人，当时大家都以为案子结束了，"斯坦福大学的法学教授拉里·马绍尔（Larry Marshall）说，"这是一次典型的免罪案例。"

但在伊利诺伊州的检察官们看来，情况并非如此。他们编造了一个新的故事来解释DNA证据，这个故事跟他们在法庭上讲的完全不同。检方称，11岁的霍莉在案发前几个小时曾与一名情人发生了性关系。这解释了精液的来源。至于里维拉，他一定是在霍莉与情人做爱之后闯进来的。检方称，精液也许不属于里维拉，但杀人犯一定是他。

"检方为了让新证据和他们不容动摇的信念相符，想出了这种奇怪的说法，"里维拉的律师之一斯蒂芬·亚特对我说，"但这种说法却与霍莉被暴力强奸的大量证据不一致。她的阴道和肛门都有伤痕，阴部还有刀伤。"

尽管检方的新故事漏洞百出，但其导致的结果却很严重。里维拉又在监狱里待了6年。在2009年的一次重审中，法庭对DNA证据不予采纳，那份认罪书的力量实在不容忽视。

2012年，在第4次审判后，里维拉终于被释放了。我曾问他，在监狱里得知法庭不接受能证明他清白的证据的消息是怎样一种感觉，里维拉的情绪有些激动，这当然可以理解。他说：

> DNA结果出来后，我特别高兴。结果说明我一直没有说谎，也能对我周围的人说明，我不是强奸杀人犯。那是一个巨大的安慰。
>
> 但在律师到监狱通知我检测结果的同时，我内心深处总害怕

这件事还没有结束。我知道检方会拒绝接受这份新证据。我隐隐有种恐惧，觉得他们一定会想方设法让我留在监狱里。但即便这样，我也被他们编出来的新故事吓呆了。没有任何事能说服他们，我是无辜的。

狱中19年，里维拉被夺去了太多东西。"我曾两次被刺伤，三次差点被强奸，"他说，"监狱里的人总想伤害我，他们觉得我是强奸儿童的人渣。但最难忍受的是，我知道自己是清白的。不管他们怎么歪曲真相，曲解证据，我也要牢牢抓住真相。"

重程序，轻证据

司法体系对待证据的态度是严肃的。几乎可以说，整个司法体系的基础就是证据的神圣性。要找到真相，最好的方法就是不带偏见地对证据进行检查。否则，判决就很可能出差错。但如果训练有素的检察官们出于对错误的恐惧而放弃了自身的操守，我们还能有什么希望呢？

也不是所有的审判都像里维拉或布鲁姆加德的情况一样。很多检察官愿意接受DNA证据，在进行合适的审视后承认错判是有可能发生的。事实上，很多检察官支持"无罪计划"的工作，并认为错判为体制的改革提供了机会，但面对错误矢口否认是更常见的状态。有时，体制本身好像不是为了从错误中学习，反而是为了掩盖错误而存在的。美国的许多州直到最近还以所谓"最终原则"为由拒绝进行DNA鉴定，这种做法为重翻旧案设置了时间限制，并为唯一能证明判决有错的证据设置了阻碍。

谢克写道：" '无罪计划'和其他同行花了很长时间对最终原则进行抗辩。这一原则被用来阻止正当的调查。"

截至 1999 年，只有纽约州和伊利诺伊州允许在判决后进行 DNA 鉴定。毫无意外，这两个州也是免罪判决最多的州。今天，美国全部 50 个州都允许在判决后进行 DNA 鉴定，但很多州还有时间限制，另外一些州在嫌疑人认罪后（比如里维拉案）就不再接受 DNA 证据，哪怕这些证据能证明嫌疑人无罪。

司法界高层人士的态度也是一个问题。值得注意的是，世界上很多国家的最高法庭，包括美国最高法院，都声明仅会在审判程序出错而不是事实发生错误时重审案件。美国最高法院前首席大法官威廉·伦奎斯特（William Rehnquist）曾说过："宣称某人在事实上无罪，本质上是不符合宪法的。"①

让我们仔细想想这个说法，听听它的弦外之音。如果体制存在缺陷，那么即使人员遵守了操作规程，错误也会产生。比如联合航空 173 号航班的飞行员按规程操作，但飞机还是坠毁了。正是事故留下的证据导致操作规程得到了修改（例如引入了机组资源管理机制）。这是进步的重要方式之一。

但是，最高法庭拒绝听取无辜者的呼声，除非原有的审判在程序上存在错误。这意味着规程漏洞造成的错误将不会被调查，更不会被处理。对监狱中的无辜者来说，这简直就是第二十二条军规。这也说明在司法体系内部，闭路循环行为达到了惊人的规模。

---

① 安东宁·斯卡利亚（Antonin Scalia）大法官说得更明确。他在 2009 年审理一起案件时说："本法庭从未表示宪法应该禁止一个经过全面、公平审讯，后来却向法庭证明自己'事实上'无辜的被告定罪。"

在第 6 章中，我们将见证刑事司法体系的改革（同时还将了解胡安·里维拉后来的命运）。我们将看到，在"无罪计划"对错误判决进行调查的过程中，从警方办案到法医检验，整个体系的各个方面都显示出了系统性的缺陷。如果这些调查能早点进行，上述问题都得到处理，成百上千的无辜者就能免于冤狱之灾。谢克写道：

> 在美国，如果一架飞机从半空中坠落，后果将是非常严重的……事故将被严肃调查：哪里出了毛病？是系统的故障吗？还是个人的失误？是否存在管理不当的问题？有什么方法能阻止类似事件再次发生？……（但是）在美国，当新证据致使判决被推翻后，官方却不会对此做任何记录。法官们总是写下一纸命令，而不是官方意见。这意味着他们不会去分析哪里出了问题，别人也不会去这样做。

第 5 章　理智的扭曲

自我欺骗与欺骗的根本差异

认知失调现象常常被视作人类心理诡异多变的证明。我们为了证明自己判断的正确性，宁愿做出许多荒谬可笑的举动，有时还会把不利于这些判断的证据抛诸脑后，这些是人类难以捉摸的脑部活动的一部分。这种脑部活动既迷人又麻烦，是我们作为一个物种的古怪之处。

但现在我们知道，情况远比这复杂得多。这本书要表达的是，在大多数人类活动中，进步在很大程度上取决于我们从失败中学习的意愿。如果忽视失败，掩饰错误，我们就是在毁掉最宝贵的学习机会。

最可怕的是，我们很少能意识到自己在干什么。在上一章讲到的实验中，那些经历了重度尴尬体验的学生们在得知自己把无聊的讨论形容得那么有趣的真正原因时拒绝接受这种理由。阿伦森说："在参与者完成实验后，我对他们阐述了这项研究的细节，并仔细解释了认知失调理论。每个经历了重度尴尬体验的人都对我的假设表示出了兴趣，并说他们可以理解很多人都会像我预测的那样受到影响。但是，每个人都尽力向我保证，他们对讨论的印象和此前体验的尴尬程度无关。他们都说，自己是真心喜欢那场讨论，但事实是，这一组中几乎所有人对那场讨论表现出的好感都高于另一组只体验了轻度尴尬的人。"

这一情况揭示了欺骗与自我欺骗之间的微妙不同。蓄意欺骗（对同事、病人或者老板的误导）至少有一点好处，说谎的人能意识到自己的欺骗行为，并承认这是一种失败。也许这个人会对自己的工作方式进行修改，以在未来避免类似的失败。

自我辩护则比这坏得多。自己骗自己的行为毁掉了一切学习的可能。如果一个人惯于无止境地自我辩护，再加上发生认知失调后的各种心理因素的共同作用，他会让自己相信失败根本不存在，那这个人又怎么能从失败中学到东西呢？

另外一件值得注意的事是认知失调与失败的明确程度之间的关系。飞机坠毁后，我们很难假装认为制度没出问题。这种失败太明显，太富于戏剧性了。工程师们称之为"危险信号"：全世界都在警告你，"你犯了错误"。这就像开车去朋友家，中间转错了弯，走进了死胡同，这时你必须得掉头。

但是很多失败并没有这样明显。大多数失败有被遮掩的余地。你可以找出大把理由："那是个偶发事件"，"那个案子太特殊了"，"我们已经尽力了"。你可以有选择地用数据为自己找借口，把不利于自己的数据抛到一边就是了。你还能找到一开始都没想过的理由，或是本来不屑一顾却在关键时刻恰巧出现的理由，为自己挽回颜面。

心理学家指出，这种自找借口的行为并非完全没有好处。它能使我们免于痛苦地纠结自己的每个决定、怀疑自己的每个判断、在夜间辗转难眠，反复拷问自己到底结婚、接受某个工作或是走上某条道路是不是正确的选择。但是，如果这种行为变成不经思考的本能就麻烦了：我们会不假思索地推卸责任，为所欲为地修正认知，因为失败是

第5章 理智的扭曲　　105

如此可怕,我们再也不能从中学到东西了。

让我们回到这本书开始时就一直存在的问题:在本可预防的医疗事故造成的巨大死亡数字面前,医生和护士怎么能无动于衷呢?这些广受尊敬的人怎么能如此厚颜无耻地掩盖自己的错误呢?他们要如何面对自己?

我们对认知失调的探索为上面的问题找到了答案。正是为了能面对自己,为了能对自己伤害了患者这件事感到心安,医生和护士们才会对自己的错误进行粉饰。这保护了他们的职业自尊,同时为隐瞒其错误行为做出了合理的解释。说到底,他们并不觉得自己犯了错,所以为什么要公布自己的行为呢?

这就是欺骗与自我欺骗最根本的不同。如果医护人员对自己犯下的致命错误有清醒的认识,隐瞒错误的行为就会加深他们感情上的痛苦。他们会知道自己伤害了患者,故意欺骗病人,他们会知道,自己以后很可能继续犯错。

很难相信,医护人员会如此大规模地进行这种欺诈。绝大多数医护人员都是正派的好人,事实上,很多人都是无私关怀病人的英雄。这就是认知失调造成的悲剧,它让善良勤劳的人们对他们致力于保护的对象造成了伤害,而且是反反复复、不止一次的伤害。

换句话说,最善于隐瞒的不是那些有意自保的人,而是那些根本意识不到自己有什么事需要隐瞒的人。

埃默里大学的医疗伦理学教授约翰·班加(John Banja)在其著作《医疗事故与医疗中的自恋行为》(*Medical Errors and Medical Narcissism*)中对医护人员掩盖错误的手法进行了详细解读。下面的对话在用词上也许有些不同,但隐含的寓意却和检察官面对 DNA 鉴定翻案时的反应一模一样。两者的目的都是避免承认错误，为隐瞒行为做出辩解。

- 我们尽力了。这种事在所难免。
- 为什么要把错误公开？反正病人也救不活了。
- 告诉家属事故的真相只会让他们更伤心。
- 都是病人的错。如果他不是这么胖（或病得这么重，等等），这个事故也不会造成这么大的伤害。
- 只要我们没有绝对完全确定是我们的错误造成了伤害，就不用告诉别人。

班加写道："医护人员在用言语掩盖错误和转移注意力方面表现得非常聪明。有理由相信，他们这种伶牙俐齿是在住院医实习期间培养出来的，要不就是经过了专门的培训。"

《社会科学与医学》（*Social Science and Medical*）杂志一项长达3年的调查报告得出了同样的结论：医生用一系列否认思维来处理自己的错误。他们"不让错误进入自己的意识"，并"缩小对错误的定义范围，让错误消失或变得无足轻重"。[①]

[①] 这种缩小错误定义范围的做法和科学研究中的错误做法不谋而合。在第3章中我们看过了一个例子：水的沸点是100℃。现在我们知道，如果水在高海拔地区沸腾，这个说法就是错误的。但哲学家布莱恩·麦基（Bryan Magee）指出，我们可以通过缩小定义范围的办法来挽救这个假设。我们可以把假设改成"水在海平面高度、标准大气压下的沸点是100℃"。而当我们发现密闭容器里的水无法沸腾时，我们可以进一步缩小定义范围："开放容器中的水在海平面高度、标准大气压下的沸点是100℃。"但沿着这条路走下去，对假设施加更多的前提，也就意味着限制住了这个假设的应用范围，最后会让它变得毫无意义。最开始假设失败了，那并不意味着我们要去挽救它，而是应该改良它。应该创造一种理论，能够同时解释水为什么在海平面的沸点是100℃，而为什么在高海拔的密闭容器里永远不会沸腾。科学研究不仅要发现错误，更要用进步的方式来应对错误。

对医疗业界人员的直接调查结果也得出了同样的结论。2004 年的一次研究对在达拉斯、堪萨斯城、里士满和哥伦布的医疗人员进行了调查，问他们是否认为"原谅医疗错误（同时没必要把这些错误公开上报）的想法在医院中是常见的"。结果，有高达 86% 的受访者的回答是"同意"或者"强烈同意"，而这些人都是在医疗系统中工作的。

我们再来看看本书开头的案例，看看那些为伊莱恩·布鲁米利实施手术的医生。当时他们掩盖错误的行为可被看作为了避免外部后果（比如医院管理层的处罚或者患者家属的诉讼）而进行的补救措施。但现在我们可以看到，这也是发生认知失调后的典型反应。医生们在内心不愿承认自己犯下了错误。

他们花费了多年时间，通过学习和训练来使自己达到高超的水平，这是一个艰难的准备过程。对大多数医生来说，医疗工作不只是一项职业，更是一项使命。他们的自尊与医疗能力紧密结合在一起。他们投身医疗业，是为了减轻而不是加剧病人的痛苦。而现在，他们必须面对自己导致一个 37 岁的健康女性丧命的事实。

想一想他们把致死事件描述成手术并发症时该有多么孤注一掷。再回想一下南希·贝林格对医生上报错误的方式进行的调查。她的书中记载了"医生们对坦白真相的抗拒程度，以及其中一些人为自己掩盖真相的行为所做的种种辩解——技术性错误、事故的不可避免性……"。

这份报告看起来像是一份针对医疗业观念的控诉书，但我们现在知道，这其实是对认知失调效应的精确描述。自我辩护和保护自身形象的欲望有可能让我们每个人都深受其害。医疗和司法体系只是两个例子，反映出的是影响我们未来进步的切实危险。

消失的大规模杀伤性武器

让我们再看看伊拉克战争，因为这场战争能让我们更深刻地了解认知失调的心理机制。为避免争议，这里不对入侵伊拉克正确与否做出评价。[1] 我们要做的是观察带领我们走向战争的领导人对理智的扭曲。这将使我们看到，不断修正的行为是怎样无止境地延续的。

要知道，参与伊拉克战争是当时的英国首相托尼·布莱尔政治生涯中最大的决定。他不仅是那场战争的支持者，更是一位把政治生涯赌在上面的英国首相。是他派出了地面部队，其中有179人在这场战争中死亡。在很大程度上，他的政治声誉都取决于那个决定。如果说谁最有动机为那场战争辩护，那无疑就是他。

现在让我们来看看他是如何歪曲事实的吧。

在2002年9月24日，冲突开始之前，布莱尔在英国议会下院发表讲演，称萨达姆·侯赛因拥有大规模杀伤性武器。"他的大规模杀伤性武器计划正在进行，非常详细，而且在持续发展。"他说，"萨达姆在持续制造这种武器……他现在就准备使用化学武器和生物武器，只要做出决定，45分钟内就可以执行……"

当然，在入侵伊拉克后的几个月内，这些指控都被澄清了。首先，萨达姆的部队没有使用这些威力巨大的武器来反抗装备先进的西方军事力量。其次，西方军事力量在萨达姆倒台后立即发起的寻找大规模杀伤性武器的行动也无果而终。

亚利桑那大学的社会心理学家杰夫·斯通（Jeff Stone）和尼古拉

---

[1] 到底是对是错？对一些抉择来说，要得到一个肯定的答案是很难的。局势非常复杂，谁也不能回到过去，看看走另一条路的话会不会有更好的结果，这被称为"反事实问题"。在下一部分，我们将研究如何从这种问题中有所收获。

斯·费尔南德兹（Nicholas Fernandez）合著了一篇关于伊拉克战争的有力论文。根据论文记载，布莱尔回避了这一问题。在对下议院的一次讲话中，布莱尔说："确实有上千个武器存放点……但直到现在，伊拉克调查组才刚刚成立，包括联合国前观察员、科学家和专业人士的团队才能够前往伊拉克开始工作……我毫不怀疑他们能找到最明确的证据，来证明萨达姆确实拥有大规模杀伤性武器。"

所以，对布莱尔来说，没找到武器并不能说明这些武器根本不存在，只能说明之前的调查员找得不够努力。另外值得注意的一点是，没有找到武器的事实反而让布莱尔更加坚定地宣称，他们一定会找到武器。

这正是出现认知失调后的典型反应：我们会更强烈地保护自己的信念（就像之前介绍过的支持还是反对死刑的实验中的受访者，他们在读到挑战自己观点的证据后反而变得更极端了；还有那个邪教团体的成员，他们在发现预言失败后对自己的信仰更加坚定不移了）。"我毫不怀疑，他们会找到萨达姆拥有大规模杀伤性武器的最有力的证据。"布莱尔说。

12个月后，布莱尔钦定的伊拉克调查团仍然没有找到武器。布莱尔再次改变了说法。在对下议院联络委员会发表讲话时，他表示："我必须接受这个事实：我们没有找到武器，可能永远也找不到了。我们不知道那些武器去哪了……它们可能被转移了，可能被藏起来了，也可能被毁掉了。"

掩饰之舞越跳越热烈。按照布莱尔的说法，没有在伊拉克找到大规模杀伤性武器的证据的原因不再是西方军队没有足够的时间，也不是调查员的工作能力不足，而是伊拉克军队把武器"变没了"。

但几个月后，就连这个说法也站不住脚了。随着搜寻工作的持续进行，人们清楚地看到，完全没有大规模杀伤性武器的存在，连一点儿武器的残骸也没有。伊拉克军队不可能把武器转移得这么干净。布莱尔再次回避了这一问题。在英国工党大会上演讲时，他终于承认萨达姆没有化学武器也没有生物武器，但他仍然坚称，无论如何，参加战争的决定是正确的。

"问题在于，我可以为错误的信息道歉，但我不能，至少是不能发自内心地为推翻萨达姆政权道歉。"他说，"把萨达姆关进监狱，会让世界变得更好……"

这种歪曲事实的言辞又持续了10年之久。布莱尔本人有时都记不清它们的顺序，在受到追问时不得不努力回忆，表现得十分紧张。2014年，所谓的"伊斯兰国"在伊拉克发起巨大攻势，把这个国家推到了内战的边缘。一些评论人士把此事与2003年的伊拉克战争联系了起来。这时，布莱尔找到了另一种借口。

他表示，对叙利亚不加干涉的政策最终导致叙利亚境内爆发了血腥内战。在他个人网站上发表的一篇文章中，布莱尔称："对于叙利亚，我们只是呼吁其政府做出改变而没有采取任何行动。现在那里的局势已经极度恶化。"换句话说，他的意思是："别看现在伊拉克局势很差，如果我们2003年没有入侵它的话，现在肯定更差。"

在我们看来，最重要的不是布莱尔的观点是对还是错。关键在于，我们要认识到，即使不加干涉的政策在叙利亚得到了最佳结果（和平、幸福、鸽子满天飞），布莱尔可能仍然会对这种结果做出解读，证明入侵伊拉克的决定是正确的。事实上，他很可能会更加确信这个决定的正确性。这就是认知失调的多米诺效应，类似的效应在小布什总统的行为上也得到了体现。他在伊拉克战争前前后后所有的主张几乎都在事后被证明是错误的，萨达姆没有大规模杀伤性武器，伊拉克领导人与"基地"组织也没有关系，美军入侵伊拉克6周后，小布什站在一面写着"任务完成"的横幅下宣称"在伊拉克的主要战斗任务已经完成"——他这句话也错了。

但他能不费吹灰之力地对任何不利于他的证据做出解释。阿伦森和塔弗瑞斯在《有人犯了错（但不是我）》中写道：

> 布什的回应为伊拉克战争找到了新的辩词：推翻一个"超级坏蛋"的政权、打击恐怖主义、在中东推进和平进程……维护美国的安全，完成美军的使命……2006年，伊拉克滑向内战的深渊……布什对一群保守派作家说："我从未如此确信我所有的决定都是正确的。"

如果你觉得改变想法是无法忍受的，如果任何证据都不能让你承认错误，如果你感到自尊受到了威胁，而宁愿无止境地寻找借口，那么你实际上已经进入了闭路循环。就算有可以吸取的教训，你也不可能承认它的存在，更不可能去面对它了。

这样说不是为了反对布莱尔或小布什以及他们的拥趸。战争与和平的问题是复杂的，总会充满争议（我们会在第三部分看到该如何从复杂局势中学习），也不是只有政治人物才会犯错。但这件事确实说明，聪明人也无法对认知失调效应免疫。

这一点很重要，因为我们总是以为聪明人会做出最正确的判断。我们认为，智慧是获得真理的最佳方式。然而，在现实中，智慧却常在发生认知失调后被用来寻找借口。事实上,有时候最有名的思想家也最擅长运用智慧为自己找借口。其方式是如此微妙,无论是谁,甚至连他们自己都难以察觉。

2012 年 12 月,我对托尼·布莱尔进行了一次简短的采访。我们之前见过几次。在访谈的开始,我们聊了聊他 2007 年离开唐宁街后都做了哪些事。他很健谈,并一如既往地彬彬有礼。同时,他也有点紧张:公众对伊拉克战争的反对声音正日益高涨。

几分钟后,我问出了最想问的问题:如果他当时知道会有成千上万人死亡,找不到大规模杀伤性武器,还会引发伊拉克局势的剧烈动荡,他是否仍然认为自己的决定是正确的。"战争与和平的决定总是充满争议,如果我说那是个很简单的决定,我就是在说谎。"他说,"但我的决定是正确的吗?是的。我比以往任何时候都确定这一点。"

几个月后,我见到了阿拉斯泰尔·坎贝尔(Alastair Campbell),他曾做过布莱尔的公关主管,也是他最信任的手下之一。我们就认知失调现象展开了一番长谈。坎贝尔沉思了一番,对我讲述了临近战争时唐宁街充满高度压力的氛围。

我问他,是否仍然支持参战的决定。"我有时也会思考这个问题,特别是看到关于更多死亡事件的新闻时。"他说,"但是总而言之,我认为我们推翻萨达姆的做法是对的。"我问他,他觉得他可能改变想法吗?"在有了那样的经历后,改变想法很难,但也不是不可能。"他说。

我又问他,布莱尔呢?"想想吧,如果他承认自己错了,那意味着什么,"坎贝尔答道,"那会为他的一切工作蒙上阴影。他的成就会沾上污点。托尼是个理性、坚强的人,但我不认为他能承认对伊拉克

第 5 章 理智的扭曲 113

采取的行动是个错误。那样做的打击太大了,即使对他来说也一样。"

迟早会升的通货膨胀率

2010年11月,一些知名经济学家、著名学者和商界领袖联名发表了一封写给时任美国联邦储备委员会主席的本·伯南克(Ben Bernanke)的公开信。当时,美联储刚刚宣布启动第二轮量化宽松计划。美联储希望通过增发货币的形式购买国债,在短期内为美国经济注入6000亿美元的资金。

联名者们对这项政策感到担忧。事实上,他们认为这样做的结果可能是灾难性的。在这封发表在《华尔街日报》上的公开信中,联名者们表示,量化宽松政策"在当前形势下既非必要,也不明智",而且"无法达到美联储期望的刺激经济的目标"。他们总结道,这一计划应该被"慎重考虑,停止执行"。

联名者中包括各领域内最著名的学者,比如前总统经济顾问委员会主席迈克尔·J. 博斯金(Michael J. Boskin)、投资公司Baupost集团创始人、亿万富翁塞斯·卡拉曼(Seth Klarman)、斯坦福大学经济学教授约翰·泰勒(John Taylor)、埃利奥特管理公司创始人、亿万富翁保罗·辛格(Paul Singer),以及哈佛大学著名历史学教授尼奥·弗格森(Niall Ferguson)。

他们最关注的问题也许是通货膨胀,他们害怕增发货币会导致物价飞涨。这是货币主义学派经济学家的普遍顾虑。联名者们警告说,量化宽松政策将"引发货币贬值和通货膨胀"的风险,并"扭曲金融市场"。

这封公开信同时以整版广告的形式发表在《纽约时报》上,并成为世界各大媒体的头条新闻。忧虑被表达得很清楚，阐述得很有条理。对美国经济前景的悲观预测还引发了金融市场的些许动荡。

但后来发生了什么呢？这些预测实现了吗？通货膨胀失控了吗？

在公开信发表时，通货膨胀率为1.5%。到4年后的2014年12月，通货膨胀率不但仍然处在历史低位，而且不升反降。美国劳动统计局每月发布的消费者物价指数显示，通货膨胀率为0.8%。到2015年1月我写这本书的前夕，通货膨胀率已经是负数了，通货膨胀变成了通货紧缩。美国的通货膨胀率为-0.1%。

这些经济界权威人士的预测可以说是落空了。事实上，美国经济的走向与他们的预测背道而驰。不仅通货膨胀没有失控，就业率也有所上升，尽管联名者们认为量化宽松政策"不会刺激就业"。2014年秋季，美国经济以2005年来最快的速度创造着就业岗位，失业率也从9.8%下降到了6.1%。美国企业的经营状况也很乐观，债务较低，现金充裕，利润屡创纪录。

当然，在判断未来时出错是无可厚非的。世界如此复杂，充满了不确定因素，在经济领域更是如此。这些人选择在公众面前做出预测，本身就是一种充满勇气的行为。当然，判断出现了问题，也为他们提供了修改或丰富自己理论的宝贵机会。毕竟，这才是失败的意义。

但这些人是如何回应的呢？2014年10月，彭博新闻社邀请他们根据后来的事实对那封公开信做出反思。9位联名者接受了采访。[①] 令人震惊的是，这些学者没有解释自己的判断为什么失败，也没有总结自己从中吸取了什么教训。他们根本就不觉得自己预测错了。

---

① 有些人拒绝接受采访，还有人未做回应。一位联名者在此期间去世。

事实上，他们当中的很多人都觉得自己的分析一语中的。

美国财政部前副助理部长大卫·马尔帕斯（David Malpass）表示："那封信完全正确。"

斯坦福大学经济学教授约翰·泰勒说："那封信中提到的几个问题——通货膨胀的风险和就业问题都会摧毁金融市场，让美联储使货币政策正常化的努力充满困难——而这些问题都发生了。"

《格兰特利率观察家》（Grant's Interest Rate Observer）主编吉姆·格兰特（Jim Grant）称："人们总说，你们都错了，因为你们预测的通货膨胀没有发生。我却认为通货膨胀已经很严重了——但不是发生在商店柜台上，而是发生在华尔街。"

就好像这些人面对的是其他国家的经济一样。

另外一些人则辩称，也许他们的预言还没成真，但离发生也为时不远。国会预算办公室（Congressional Budget Office）前主任道格拉斯·霍茨-伊金（Douglas Holtz-Eakin）表示："他们会引发核心通胀。通胀率会超过2%。我不知道是什么时候，但一定会发生的。"

他说通货膨胀率迟早会升高，可能会急剧升高，超过最近的历史低位，这倒是千真万确。一位布伦特福德足球俱乐部的球迷在2012—2013赛季开始时预测自己的队伍准能获得英格兰足总杯的冠军，而当布伦特福德被切尔西淘汰后，有人问这名球迷他的预测哪里出了问题。他说："我是说过他们能赢足总杯，可我没说什么时候啊。"

这是认知失调的又一例证。这种失调现象不仅发生在布莱尔身上，也不仅发生在医生、律师或是邪教成员身上，它还发生在世界级的商业领袖、历史学家与经济学家身上。认知失调的问题在于：我们对错误的态度会削弱我们审视证据的能力。不管是大的决定还是小的判断都与认知失调有关。事实上，任何威胁到我们自尊的事都可能引发认知失调。

举一个我自己的例子吧。就在写这本书时，我在一个离我的住处有几千米远的健身房办了会员，会费很贵，我的妻子警告我说，我会因为距离太远而放弃健身。她指出，我家附近一个收费便宜的健身房是个更好的选择。她觉得往返健身房的时间会让人筋疲力尽。我没听她的。

每天工作结束后，我都会开车去健身房。那段旅程变得越来越长，有时竟会超过 30 分钟。我发现自己把时间都耗在了往返途中，我妻子却享受着家附近健身房的快捷便利。但路途越难走，我越是坚持去。直到一年后，我才发现我这么做的理由不过是维护自己一开始的决定而已。我只是不想承认，办那个健身房的会员卡压根就是个错误。

我的妻子读过本章的初稿。有一天，她在我从健身房回来后笑道："认知失调啊。"她说对了。在付出昂贵会费一年后，我终于还是回到了家门口的健身房。要是我早点承认错误，就能少受 12 个月的罪了，但我的自尊就是不让我这样做。要让我承认自己从一开始就是错的实在太难了——何况我还浪费了一大笔钱。

这件小事也许微不足道，但它也揭示了认知失调现象的普遍性。现在看看本书迄今为止所举的各种例子，它们涉及的决定重要得多，因此对自尊的威胁也大得多。手术室的事故被说成"在所难免"；能为犯人脱罪的 DNA 鉴定结果指向"未被起诉的共同射精者"；世界末日的预言失败了，被解读成"上帝被我们感动"的证明。

同样的分析也适用于给伯南克发联名公开信的人。对经济预测的失败不但不能说明他们是错的，反而证明了他们一直是对的。如果通

第 5 章 理智的扭曲 117

货膨胀率飙升，他们无疑会宣称自己是正确的。而如果通货膨胀率一直保持低位，他们也不会承认失败，就好像布莱尔在一次次事与愿违后还坚持为自己的伊拉克政策做辩护一样。扔个硬币，正面是我赢，反面我也没输。

也许可以说，经济学家对失败的态度问题尤其特别。不光那封公开信的联名者是这样，整个学界都有这种问题。20世纪90年代初，我曾是一名经济学学生。当时我就注意到，我们在求学过程早期就分裂成了许多对立的学派，如凯恩斯学派和货币学派等。加入某个学派的理由往往很是站不住脚，但其结果却影响深远。几乎没有经济学家会转变思想体系的立场。他们会终生坚持自己学派的观点。

针对经济学家的一项调查显示，只有不到10%的人会在职业生涯中转换"学派"，或者对自己的理论假设做出"重大修改"。[1]英国前首相撒切尔夫人的经济顾问泰瑞·伯恩斯（Terry Burns）爵士告诉我："这就像穆斯林皈依基督教那样罕见。"

显然，这说明有些经济学者不愿从信息中学习，而宁愿去歪曲信息。这意味着全世界最聪明的一些思想者没有把自己的智慧用在建立新的、更丰富和完善的理论上，而是用在了寻找能证明自己一直正确的更迂回、复杂的解释上。

这显示了认知失调带来的自相矛盾。这些学者极负盛名、智识卓著，因此在犯下错误后也要付出更大的代价。正因如此，那些最有影响力的人，那些本该利用自己的地位帮助世界从新证据中学习的人是

---

[1] 这是调查者对12名经济学家进行采访后得出的结论，其中有3名在大学工作，其余9名为金融机构服务。

最有动机去修正证据的人。也正是这些人（或者机构）有能力去雇佣收费高昂的公关公司，为自己的判断提供舆论支持。他们有雄厚的资金，又有一股强大的潜意识冲动，可以在自己的信念和现实的证据之间搭建一座桥梁。但搭桥的方式不是通过学习，而是通过歪曲事实。这就像一位高尔夫球手把球打到了场外，然后雇了一家公关公司来告诉世界：这个失误和球手的技术无关，是因为半空中突然来了一股妖风！

宾夕法尼亚大学的心理学家菲利普·泰特洛克（Philip Tetlock）曾做过一项著名的研究，生动地揭示了这个问题。1985年，泰特洛克邀请了284位专家学者，对在不远的未来将会发生的具体事件做出预测。所有专家都是各自领域内的领袖人物，超过一半拥有博士学位。假设的事件包括"戈尔巴乔夫会在政变中被驱逐吗"和"南非的种族隔离政策会因非暴力行动而终结吗"。他总共收到了数千份预测。

几年以后，泰特洛克把这些预测与真实情况做了比较。他发现，专家做出的预测比学生们的要准确一些，但准确程度也有限。这并不奇怪。世界很复杂，就算知识丰富的专家在面对纷繁复杂的干扰因素时也难以做出准确的判断。泰特洛克说："我们很快就到了知识的边际预测收益递减点，快得让人不安。"

然而，也许最让人震惊的发现是那些最著名的专家，那些经常上电视或出书的人的表现反而是最差的。泰特洛克写道："讽刺的是，越是出名的学者，做出的预测就越不准确。"

为什么会这样呢？我们可以从认知失调现象里找到答案。这些人的判断被公开化，他们的生活来源和自尊都和自己的专业水平紧密相连，因此最有可能去遮掩自己的错误，自然也就无法从中学到任何东西了。

这些发现不仅对经济学、医疗与法律等方面有着重要意义，对商业公司来说也一样。你也许会觉得在公司中地位越高的人越不容易受到认知失调的影响。那些大公司的管理人员不应该是理性、冷静、目光如炬的吗？这些难道不应该是他们的独特品质吗？

事实恰恰与此相反。达特茅斯学院的管理学教授西德尼·芬克尔斯坦（Sydney Finkelstein）在其著作《精明的主管为何会失败：你又能从中学到什么》（*Why Smart Executives Fail: And What You Can Learn from Their Mistakes*）中对50多家企业的重大失误做了调查。他发现，调查对象的职位越高，否认错误的情况就越多。

> 讽刺的是，人在管理层位置越高，就越倾向于找借口为自己的完美主义服务，首席执行官们尤其如此。在我们研究的一家企业中，首席执行官在整整45分钟的访问时间里一直在解释为什么别人要为这家企业的失败负责。他谈到了管理者、顾客、政府，甚至同一家公司的其他领导人员，认为这些人都有责任。但他唯独没有谈到自己是否也应该负责。

答案现在已经很清楚了。这些企业高层人士负责制定经营策略，因此一旦发生了错误，他们要负的责任最大。即使策略失败了，他们也更愿意坚信自己的选择是明智的，并对不利于自己的证据加以歪曲。这些被认知失调蒙蔽双眼的人是最不可能学到任何东西的。

试错的勇气

人们对认知失调理论有一个常见的误解，即认为它是在外部因素的刺激下产生的。如果人们的判断失误，就会为之付出很大代价，因此也就有理由去掩饰错误了。这样做的原因是，承认错误带来的名誉损失比从错误中学习带来的好处大得多。

但这个观点不能涵盖认知失调带来的全面影响。问题不仅在于外部因素，更在于内部原因。我们就是有种本能，承认错误对我们来说非常困难，即使我们愿意这么做。

这个问题在所谓的"处置效应"（disposition effect）中体现得最明显。这是金融行为学中的一个常见现象。比如你现在有一系列股票组合，其中一些赔了钱，另外一些赚了钱，你更愿意卖出哪种，继续保有哪种？

一个理性的人会选择保留那些在未来有可能获利的股票，并卖出可能贬值的股票。事实上，要是想让获利最大化，你必须这么做。低买高卖的人总是会得到市场的奖赏。

但在现实中，我们却更喜欢持有已经下跌的股票，不管它们的未来前景如何。为什么呢？因为我们痛恨把损失固化。一旦下跌的股票被售出，纸面损失就变成了实际损失，就会清楚地证明一开始买进这只股票就是个错误。这就是为什么人们总是迟迟不愿放弃下跌的股票，拼命盼着能出现反弹。

但对上涨的股票，一切都不同了。人们总是下意识地想锁定利润。毕竟，卖出了上涨的股票才能真正证明最初的判断是正确的。这也就是人们会卖掉可能会在未来继续升值的股票的原因，即使这意味着他们放弃了更大的利益。

加州大学伯克利分校的金融学教授特伦斯·奥迪恩（Terrance Odean）的研究发现，投资者卖掉的上涨股票比他们持有的下跌股票

第 5 章 理智的扭曲 121

表现更好，差距为3.4个百分点。换句话说，人们持有下跌股票的时间太长了，因为他们无法面对自己犯的错误。就算是职业操盘手——这些人应该极端理性并严格遵循逻辑进行操作——也容易受到影响：他们持有下跌股票的时间比持有上涨股票的时间长25%。

但这样回避短期失败的行为会导致一个不可避免的后果：长远看来，我们会失去更多。从很多意义上说，这都是这个世界对错误的否定态度的完美写照：承认错误的外部动因（即使这些动因对错误有清楚的分析）常常被保护自尊的内在冲动压倒。我们就算会付出代价也要粉饰证据。

还有一种与认知失调有关的心理活动，被称为"证实性偏见"（confirmation bias）。这种心理活动的效应可以通过一个例子看出来。给你一组数字"2、4、6"，要求你找出这组数字既定的排列规律。同时，你可以提出另一组3个数字，询问实验人员是否符合这个规律。

大多数参与游戏者很快就提出了自己的假设。比如，他们猜测规律是"等差偶数列"。当然，还有其他可能，规律可能仅仅是"偶数"，或"第三个数字是前两个数字之和"等。

关键问题是，你怎么才能证明自己最初的猜测是对是错呢？大多数人选择去验证自己的假设。所以，如果他们认为规律是"等差偶数列"，他们就会提出"10、12、14"这组数字来询问实验人员。如果结果是符合规律，他们会继续提出"100、102、104"。在重复3次验证后，大多数人会肯定自己找到了正确的答案。

然而，他们仍然可能是错的。如果实验人员定下的规律其实是"任意增加的数列"，那么他们后来的猜测将无济于事。可是，如果他们采取另一种策略，尝试证伪自己的假设而不是去证实它，他们就会更快发现问题。比如，他们可以提出"4、6、11"这组数字，结果是符合规律，这就说明他们开始的"等差偶数列"猜测是错误的。如果他们提出"5、2、1"，结果不符合规律，他们就离正确答案更近了。

宾夕法尼亚大学沃顿商学院麦克创新管理研究所主任保罗·舒梅克（Paul Schoemaker）写道：

> 如果参与者不愿意犯错误，那么他们是很难发现规律的。所谓犯错误，就是故意去验证一些违背自己假设的数字组合。可惜的是，大多数人都困在狭隘错误的假设里，就如同在现实生活中一样。他们唯一的出路是去犯错，结果可能发现那根本不是错误。有时，犯错不仅是找到正确答案的最快方式，而且是唯一的方式。参与这一实验的大学生想提出多少组数字去验证规律都可以，但最终发现正确规律的人不到10%。

这就是典型的证实性偏见行为，它以一种奇怪的方式让我们联想起了古代医学（医生把病人的一切反应都解释为放血疗法有奇效的证明），这也说明了为什么强调假设的科学心态是如此重要。这种心态能让我们避免把时间都花在证实自以为已经知道的事情上，而不是去寻找和发现我们不知道的事。

哲学家卡尔·波普尔写道："如果不加批判地看问题，我们总能找到自己想要的：我们会去寻找，并找到自己正确性的证明。同时，我们会对威胁自己理论的任何事都避而不见。这样太容易了……但如果批判性地看问题，大量支持我们理论的证据都会被驳倒。"

智慧和资历的反作用力

作为最后一个例子，让我们来看一个能综合体现上面提到的各种发现的事件。在第 3 章中我们接触过彼得·普洛诺沃斯特。这位约翰·霍普金斯大学医院的医生通过制定一份重症监护检查清单，把导管感染率从 11% 降到了 0。

普洛诺沃斯特是麻醉专业的学生。在职业生涯早期，他有一次在手术室中协助医生为一名复发疝气的患者实施手术。手术开始 90 分钟后，患者开始气喘，面部涨红，血压急剧下降。普洛诺沃斯特强烈怀疑患者对橡胶过敏，而导致她过敏的可能是主刀医生的手套。

他按照操作规程为患者注入了肾上腺素，患者的症状消失了，然后，他建议主刀医生去附近的储藏室换一副手套。但医生拒绝了这个建议。"你错了，"他说，"这不可能是橡胶过敏。手术已经过去一个半小时了，病人此前对橡胶没有产生任何反应。"

现在情况产生了变化。主刀医生表达了自己的判断。他是老板，是领导，是地位最高的人。从现在开始，任何新的证据或者论点都不会被看作为患者着想，而是对他能力的质疑和权威的挑战。简单来说，认知失调已经发生了。

然而，普洛诺沃斯特没有放弃他的担忧。他很了解过敏反应，试着向主刀医生做出解释。"橡胶过敏反应常常在病人接受各项手术后发生，发作时间也不确定。"他说，"你才打开她的腹腔，橡胶也刚接触到她的血液。这就是为什么刚才没有发生过敏。"

但他没能打动医生。医生继续进行手术，患者的症状又出现了。普洛诺沃斯特不得不再注入一针肾上腺素。他再次向医生表示，橡胶对患者有危险，但医生又一次拒绝相信他。这是医药学上的问题，不是手术的问题，普洛诺沃斯特比主刀医生更有资格表达看法。但主刀医生是负责人，而他拒绝让步。

此时，随着两人的争论升级，手术室里的年轻医生和护士吓得面色发白。普洛诺沃斯特在看到第二次反应后更确信患者就是对橡胶过敏。他明白，如果主刀医生不去换手套，也许几分钟内患者就会死亡。所以他改变了策略，试图把争论的焦点从对主刀医生的能力质疑转移到一个简单的算术题上，这样一来就能一举解决这场争端。

"咱们好好想想现在的情况。"他温和地说，"如果我错了，你去换手套也只会浪费5分钟。而如果你错了，患者就会死。难道你现在还认为值得冒不换手套的风险吗？"

事到如今，你也许会认为这位医生将不得不接受普洛诺沃斯特的逻辑，他没有道理继续固执抗拒。但是认知失调理论揭示了另一种可能性。现在不是要在患者的死活和换手套所需的区区几分钟之间权衡，而是要在患者的生命和主刀医生的名誉间做权衡。这位医生的自尊建立在"我绝不会出错"的自我暗示之上。

权衡的结果很快就出来了。主刀医生变得更加固执，更确信自己的判断。他对普洛诺沃斯特的计算不屑一顾。"你错了。"主刀医生说，"这绝不是过敏反应，我不会去换手套。"

话已至此，应该就没有办法了，通常情况下也确实如此，毕竟主刀医生是负责人，他的判断不该受到质疑。但普洛诺沃斯特的父亲就死于医疗事故，他已经决定要献身于患者安全事业，他要坚持到底。他指示护士给约翰·霍普金斯医院的院长和董事长打电话，请他们命令主刀医生更换手套。

手术室的气氛一片死寂。护士拿起了电话，但犹豫着，望向两个

第5章 理智的扭曲 125

对峙的男人。她不知道该怎么做。病人已经命悬一线，再接触橡胶手套将是致命的。"现在马上打电话。"普洛诺沃斯特坚定地说，"这名患者对橡胶过敏。我不能因为一副手套就让她送命。"

护士开始拨电话后，主刀医生终于让步了。他狠狠咒骂着，扔掉了手套，冲出手术室去换新手套。紧张的气氛终于开始缓和了。

手术结束后，检测结果证实了普洛诺沃斯特的怀疑：病人确实对橡胶过敏。如果主刀医生按照自己的意志行事（在 99.9% 的情况下他都会这样做的），病人几乎必死无疑。

这件事揭示了一些关键领域缺乏进步和从失败中学习之间解不开的联系。虽然这件事是在医疗业中发生的，但教训却适用于更广泛的领域。

可以这样想：医生们有时容易忽视自己的错误，因为他们早就对这些错误进行了粉饰。他们不是不诚实，只是这些粉饰工作往往是潜意识中进行的，因此连他们自己也意识不到。如果能对这些事故进行独立调查，这些错误就会在对"黑匣子"的分析中被揪出来，医生们会遭到质疑，并从这些错误中吸取教训。但这种独立调查几乎不存在。此外，这类调查基本都依赖医疗业人士提供的信息，而这些人对待错误的态度又是如此讳疾忌医。

这意味着医生们在一次次地犯下同样的错误，同时又误以为自己不会出错。这种错觉加深了医生们的认知失调，让他们身上的绳索越套越紧。承认错误变得如此困难，有些医生（他们都是正直、值得尊敬的人）宁愿冒着患者的生命危险，也不愿承认自己的错误。知名医生大卫·希尔菲克（David Hilfiker）如此写道：

> 医生们对病人、同事甚至自己隐瞒错误……我们错误的恶劣后果、反复出现的犯错机会、我们过失的不确定性和对错误的职业性否认行为共同创造了对医生来说无法容忍的困境。我们能意识到自己错误的严重性，但我们对其引发的巨大情感冲击束手无策。

现在再来看最后一项研究，针对的仍是医疗业逃避错误的现象。我们现在要把整体的数据再细分到各个职位上。谁隐瞒错误的行为最严重，是年轻资历浅的护士吗，还是资历深厚、受过精英教育、引领行业进步的医生们？

这时告诉你答案是后者，想必你也不会吃惊。智慧与资历一旦和认知失调与自尊产生联系，就构成了当今世界前进中的最大阻力。一项针对美国 26 家急症医院的研究显示，在它们接受的全部医疗事故报告中，有近半数由注册护士上报，而由医生上报的事故仅占不到 2%。

如果彼得·普洛诺沃斯特那天没有在手术室里，没有在那个对橡胶过敏的病人身边，不仅这位病人会死去，更大的悲剧在于没人会从这次死亡中吸取任何教训。这次失败会被粉饰：医院会说罪魁祸首是病人的特异体质，而不是主刀医生拒不更换手套的行为。这样一来，那位医生下次还会犯同样的错误。

现在，普洛诺沃斯特可以说是全美国医疗业界最有影响力的医生。他对医疗事故的改革工作挽救了成千上万的生命。他被授予俗称"天才奖"的麦克阿瑟奖（MacArthur Fellowship）。2008 年，他入选"全球 100 位最具影响力人物"。但当时在那个手术室里，他不过是个初出茅庐的医生。直到如今他还认为能救那位病人的命也有运气的成分。他曾说过：

那位病人还算幸运，因为我当时已经在医疗安全领域有了点儿名气。那也让我有勇气站出来……要是我当时刚刚入职会怎样？我还会冒那个险吗？也许不会。如果那位病人死了，责任也在她自己的过敏体质，而不是主刀医生。类似的剧情每天都在全国各地的医院上演。有多少患者因此死伤？我们会真正知道吗？

第 6 章 司法改革

"李森科事件"

生物学家特洛费姆·李森科（Trofim Lysenko）有一头黑发和一双亮晶晶的眼睛。他出生于乌克兰的一个农民家庭，这里日后将成为苏联的一部分。20 世纪 20 年代共产主义革命期间，李森科宣称自己发现了让农作物增产的方法，受到了政治人物的注意。

这一种植技术并不像李森科宣称的那样成功。但这位年轻的科学家野心勃勃，又颇具政治天赋，在接下来的 10 年中，他在学术界越爬越高。1934 年，他进入了全苏列宁农业科学院。

此时，李森科开始了一场赌博。20 世纪早期，由德国神父孟德尔创立的基因科学仍然处于萌芽阶段。这门学科指出，一种叫作基因的微小组织记载着遗传信息，并可以用统计学的方式表达出来。李森科对这一新理论大加抨击，高调反对这一科学界的新潮流。

李森科并不蠢。经过分析，他发现这种姿态能让自己更接近高层政治人物。马克思主义理论认为，人性是可以被改造的。但基因学说指出，物种特性代代相传，这似乎与马克思主义背道而驰，于是李森科开始鼓吹另一种说法：个体后天建立的特性也可以遗传给后代。这被称为拉马克学说，以创建该理论的科学家命名。

科学理论的成功与失败应该由理性的辩论和证据来决定。起决定作用的是数据而不是教条。但李森科发现，他光凭辩论无法让基因学说的支持者们信服。全国上下数以千计的科学家们都因为基因学说的新发现而欢欣鼓舞，他们真心相信，这门学说很有价值，值得好好研究。同时，这种信念也有数据支持。

于是，李森科采取了另外一种方法：他不去参与辩论，反而直接关闭了辩论的大门。他请求斯大林宣布基因理论非法。斯大林同意了，并不是因为基因理论被证明不科学，而是因为这种理论与苏联的意识形态相悖。他们共同宣布，基因学说是"资产阶级的歪理"；而另一方面，拉马克学说则获得了政府的赞同。

持有不同意见的人遭到了残酷的迫害，很多基因学家被处以死刑，包括伊斯瑞尔·阿格尔（Israel Agol）、所罗门·列维特（Solomon Levit）、格雷戈里·列维斯基（Grigorii Levitskii）、乔基·卡佩申科（Georgii Karpechenko）和乔基·纳德森（Georgii Nadson）等，其他人则被关进劳改营。当时苏联最杰出的科学家之一尼古拉·瓦维洛夫（Nikolai Vavilov）于1940年被捕，1943年死于狱中。一切基因科学研究都被禁止，全国基因科学研究者的会议也被解散。

李森科使批评者噤声，并保证了他自己的理论能大获全胜，但这种"成功"却有着天然的缺陷。李森科在让自己的理论免受质疑的同时也从中剥夺了一件最具价值的事：失败的可能性。他提出各种方法来提高农作物产量，但没有人去检验这些方法，因为他们害怕遭到迫害。就这样，政治命令把证伪反馈机制从科学中剥离了。

这样做的结果是极具破坏性的。在李森科得势之前，俄罗斯生物学曾一度繁荣蓬勃。迪米特里·伊万诺夫斯基（Dmitry Ivanovsky）于 1892 年发现了植物病毒。伊万·巴甫洛夫（Ivan Pavlov）凭借对消化系统的研究获得了 1904 年的诺贝尔生理学奖。伊利亚·梅契尼科夫（Ilya Mechnikov）凭借细胞免疫学说获得了 1908 年的诺贝尔奖。1927 年，尼古拉·科尔佐夫（Nikolai Koltsov）提出遗传物质是双线大分子结构，成功预测了 DNA 的双螺旋结构。

但在这场清洗运动后，苏联科学家大批凋零。李森科时代一位饱受迫害的苏联科学家瓦列里·索埃弗（Valery Soyfer）曾说过："科学前进的脚步被放缓或遏制了。数百万大中学生接受了错误的教育。"这起事件对数以百万计苏联人的生活质量造成了冲击，一个重要原因是李森科鼓吹的种植技术往往不起作用。这就是不容试错的后果。

李森科事件被看作科学史上最臭名昭著的丑闻之一。数十本著作（包括伟大著作《李森科和苏联的悲剧》）、数百篇报道都针对这一事件进行了研究。几乎所有研究者都对这一事件了如指掌。对想逃避失败的人来说，此事是一次最好的警告。

然而，在当今世界上，有一种不尽相同又更为微妙的李森科式思维——想法与信仰被保护起来，不去面对失败。但这次保护它们的不是极权政府，而是我们自己。

认知失调不会留下纸面上的证据。我们粉饰不利于自己的真相时，不会让行动有迹可循。不管是国家还是个人，都不会用暴力胁迫我们这样做。这是一个自我欺骗的过程，会产生灾难性的结果，尤其是对本书第 4 章"冤假错案"中的蒙冤者来说。

现在让我们回到用 DNA 技术还嫌疑人清白的时代。我们已经知道，这些案件对警方和检方来说有多难接受。但在写完这一章节之前，我们还要继续探究刑事司法系统中的失败之处,看看这些失败是如何为司法系统指明革新方向,以使类似悲剧不再发生的。

答案是,要解决这个问题,就要建立一种应对人类记忆缺陷的机制。①

不可靠的记忆

奈尔·德葛拉司·泰森(Neil deGrasse Tyson)是一位著名的天体物理学家,同时也是畅销科普作家和媒体名人。他拥有18个荣誉博士学位,还曾当选"全世界最性感的天体物理学家"。他还是一位活跃的演说家,在油管(YouTube)上能看到他的多场演讲。

在"9·11"事件后的很多年里,泰森反复讲过一个关于小布什的故事。他说,在纽约双塔遭遇袭击后的几天里,时任美国总统的小布什发表了一篇演讲。泰森引用了小布什在演讲中说过的话:"我们的上帝是为群星命名的上帝。"

在泰森看来,总统这样说是极不合适的。他认为小布什因为这场由伊斯兰极端主义者发动的袭击,打算把基督教徒和穆斯林区别开来。这句话是在暗示,基督徒信仰的才是真正的上帝,因为这位上帝命名了群星。

泰森说:"小布什总统在袭击发生一周后发表了演讲,试图把'我

---

① 近年来,由于实验胚胎学的发展,拉马克学说又回到了人们的视野里。这一学说指出,生物产生变异的原因是对基因表达方式的修改,而不是对基因编码本身的修改,但这并不能证明李森科在某种意义上是正确的。这种理论诞生在实践和数据的基础上,而不是在恐怖威胁下产生的。这更不能说明,科学应该以意识形态为指导,而非建立在实证的基础上。

们'和'他们'分隔开。'他们'是谁呢?是伊斯兰原教旨主义者……小布什是怎么做的呢?他说……'我们的上帝是为群星命名的上帝'。"

泰森并未止步于此。他表示,小布什不仅狭隘,而且无知。他表示,事实上三分之二的已知星球都有阿拉伯名称,是被穆斯林学者发现的。"我想布什根本不知道这些,"泰森说,"这会削弱他的论点。"

泰森的话产生了很大反响。它对听众产生了催眠般的效应,同时表达了尖锐的政治观点。另一方面,他的话也让布什成了一名不负责任的总统,在一个高度敏感的时刻利用这场悲剧把美国一分为二。但随后有人发现了一个问题。The Federalist 网站的一名记者想查阅布什这段演讲时,发现它不翼而飞了。他调出了电视台和报社的档案资料,翻遍了"9·11"事件后的总统声明,却无论如何也找不到这段关于"群星"的讲话资料。

这位记者联系上了泰森。泰森清楚地记得,布什确实发表过这样的言论。"我真真切切地记得布什总统说过那些话。"他说,"我当时就对此做出了反应,用笔记录了他的讲话,以便在后来的文章中引用。现在却没人能找到那段讲话的记录,这太奇怪了。"

但不管记者们如何努力,就是找不到证据。小布什在袭击事件发生后发表的唯一一次演讲与泰森记录的完全不同。"美国的敌人不是我们的穆斯林朋友,"布什说,"不是我们的阿拉伯朋友。我们的敌人是一群激进的恐怖主义分子,和支持他们的政府。"这种言论很恰当,一句也没提到星星。

研究者们后来发现,布什在一次讲话中确实提到了星星,但那次与"9·11"事件无关。布什在哥伦比亚号航天飞机失事后曾说过:"为群星命名的创造者也知道我们今天为之哀悼的 7 个人的名字。"

第 6 章 司法改革 133

不消说，这次讲话的意义完全不同，对泰森的解读也是一种讽刺。这是总统对罹难宇航员的家属的安慰与祈福，与伊斯兰教毫无关联。

但泰森并未因此放弃，他仍然坚持认为布什绝对在"9·11"事件后说过那些话。但在被要求提供证据的几周后，泰森终于收回了自己的话："我在此对总统公开表示歉意。我把他对哥伦比亚号事故丧生者的诗意安慰说成了挑起宗教对立的言论。"

事实是，乔治·W.布什总统在"9·11"事件后根本没有发表过所谓的"群星"演讲。

这件事的意义在于，它证明了连职业科学家的记忆也并不可靠。我们回忆起某事的时候，感觉就好像在看一盘录像带，上面记录了真实、具体、绝对可靠的事件。我们感觉这种事一定发生过，如果有人质疑自己的记忆，自然会感到生气。

泰森不是第一个产生虚假记忆的人。在苏格兰进行的一项研究中，参与者坚称自己记得曾被一名护士从小指上摘除了一小片皮肤，但这种事从未发生过。一周之前，研究者们要求这些参与者想象自己被护士摘除皮肤的感觉，但是在记忆中，这种想象不知怎么就变成了真实事件。与从未被要求想象这种感觉的人相比，参与者们认为发生过此事的可能性要高出4倍。

在另一项研究中，志愿者们观看了汽车发生剐蹭的录像，录像中的汽车玻璃和车灯没有破碎。随后，他们被要求描述汽车互相"撞击"时的速度。突然，这些人开始描述碎玻璃满天飞的场景，虽然实际上一块玻璃也没有碎。这些人虚构了自己的记忆，去迎合"撞击"这一用词带来的新信息。

事实证明，记忆并不像我们自己认为的那样可靠。我们不会用高清电影般的方式对自身体验进行记录。记忆更像是分布在大脑各处的系统，受到各种偏见的影响。记忆容易受到暗示，我们常常把不同经历的片段编织起来，组成一个连贯的整体。我们对每段记忆都会进行编辑。①

通过对记忆的回顾、编辑与整合，我们可以想象出全新的事件。但失忆症患者就没法这样做，他们很难回忆起过去，也没办法想象未来。

总而言之，记忆的可塑性让我们在回忆过去时容易误入歧途。但同时，这种可塑性又在对未来的幻想与预期中扮演着重要的角色。

我们总是想让记忆符合自己现在所知，而不是以前亲眼所见的事，比如琼·查尔斯·德梅内塞斯的悲剧。2005年，伦敦发生恐怖爆炸案后，德梅内塞斯在地铁站内被警察枪杀。目击者称，德梅内塞斯当时身穿肥大的夹克衫逃避警方的追捕，并跳过了地铁检票机。

但事实证明，所有这些证言都是假的。德梅内塞斯是无辜的。他当时"身穿轻便牛仔布夹克，步行通过检票机，拿起一份免费报纸，在看到地铁快到站时才开始奔跑"。目击者把自己亲眼所见的事和后来在报纸上读到的事相结合，做出了不可靠的证言。

看到这里，你对下面的事实应该不会感到奇怪了："无罪计划"组织在对错误判决的特征进行调查时发现，有高达75%的错判与目击者的错误证言有关。人们会在法庭上公然做证说见到某人在犯罪现场，而实际上此人当时身在别处。

---

① 最近的研究表明，记忆的这种特性可能对发展想象力有好处。比如，我们可以幻想自己与大卫·贝克汉姆在咖啡店中共饮卡布奇诺的场景。要达到这个目的，我们只需回忆自己上次进入咖啡店的场景，再把贝克汉姆的形象安插进去就行了。

这些目击者并非都在说谎，他们没有编造证言。但奈尔·泰森在指责小布什的演讲时也没有编故事。当目击者声称自己看到嫌疑人出现在犯罪现场时，他们说的是真话。他们确实记得自己看到了嫌疑人，但他们也确实没有看到嫌疑人。这是两件不同的事。

这并不是说目击者的证言毫无价值，恰恰相反，在很多情况下，目击者的证言对案件的判决有着不可估量的价值。问题在于，要对目击者的记忆中可能存在的偏见足够敏感，因为这种偏见可能让证据遭到破坏。可惜的是，直到现在，警方采取的问询方法在这方面都毫无建树。

拿"跟踪指认"来说吧，这是一项被滥用了几十年的问询方法。警方带一名目击者跟踪观察嫌疑人，地点可能在街上，也可能在嫌疑人的工作单位。目击者明白警方对此人有所怀疑——否则为什么只找上他呢——因此这种方法本身就存在很强的暗示性。

还有一个不容忽视的问题，那就是一旦目击者见到了嫌疑人，他们就容易把嫌疑人的面孔和真正罪犯的面孔混淆起来。每次目击者回忆犯罪现场的场景时，他们就会更加确信嫌疑人真的曾经出现在那里。就这样，本来存有怀疑的指认变成了百分之百的确信。正如墨尔本的心理学家唐纳德·汤姆森（Donald Thomson）所说："这样一来，两个月后，目击者就会站到证人席上，表示自己绝对肯定见到了嫌疑人。"

还有一种问询方法是让嫌疑人和其他人并排站立，让目击者指认。这种方法比"跟踪指认"可靠得多，但也被滥用了。通常情况下，安排这种指认活动的警官已经知道了嫌疑人的身份，于是就可能有意无意地对目击者施加影响，用语言或动作引导目击者。有时这种指认活动会让嫌疑人成为唯一符合描述的人。①

类似的问题还有很多。很多著作都提到，警方的办案方法中存在大量问题。如果错判案件被调查，这些潜在的问题就会被发现，并得到妥善的处置。但事实是，这些办案方法被延续使用了很多年，几乎没有任何修改。

这不仅会对嫌疑人构成危害，对警方、检方和公众也是一样。错误的指认会让警方忽略其他线索。这通常会导致真正的罪犯逍遥法外，犯下更多的罪行。

"无罪计划"组织呼吁进行一系列改革，包括要求指认活动必须由不知道嫌疑人身份的警官主导，嫌疑人和其他人要先后出现，不能站在一起，等等。

对这些方法的测试结果显示，错误指认显著减少了，同时，正确的指认并未减少。2011年的一项调查显示，"在全国各地警察局进行的双盲指认活动中，相比所有被指认人同时出现的情况，被指认人先后出现时，正确指认的次数没有发生变化，而错误指认的次数减少了"。

有些人对这一发现抱有怀疑态度，并提出了更多测试方法。这已经代表了进步。人们开始通过试验来检验系统的可靠程度。到2014年，美国有3个州开始实行让被指认者先后出现的双盲指认方法。另外6个州推荐警方使用此方法。这就是开路循环应有的样子。

"无罪计划"发现的另一个问题是捏造的认罪口供，这种问题与30%的错误判决有关。这种口供通常是从脆弱的嫌疑人身上取得的，

---

① 在一幅著名的讽刺漫画中，一台冰箱、一只母鸡和一名留着爆炸头的男子并排站立，接受指认。

警方欺骗或威胁嫌疑人，让他们承认自己没有犯过的罪行。前文中的胡安·里维拉就是这样一名脆弱的年轻人，有精神病史，在连续受审多日后认罪。警方专家称，他在受审过程中精神出现了问题。

要消除这种不实口供，一项可行的改革办法是强制为审讯过程录像，这样就能阻止警方威逼或误导嫌疑人认罪。

部分警察担心这种改革会导致他们无法从真正有罪的人身上获得口供。如果真是这样，那么这就与改革的初衷背道而驰了。但是美国司法部经过综合研究发现，主动对审讯过程进行录像的警察局获取真实口供的能力并未下降。明尼苏达州的一名地方检察官就表示："在过去8年中，审讯录像这一方式显然增强了警方与检方给罪犯定罪的能力。"

另一个需要进行重大改革的领域是法医学。使用显微镜鉴定毛发等技术限制了法医学的合法性。在一起谋杀案中，专家们发现，在犯罪现场发现的17根毛发与一名嫌疑人的毛发"吻合"，这名嫌疑人随即被判有罪。但事后的DNA鉴定证明，这17根毛发全部被错认了。其中一根被指属于男性嫌疑人的阴毛实际上属于女性被害人。

事实证明，毛发比对是非常主观的。2013年，美国联邦调查局承认，在1985年到2000年间的2000余起案件中，分析人员夸大了毛发比对的重要性，或者做出了不准确的比对报告。美国国家科学院（The National Academy of Science）指出，毛发比对是"不可靠的"。本书第4章中提到的吉米·雷·布鲁姆加德就因为这种错误技术深陷冤狱15年。

就这样，"无罪计划"在一个又一个案件中发现了导致失败的路径，发现了应该加以辨别和指出的问题。导致冤假错案的其他原因还包括政府失职、律师的错误引导、利用监狱里的线人（这些人会做证陷害嫌疑人以获取秘密报酬）和技术方面的暗箱操作等。

谢克呼吁对以上所有方面进行改革。他最迫切的希望就是建立刑事司法改革委员会。这种独立组织的职责与空难调查组织类似，即对冤假错案进行调查，并提出改革建议。截至本书英文版出版时，美国仅有11个州建立了这种委员会。

英国于1995年建立了这种改革委员会。当时英国已经发生过一系列令人震惊的冤假错案，包括伯明翰六人案和吉尔福德四人案[1]。独立的刑事案件评估委员会有权将其认为有问题的裁决交由上诉法庭审理。1997年到2013年10月间，这一委员会共提起了538起案件。

在这538起案件中，70%获得了最终的胜利。

心理学家克里斯托弗·查布利斯（Christopher Chabris）和丹尼尔·西蒙斯（Daniel Simons）在发表于《纽约时报》上的一篇文章中提到，泰森记错小布什讲话一事有一个有趣的结果：小布什本人对于"9·11"事件的记忆也发生了错误。

小布什曾经多次提到，他在走进佛罗里达的那间教室之前曾在电视上目睹第一架飞机撞上世贸中心北塔的情景，但他实际上并没有看到那一幕。飞机撞塔时并没有直播画面，因此他不可能看到。查布利斯指出："布什先生一定是把他在事后获取的信息与他的实际体验混淆了，并臆想出了那一幕，这与泰森博士的错误如出一辙。"

小布什的错误记忆还造成了一个麻烦：人们认为，既然他在走进

---

[1] 这两起案件均发生于20世纪70年代，均为英国司法史上严重的司法丑闻，相关嫌疑人蒙冤入狱十余年后获得释放。——译者注

教室前看到了相关画面，那么这一定说明他事先知道会发生袭击事件。人们不禁质疑：他是不是也参与了袭击的策划？类似的阴谋论现在已经广为人知，但实际上并不存在什么阴谋，只是身为总统也免不了记错事情而已。

冰山一角

在对刑事司法系统改革的探讨中，我们用了很大篇幅谈论冤假错案问题，但与此同时，我们也不应该忽视其他同样重要的问题。为将更多罪犯绳之以法，刑侦方法还有待提高。同时，还应努力减少罪犯被无罪释放的比例。这些也都是悲剧，因为在这些案例中，受害者没有讨还公道，司法系统的威慑力也遭到了破坏。

此外，还有一个问题，那就是站到被告席上的无罪者太多了。数据显示，被告被无罪释放的比例很高。这通常被认为是还无罪者以清白，是司法系统公正的证明，但这同时也意味着大量财力被浪费在不必要的审判上，而真正的罪犯还在逍遥法外。

改革这些弊端的关键在于，不要认为必须在这些目标中做出权衡取舍，不要认为不能同时进行改革。在对冤假错案的改革中也要认清这一点：改革不会削弱司法系统的威慑力。恰恰相反，改革会让司法系统更加有力。

此外，还有许多深层次的问题。这些问题深入整个系统，与其融为一体，因此无人对其进行质疑，比如被认为神圣不可侵犯的陪审团制度。在刑事案件的审判中，这也许是最有效的审议制度了。但这就意味着这种制度不应接受检验吗？如果一些可预见的程序会导致陪审团得出错误的结论，难道不应该对这些程序做出改革，从而解决这些潜在的问题吗？

要解决这些问题，让我们来看一个实验。这个实验的对象不是陪审团，而是法官。特拉维夫大学的神经科学家沙伊·丹齐格（Shai Danziger）和他的同事们分析了 8 名以色列法官在 10 个月中做出的假释判决。每位法官每天都要处理 14~35 起真实的案件，对于每起案件，他们决定是否批准假释的时间大约是 6 分钟。在那 10 个月中，这些法官的判决占到了以色列全国假释判决总数的 40%。这 8 名法官的平均从业时间是 22 年。

法官应该是理智而慎重的。他们的判决应该建立在有力证据的基础上，但是丹齐格的发现与这种印象有很大不同：如果一位法官刚刚吃过早饭，那么在他审理的案件中，囚犯获假释的概率为 65%。但随着时间慢慢过去，法官越来越饿，假释通过率就会逐渐降为零。而在法官稍事休息，吃过午饭后，这一概率又会蹿升至 65%，并在下午再次逐渐降为零。

法官们都没有注意到自己这种惊人的偏颇之处，犯罪学者和社会工作者也没有注意到这一点，正是因为没有人分析过这个问题。一位参与研究的人员表示："没有人调查法官的决定，因为此前从未有人记录过这种倾向。当然，在这项研究后，我期待会有相应措施来处理这个问题。"

对陪审团来说，问题更加严重。在英国，就连对陪审团的审议过程进行研究都是非法的。这项禁令背后的潜台词是，如果公众了解了陪审团的工作情况，他们可能会对司法系统失去信心。这是一种"无知是福"的措施。但这就像从飞机上移除黑匣子以保证人们永远不会发现飞行员的过失一样，是一种自欺欺人的行为。这样做的结果是不言而喻的：同样的错误会一再重演。

以上内容并不代表我主张废除陪审团制度，很多陪审团都在压力之下做出了杰出的工作。我仅仅是指出一个事实，那就是几乎完全没有证据表明陪审团制度比其他的选择 [1] 更有效。我们不能无条件地维持这一制度，因为错误判决与其他严重错误正在蚕食人们对司法体系的信念。与公众生活的众多领域一样，刑事司法体系也需要一场革命，而历史证明，这场革命的基础正是一件几乎不可能完成的任务：从错误中学习。

胡安·里维拉因谋杀 11 岁的霍莉·斯塔克的罪名被判终身监禁。20 多年后，另一件谋杀案的作案工具——一根木棍上的血迹被取样并进行了 DNA 鉴定。一名同样居住在莱克县的男子德尔温·福克斯沃思被人用这根木棍毒打后又被淋上汽油焚烧。他因全身 80% 面积被烧伤而死亡。

这起谋杀案的凶手一直未被绳之以法，但 DNA 鉴定得出了不容置疑的结果：从这根 1.2 米长、直径约为 5 厘米的木棍上的血迹中提取的 DNA 与霍莉·斯塔克体内精液的 DNA 吻合。警方现在几乎确认，那名在 1992 年强奸并杀害了 11 岁女孩的凶手在 8 年后又犯下了另一起谋杀罪行。因此，福克斯沃思可以说是胡安·里维拉错案的又一名受害者——这一判决让真正的罪犯逍遥法外，再度行凶。

"在对司法误判进行反思时，我们关注的总是含冤入狱的无辜者。"

---

[1] 有人指出，陪审团制度的重要性与其是否能做出正确判决无关，在司法系统中设置一个由非专业人士组成的团体是民主的重要组成部分，具有合法化功能。但即便如此，我们也不应因此就不去努力改进陪审团工作的方式。毕竟，这才是公正的意义。

纽约律师斯蒂芬·亚特说,"但还有其他问题。每当一个无辜者被判刑,就意味着真正的罪犯还在外面游荡。这个罪犯可能还会犯下极为严重的罪行。这也是我们要吸取教训的另一个重要原因。"

2012年1月6日,里维拉终于被释放了。"我说不清这种感觉,就好像获得了重生。"他在走出监狱时说,"我现在就想体验一下生活的感觉。看场橄榄球赛,或者干脆就在街上走走,也能知道自己是自由的。"围观者中有人递给他一块比萨,他有些害羞地接过来,坐进了支持者为他准备的轿车。

他的朋友们都还在身边,但他永远也找不回在监狱里耗掉的那19年了。"如果我说我对自己的经历没有不满,那我一定是在撒谎。"里维拉告诉我,"此时此刻,我还感到不安和紧张。我在夜里睡不着觉。我无法走进拥挤的超市。走在街上时,我总是东张西望。因为别人犯的罪而被关了19年,这会给你留下印记的。"

那些把里维拉送进监狱的人现在怎么想呢?事到如今,还有很多人坚信里维拉有罪,这也许不会令人感到奇怪。查尔斯·费根是一名警探,他曾参与迫使里维拉认罪的工作。2014年10月,《芝加哥论坛报》(*Chicago Tribune*)采访了他。在被问及是否仍然相信里维拉是凶手时,费根说:"我想是的。"

检方也是如此。在里维拉被释放后,莱克县的一些律师还想再次把他送上法庭。只有再次判他有罪,这些人才能证明自己一直是对的。只有给里维拉定罪,才能让这些人平息自己的失调感。里维拉重获自由的事实就像是对他们能力的嘲讽和指责。

结果,伊利诺伊州上诉法院做出了裁决:永远禁止莱克县就霍莉·斯塔克谋杀案再对胡安·里维拉做出任何指控。

第三部分

重复与对照

应对复杂问题的试错策略

第 7 章　喷嘴悖论

计算与测试

联合利华（Unilever）遇到了一个麻烦。在英格兰西北部的利物浦附近，联合利华在其工厂里用传统方式生产洗衣粉，这种方式被沿用至今：沸腾的化学制剂通过一个超高压喷嘴喷射出去，压力下降后，这些化学制剂就被分解成了蒸汽与粉末。

蒸汽被吸走后，粉末会被收集到一个大桶里，然后工人会向桶里添加胶质和其他配料。随后，洗衣粉会被包装起来，在外面贴上商标，并以高价售出。这是个上佳的商机，已经成为一项巨大的产业。仅在美国，每年洗衣粉的销售额就高达 30 亿美元。

但联合利华的麻烦在于，那些喷嘴总出毛病。曾在 20 世纪 70 年代短暂供职于利物浦肥皂工厂的史蒂夫·琼斯（Steve Jones）后来成了全世界最有影响力的进化生物学家，据他回忆，喷嘴总会堵住。"那些喷嘴简直太讨厌了，"他说，"总是堵住，让洗衣粉凝成大大小小的颗粒。"

这对公司来说是个大问题，不仅需要维护设备并因此浪费时间，而且还会对产品质量造成影响。他们需要更好的喷嘴，而且要尽快解决这个问题。

于是,公司向数学家组成的精英团队求助。当时,联合利华就是一家资金雄厚的公司,雇得起最杰出的人才。这些人不是普通的数学家,他们是高压系统、流体力学和化学分析专家。他们精通物质的"状态变化",也就是物质从一种状态(液态)转化成另一种状态(气态或固态)的过程。

这些数学家现在被称为"智能设计师"。需要解决问题时,不管是商业、技术还是政治方面的问题,我们都会向这些人寻求帮助。我们会找到合适的人,他们有合适的知识背景,能够提供最佳解决方案。

这些专家在状态变化方面进行了深入研究,列出了复杂的公式,开会讨论问题。在经过长时间研究后,他们提出了一种新型设计。

你应该猜得到结果:新设计不管用。喷嘴还是会堵住,洗衣粉颗粒仍然大小不均,生产效率依旧低下。

联合利华几乎绝望地向生物学家团队求助。这些人对流体力学一无所知,就算状态变化发生在鼻子底下,他们也注意不到。但这些人提供了更具价值的东西:对失败与成功之间关系的深刻了解。

他们选用了10个喷嘴,对每一个都进行了很小的改动,然后对其进行测验。"有的喷嘴比较长,有的比较短,有的喷口大,有的喷口小,有的内部刻上了凹槽。"琼斯说,"总之,每一个在原形的基础上都只做了非常小的改进,改变的程度也许只有1%或2%。"

他们选出了"胜出"的喷嘴,然后以之为基础又制作了10个稍微不同的喷嘴,重复了测试过程,并继续反复测试多次。在重复了45次这种过程,经历了449次"失败"后,他们做出了理想的喷嘴。"比起最初的喷嘴,这个要好上很多倍。"

进步的取得并非建立在结构精密的计划之上（也根本没有什么计划），而是建立在与现实的频繁接触之上。在这样一个出色的喷嘴背后的，是那 449 次失败的反复测试与淘汰过程（见图 7-1）。

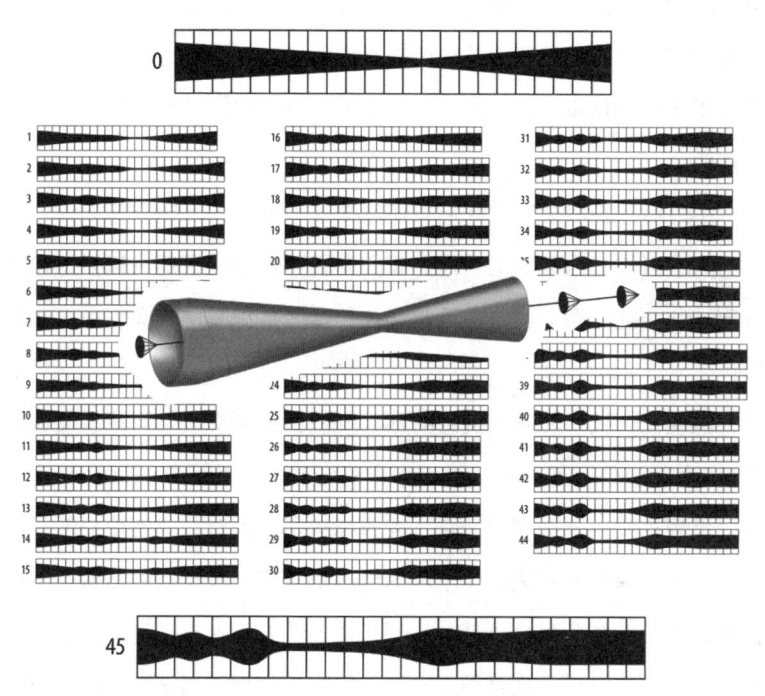

图 7-1　由德国科学家汉斯-保罗·施韦费尔（Hans-Paul Schwefel）进行的实验展示了喷嘴的进化过程。

自下而上的进步动力

截至目前，我们已经知道，要想从错误中学习，有两个关键部分：第一，要有一个正确的机制——在这个机制中，改正错误被视为推动进步的方法；第二，要有能让这种机制蓬勃发展的正确观念。

在上一部分中，我们主要关注的是观念问题。当错误太具威胁性、

第 7 章　喷嘴悖论　149

令人难以面对时，认知失调就会产生，从而让人们去粉饰或忽视错误，这源于我们内心对失败的恐惧。我们要尽力去让自己承认错误。

在第五部分和第六部分中，我们会继续探讨这一关键问题。我们会去思考，如何营造一种不去粉饰或抑制错误，而是把错误当成推动进步的契机的文化。我们还要研究对失败的外在恐惧感，也就是害怕遭到不公正的指责或惩罚的感觉。这种恐惧也会阻碍我们从错误中学到东西。

在最后，我们会发现我们能在特殊的心理基础上建立起强大、具有活力、以成长为导向的观念。我们会看到具体的事例，包括走在潮流前端的企业、运动团队甚至是学校。这些组织在这方面表现得非常出色。

但现在，我们要研究机制问题。我们已经观察过航空业和弗吉尼亚-梅森医疗中心等成功从错误中学到经验的机构，并对此有一定心得，但现在我们要更深入一步，去研究这些事例背后的理论框架。我们会发现，所有能从失败中学习的机制都具有一种特定的结构。从自然界到人工智能和科技领域，我们在很多地方都能见到这种结构。我们也会见证，世界上最具创新精神的组织是如何利用这种结构并取得惊人效果的。

联合利华公司的例子就体现出了这种结构的优越性。对喷嘴的改进过程显示了测试的力量。尽管生物学家们对研究状态变化的物理学一无所知，他们还是通过进行大量试验、淘汰不良品、不断针对每一代最佳喷嘴进行改良的方法创造出了最有效的喷嘴。

生物学家选择这种方法并非偶然：这正是自然界发生进化的方式。进化是建立在名为"自然选择"的试错机制上的。更具适应性的生物得以存活并繁衍，它们的后代继承了它们发生突变的基因。这种机制和为联合利华创造喷嘴的机制一样，关键在于不断试错的过程。

从某种意义上说，此类失败与我们之前在航空业、医疗业和司法系统中遇到的失败不同。生物学家们预见到，自己将经历很多次失败。事实上，他们故意去失败，这样才能发现哪些设计可行，哪些设计行不通。在航空业界，没人会故意失败。让事故最小化是航空业的目标。

但尽管如此，航空业界人士与这些生物学家的行为中仍然有一个重要的共同点。航空业的失败导致了进步的到来，错误是发生变革的必要条件。不仅是真实发生的事故和失败案例，那些在模拟过程中出现的错误与未遂事故也起到了同样的作用。与此相同，那些被淘汰的喷嘴对设计的进步也起到了帮助作用。两者都具有一个重要的模式：通过对失败的检测与应对来驱动适应过程。

进化过程之所以具有力量，是因为其具有累进的性质。理查德·道金斯（Richard Dawkins）在其著作《盲眼钟表匠》(*The Blind Watchmaker*) 中对"累进选择"（cumu-lative selection）有着精妙的阐述。他让读者想象让一只猴子在打字机上打出《哈姆雷特》中的一句台词"我想它还是像一头鼬鼠"。[①] 这只猴子能把这句话打对的可能性实在很小。

假设打字机上共有 27 个字母（空格算 1 个字母），而这只猴子完全随机敲击键盘，打对第一个字母的可能性就是 1/27，打对下一个字母的可能性也是一样。所以，要想让前三个字母全对，可能性就是 1/27 的 3 次方，也就是 1/19683。要把这句话的 28 个字母全打对，可

[①] 原文为"Methinks it is like a weasel"，此处采取朱生豪先生译法。——译者注

第 7 章 喷嘴悖论 151

能性大概是一亿亿亿亿亿分之一。

但现在我们可以设计一种具有累进性的选择机制（也就是试错机制），道金斯为此专门写了一个电脑程序。一开始，这个程序完全随机地尝试写出那句话，就像那只猴子一样。但随后，电脑对这些随机的句子进行检查，检测出最接近目标的句子（实际上还差得远），然后把其他的全部淘汰。随后，程序以"胜出"的句子为蓝本，对其进行随机的排列组合，电脑再对结果进行检查。后面的步骤以此类推。

在第一次淘汰后，电脑上显示"胜出"的句子是"WDLTMNLT-DTJBSWIRZR-EZLMQCOP"。在这堆字母上反复打磨，优胜劣汰10次后，"胜出"的句子变成了"MDLDMNLSITJISWHRZREZ MECS P"。20次"淘汰赛"后的结果是"MELDINLS IT ISWPRKE Z WECSEL"，30次后，终于能看出句子与目标的相似之处了："METHINGS IT ISWLIKEB WECSEL"。在经过43次优胜劣汰后，电脑给出了正确的句子，整个过程没用多长时间。

由此可见，在具有某种"记忆"的条件下，累进选择就会发生作用。也就是说，一次选择的结果能传递到下一次，再下一次，以此类推。这种过程的力量无比强大。在自然界，这种过程产生了被称为"造物幻觉"的效应：动物看上去就像被某种高级智慧设计创造的一样。而实际上，它们是随机过程的产物。

在喷嘴的例子里也能看到这种效应。最终的喷嘴形状是如此独特，让人不禁以为是设计大师的手笔，但事实如我们所见，生物学家们丝毫没有进行"设计"。他们只是运用了进化的威力。

世界上有很多系统在本质上都遵循着进化的法则。事实上，在过去的两个世纪中，很多伟大的思想家都对自由市场经济体系赞赏有加，因为这种体系模仿了生物进化的过程。作家蒂姆·哈福德（Tim Harford）在其著作《适应性创新》（*Adapt*）中阐述了这一观点。不同的公司之间互相竞争，有人失败，有人胜利，这加强了整个体系的适应性。这也正是市场（前提是有适当的法律制约）解决问题的能力如此出色的原因：市场能提供一种不断试错的进程。

对市场体系来说，破产就是自然选择的结果。一个公司破产了，就好像一个喷嘴设计失败了，这意味着它在某些方面（可能是产品、价格、战略、广告、管理、运营，等等）没能适应竞争。弱势的产品和思维会被淘汰，成功的点子会被其他公司复制。和联合利华公司的喷嘴一样，整个市场体系的进化建立在累进适应的基础上。

因此，自由市场经济体系中的公司如果遭遇了失败，并不意味着体系有了缺陷。这种失败也不是竞争的副产品，而是任何进化过程都不可或缺的一部分。根据一位经济学家的说法，每年在美国都有10%的公司会宣告破产。经济学家约瑟夫·熊彼特（Joseph Schumpeter）把这种现象称为"创造性破坏"（creative destruction）。

现在让我们把自由市场经济与计划经济体系进行对比。在计划经济体系中几乎完全不会出现失败，政府通过补贴对企业加以保护，因此企业不会破产。国家遇到经济困难时就开动印钞机，靠通货膨胀解决问题。一开始，这看起来是个解决生产、分配和交换问题的好办法。不会发生失败，一切都很成功。

但这也正是计划经济行不通的原因。在这种体系中，聪明的决策者决定要生产多少粮食、挖掘多少矿产。这些人通过复杂的计算得出了最理想的解决方案，但他们与联合利华的数学家面对的是同样的问题：无论他们的想法有多出色，都得不到充分的验证。因此，也几乎没有机会通过失败进行改革。

就算计划经济的决策者比市场经济的商人精明10倍，他们也会被远远甩在身后。体系得不到有效的测试，就会趋于僵化死板。而在市场经济中，成千上万的微小失败对体系起到了润滑和引导的作用。一些公司失败后，其他的企业家会从这些失败案例中吸取教训，市场会找到新的思路，最终获益的是消费者。

和这种情况类似，空难事故对失事航班上的乘客来说是悲剧，但为未来的飞行安全提供了宝贵的经验教训。这种失败为有意义的改革提供了机会。

这并不是说市场经济就是完美的。这种经济体系中存在着资本垄断、寡头勾结、分配不均、价格操纵、企业规模过大以至于要靠政府保护以避免倒闭等问题，这些问题都会对适应过程产生影响。但最关键的一点是不变的：企业的失败是市场经济发展的动力，而不是阻力。

不光是整个经济体系，企业也可以从测试与学习中获益。事实上，很多最具开创性的公司都会把进化论的原理应用到战略设计中，像联合利华公司的生物学家这样亡羊补牢的并不多，因为在复杂问题面前，找到解决方案往往需要很长时间。

这些企业会设计精巧的测试，不断挑战自己的设想，并用从测试中学到的东西来指导战略设计。这种方法是自上而下的理论推导（数学家的做法）和自下而上的实验证明（生物学家的做法）相结合的产物。这种方法融合了已有的知识和从缺陷中发现的新知识，既包含着对自身想法的自信，也有不断自我测试并加以改进的虚心。

在技术的革新过程中也可以见到这种方法。通常我们会认为技术发展的本质是自上而下的。科学家进行研究，创立科学理论，然后人们再根据这些理论制造机器、设备与其他应用技术。

这种发展模式被称为线性模式，可以用一个简单的流程来表示：研究与理论→技术→实际应用。比如，人们通常认为工业革命是由早期的科技革命孕育的，是波义耳、虎克和洛克等人的研究推动了生产机器的大发展，最终改变了整个世界。

但是，线性模式中存在一个问题：在人类发展的大多数领域，这种模式严重低估了自下而上的测试和学习带来的好处，联合利华公司的生物学家们已经证明了这样做的力量。应用科学家特伦斯·基利（Terence Kealey）在《科学研究的经济法则》（*The Economic Laws of Scientific Research*）一书中对围绕工业革命的传统看法进行了抨击：

> 1733 年，约翰·凯（John Kay）发明了飞梭，织布开始机械化。1770 年，詹姆斯·哈格里夫斯（James Hargreaves）发明了"珍妮纺纱机"，顾名思义，让纺纱也进入了机械化时代。此外，还有怀特（Wyatt）和保罗（Paul）在 1758 年发明的纺丝机和阿克莱特（Arkwright）在 1769 年发明的水力纺纱机，这些纺织技术的重大发展宣告了工业革命的诞生。但这些技术与科学无关，它们是建立在熟练技工反复试验、不断试错基础上的经验发展，其目的是提高生产力，从而让工厂获取更多利润。

注意上面最后一句话：这些改变世界的机器像联合利华公司的喷嘴一样，是通过不断试错才被发明出来的。业余工人和技工等具有实践智慧的劳动者受到现实问题的困扰,从而在不断尝试、失败和学习中摸索出了建造机器的方法。他们对自己发明背后的科学原理不甚明了,也说不出个所以然,但就像联合利华公司的生物学家们一样,他们并不需要明白这些原理。①

在这种情况下,科学和技术的因果关系发生了颠倒,比如世界上第一部排水蒸汽机的发明。发明者托马斯·纽科门(Thomas Newcomen)是一名乡下的五金商人,也是浸信会的世俗传教士,并未受过什么教育。他的发明被詹姆斯·瓦特进一步改良,成为改变世界的蒸汽机。两人都是凭着直觉,从实用角度出发进行发明创造的。但蒸汽机的成功带来了一个深刻的问题:这种不可思议的装置为什么能够运转(蒸汽机并不符合当时的物理法则)?这一问题启发了法国物理学家尼古拉斯·莱昂纳德·萨迪·卡诺(Nicolas Léonard Sadi Carnot),他发现了热力学法则。试错机制孕育了技术的革新,而技术又促进了理论的创建,这就是线性模式的逆转。

纳西姆·尼古拉斯·塔勒布在其著作《反脆弱》(Antifragile)中指出,从控制论到金融衍生产品,从医药到飞机发动机,在我们生活的方方面面,线性模式都是错误的(至少是具误导性的)。历史证明,在这些领域,所有发明都是用联合利华公司生物学家们的方法创造出来的,是经验和实用的产物。这些领域里的问题通常过于复杂,不管

---

① 在体育运动中,这样的情况也很常见。一个顶尖的足球运动员能从 30 米外踢出一脚任意球,让足球画出弧线,进入大门上角。要想踢出这样的球,他必须解决一系列复杂等式和空气动力学问题。但他并不是通过数学方法来解决问题的。他的知识是实用的,他在潜意识里就把问题解决了。这种实用知识从哪儿来?也是通过不断试错(场下的练习)得来的。通过上千小时的训练,他反复向目标踢球,反复磨炼技术,慢慢缩小了球与目标之间的距离。

是理论知识、计划蓝图还是研究讨论都难以解决。要解决这些问题，只有不断地尝试、失败、再尝试。

建筑学是一个特别有意思的例子。因为人们都相信，古代的建筑与教堂的外观和线条是如此精美，一定是以欧几里得（Euclid）的几何学为指导建造的，否则古代人怎么可能造出如此复杂的结构呢？但事实上，古代建筑与几何学几乎毫无关系。塔勒布在书中指出，几乎可以肯定，正是这些古代建筑师的实用智慧启发欧几里得写出了《几何原本》(Euclid's Elements)，这本书其实是对古代建筑知识的总结。

"看看维特鲁威（Vitruvius）所著的《建筑十书》(De architectura)，那是建筑师的《圣经》。写作这本书的时间比欧几里得《几何原本》的诞生晚了300年。"塔勒布写道，"里面几乎没提到几何学知识，当然也没提到欧几里得。书里大多是经验之谈，好像师父给徒弟的指导……尽管没有我们现在的方程式，当时的建筑师们也能估算出材料的耐久度——所以很多古建筑屹立至今。"

这些例子不是为了证明理论知识毫无价值，恰恰相反，即使对最讲究实际的人来说，理论框架也至关重要。在很多情况下，新理论都引领了技术的重大突破（比如脱胎于相对论的原子弹）。

问题在于速度。理论需要得到反馈才能更新，就像我们在第 3 章中所见，科学也要从失败中学习。但如果理论失败了，就像联合利华公司的数学家没能设计出理想的喷嘴，这时需要一定时间才能再创建一个崭新的、严密的理论。但是，要获得实践经验，你只需调整一下喷嘴的大小就行了。在发现实际问题后，不管是修补还是改良，都可以很快进行。理论的飞跃虽然成就更大，但毕竟不会经常发生。

说到底，技术进步是通过科学理论和实用知识之间复杂的相互作用产生的。这两者互相促进,共同发展。①然而,我们常常会忽略麻烦、复杂、自下而上的变化。因为用居高临下的眼光看世界比较容易。我们更愿意站在高处理解世界,而不是从低处去发现它。

在人工智能的发展史上也能看到这种现象。1997年,国际象棋大师加里·卡斯帕罗夫在被称为"机器的胜利"的那次著名比赛中输给了电脑"深蓝",引发舆论哗然。当时流行着一种说法:"电脑已经比人脑强了!"

而事实上,真正令人吃惊的是卡斯帕罗夫差点儿就赢了。人类每秒只能考虑大约三步棋;"深蓝"每秒能考虑两亿种走法。设计这个电脑的目的是对各种可能性做深入了解。但重要的是,由于排列与组合的数字过于庞大(国际象棋以复杂多变著称),即使电脑也无法考虑到每种可能的走法。除此之外,虽然人们已经向"深蓝"的程序中灌输了很多国际象棋知识,但它仍然无法在下棋时从自身的失误中吸取教训。

这给了卡斯帕罗夫机会,因为他有电脑所缺少的东西:在错误中建立的实用知识。他仅仅通过观察棋盘上的棋子分布,就能借助丰富的经验判断当前的局势,立即选择下一步走法。这种实践经验几乎让他走向了胜利,可惜他在计算能力上实在难以与电脑抗衡。最终,"深蓝"仅以3.5比2.5的优势赢得了系列赛。

然而,人工智能从那时起已经有了很大进步。当下最流行的技术

---

① 哲学家弗朗西斯·培根早在17世纪就发现了这种动态的相互作用。他在《新工具》(*Novum Organum*)一书中写道:"实在讲来,除非把自然哲学贯彻并应用到个别科学上去,又把个别科学再带回到自然哲学上来,那就请人们不必期待在科学当中,特别是在实用的一部分科学当中,会有多大进步。"

叫"即时差分学习法"。程序员设计了一个名叫"TD-Gammon"的西洋双陆棋软件。他们并未预先向这个软件中写入任何双陆棋知识，也没有赋予它任何深度搜索能力。这种软件能做的只是下出一步棋，预测对手接下来会怎么走，并观察实际情况与预期相差多远。这样能让软件在未来的棋局中改进自己的预判能力。

TD-Gammon 本质上是一个试错程序。程序员让它日夜不停地与自己下棋，增长实战经验。而当这个软件终于开始与人类对弈时，世界冠军也败在了它的手下。懂得从错误中学习的程序非常复杂，但这个软件最强的地方在于它不用睡觉，可以不停地练习。

换句话说，它有机会利用更多的失败。

叙述谬误

我们接下来将看到这种方法在实际应用中的意义，并研究如何在企业团队以及我们的生活中利用这种进化过程。但在此之前，我们得先解决一个问题：如果这种方法真的这么划算，我们岂不是显然应该对自己的设想进行测试？为什么还有很多企业家、政客或者运动团体没有采取这种做法？

原因在于，有一种思维在阻碍我们对设想进行测试，成为阻止我们利用进化过程的绊脚石。这种思维说来简单，但其结果却影响深远——我们总是把世界想得太简单。既然世界很简单，为什么还要费力去做什么测试呢？既然我们已经掌握了正确答案，为什么还要去质疑它呢？

这种低估周遭世界复杂性的行为已经是如今人类心理学的一个被深入研究的对象，它可以用一个被称为"叙述谬误"（narrative

第 7 章 喷嘴悖论　159

fallacy）的概念来解释。这个概念是由哲学家纳西姆·尼古拉斯·塔勒布提出的，诺贝尔经济学奖获得者丹尼尔·卡内曼对其做了深入研究。它指的是我们在事件发生后编造故事来描述自己所见的行为。

当一位经济学家在晚间新闻上出镜，分析市场白天朝某个方向运行的原因时，你就知道，此时叙述谬误开始起作用了。这种时候，经济学家的论点常常无懈可击，简单直接，容易理解。但问题来了：如果市场运行规律这么简单，这位经济学家能否预测未来的情况呢？他为什么总放马后炮，当事后诸葛亮呢？

另一个叙述谬误的例子来自体育记者。2007年12月，意大利人法比奥·卡佩罗成了英格兰足球队的主教练。他以严厉的执教风格著称。他规定球员必须提前5分钟参加会议，严格控制手机的使用，甚至禁止餐厅供应番茄酱。这种行为被心理学家称为"显著性"行为。而在赛场上，这样做的效果一开始非常好。

就像晚间新闻上的经济学家一样，足球记者们也开始用简单又富有说服力的故事来解释英格兰队出色的战绩了：这都要归功于卡佩罗的铁腕手段。大家对他的执教方式顶礼膜拜。终于来了一个敢踢球员屁股的教练！终于有人好好管管这帮懒鬼了！一份报纸甚至用了"大老板！"做标题。

然而，在世界杯这一最重要的赛事上，英格兰队却折戟沉沙。他们勉强通过了小组赛，随后就被德国队以4∶1的大比分淘汰。舆论几乎立即调转了枪口：卡佩罗太严格了！他让比赛变得无趣！那个意大利人把我们的队员当成了孩子！很多足球记者甚至没有发现，他们在用同样的原因去解释相反的结果。

这就是叙述谬误的力量。我们太想给自己所见的事实找到规律，太想对现实做出解释，于是就用同样的原因去"解释"截然相反的事实，并对其中的矛盾之处视而不见。

事实上，英格兰队的战绩并非单单源于卡佩罗执教方式的显著性特征，而是受到多重因素的影响，这些因素在事先又是无法预测的。这就是这些体育记者在赛后对比赛分析得头头是道，在赛前预测时却比门外汉强不了多少的原因。丹尼尔·卡内曼写道：

> 我们不懈地尝试着理解世界，于是叙述谬误不可避免地出现了。人们发现，那些具有说服力的故事总是简单、具体而非抽象的。在这些故事中，人们愿意夸大天才、愚蠢、意志等因素的作用，而不愿将结果归因于运气。同时，人们还会把讲述的重点集中在少数几个重大事件，而不是那些不计其数的未发生事件上。任何最近发生的大事件都可能在此类故事中被用作论据。

但在现实中这意味着什么呢？如果我们把世界看得太简单，就会产生一种期望：我们了解世界的方法无须经过检验或学习。叙述谬误会让我们更倾向于居高临下，而不是自下而上地看问题。我们会相信自己的直觉、现有的知识以及面对问题时给自己讲的故事，而不是去检验我们的设想、发现其中的缺陷并从中学习。

这种倾向改变了企业团队与体制的心理动力。如我们所见，对很多人来说，要承认自身的失败是非常困难的，因此也就无法从中吸取教训。我们已经研究过认知失调，这种情绪可以严重到让我们去粉饰、遮掩甚至故意抹消自己的错误。

再来看联合利华的生物学家。他们没有把不合格的喷嘴当成失败，而是当成了学习过程中的重要部分，所有不合格的设计都被视为累进选择策略的关键点，而非判断失误的证明。他们事先就预见到自己将面对很多次失败，因此并不会感到灰心。

但如果误以为世界很简单，我们就不愿对策略和设想进行检验，并会在这些想法受到他人质疑或是数据挑战时变得怒气冲冲。毕竟，如果这个世界真的那么简单，就只有笨蛋才会出错了。

想一想航空业和医疗业的不同。在航空业界，人们对复杂性怀着深深的尊重。飞行员和业内专家知道，他们并不完全了解自己面对的世界，也永远不可能完全了解它。航空这件事太复杂，人类的能力又有限，这两者之间的不对等导致了一种不可避免的后果，那就是空难事故的发生。

这种思维模式就减少了认知失调的产生，增强了用模拟器等方法来检验设想的意愿。同时，这样想还能让人们在汇报问题时感到"安全"。整个体制的意义在于预防事故，在于尽一切可能去阻止错误的发生。但同时人们又清楚，在某种意义上，事故的发生是"正常"的。

医疗业界的情况就大不相同了。事故不会被视为复杂问题不可避免的结果，而会被当成犯错者能力不足的证明。那些声誉崇高、被认为不会犯错的资深医生尤其会受到这种观念的影响。在医疗业界，问题很难被上报，因为涉及人们的自尊。这样的后果很简单：整个医疗体制得不到发展。

现在，让我们带着这些发现去观察现实世界，特别是高速发展的高科技工业。

精益创业模式

德鲁·休斯顿感到灰心丧气。他是一名来自马萨诸塞州的年轻程序员。他想出了一个好点子——一个在线文件共享与储存服务，可以无缝上传文件，并在所有的电脑和设备上复制文件。

休斯顿是在从波士顿到纽约的巴士上想出这个创意的。当时他打开笔记本电脑准备工作，却发现忘记带 U 盘了。没有 U 盘，他就无法开展工作。"我当时想做很多事情。我翻遍了身上的口袋，发现没带 U 盘。"他说，"当时我就想：'我再也不想遇到这样的问题了。'"

他对自己的健忘感到很生气，于是开始写一个程序，有了这个程序，以后就不再需要使用 U 盘了。这时他突然意识到，人人都需要这种程序。"这不是我一个人的问题，每个人都会遇到这种问题。要把这个程序做成产品，说不定真能大卖。"他说。

休斯顿访问了很多家风险投资公司，但对方都提出了同一个问题：文件存储与共享市场已经接近饱和。休斯顿解释说，现有的 U 盘替代品很少有人问津，因为使用起来既麻烦又费时间。他说，一个更简单化的产品会大不同。但是没人买他的账。

"要获取第一轮投资是个挑战，因为投资者会说：'现在有上百家存储设备公司，为什么还要新建一家呢？'我会回答说：'是的，这种公司是有很多，但你会用它们的产品吗？'他们总是回答说：'不，我们不用。'"

休斯顿很聪明，他知道不能保证自己的产品会取得成功。要预测消费者是否会购买一件产品是很难的。但他也很有自信，想试一把。然而一年之后，休斯顿怀疑自己到底还能不能得到机会。他已经快绝望了。

现在让我们先不去管休斯顿，去看看另两位高科技行业的企业家——安德烈·瓦尼尔（Andre Vanier）和麦克·斯莱默（Mike Slemmer）。这两个人要解决的是另一个问题。他们有个创意，是个免费的在线信息服务软件，名叫"1-800-411-SAVE"。与休斯顿不同，他们有资金来开发这个软件，但他们在如何编写程序这点上产生了巨大的分歧。作家彼得·西姆斯（Peter Sims）在《小赌注》（Little Bets）一书中记载了这件事。

瓦尼尔曾是麦肯锡公司的顾问，他认为应该在办公室里多花些时间把软件做得尽善尽美，这样软件就能够为数以百万计的用户提供支持。他相信自己公司员工的能力，认为只要获得足够的时间，他们就能写出没有漏洞的高效软件。这是一种传统的发展观念，强调的是严格的、自上而下的计划。

斯莱默的想法与此不同。他此前已经创建过两家科技公司，发现了一个深刻的问题：第一次就写出完美的代码是不可能的。只有在人们开始使用软件后，程序员才会发现此前没有意料到的漏洞和缺陷。必须将软件发布，接受检测，出现错误，才能让它进步。斯莱默问瓦尼尔：你为什么要在没有用户参与的情况下就想去解决所有问题呢？

斯莱默与瓦尼尔的辩论就好像联合利华公司的生物学家和数学家之间的分歧（基利关于进步的观点和认为只有理论才能指导进步的观点之间的分歧也一样），都是自上而下和自下而上两种思路的碰撞。瓦尼尔希望通过设计规划来保证一切完美，斯莱默则希望在开始就进行测试，并在接受消费者反馈的同时不断重复测试，直到产生新的想法。他要对自己的设想进行检验。

斯莱默赢得了那场辩论。公司在研发初始阶段就发布了软件，并发现了很多在准备阶段不可避免的缺陷。随着用户数量的增加，他们的设计思路也随之不断更新。结果，他们不得不重写了很大一部分代码，最终的产品成了全行业最复杂的软件。

"虽然他们的竞争对手是更大的公司，资源也更丰富……但他们始终是最先开发出新功能和新服务的，比如行车路线和集成网络电话优惠服务等。"彼得·西姆斯写道。他一直密切关注这家公司的发展。"瓦尼尔曾说过，如果他能在竞争对手推出一项功能的时间里推出十项功能，他就有了十倍的经验，就会发现消费者能接受什么，不能接受什么。"

这个例子说明了"完美主义"的危险：不能在一开始就试图做到面面俱到。硅谷的天才计算机科学家里克的故事会更好地说明这个问题。

里克有个创意：创造一项网络服务，让人们能在网上发布简短的文章。他在博客出现之前就有了这个想法。他感觉到了这个创意背后潜在的商机，于是每天花 15 个小时来建设它。很快，他就开发出了一个雏形。但他并未让消费者试用这项服务，去发掘它的不足并加以改进。他想开发一种更高级的编程语言，让软件运行更有效率，于是又花了整整 4 年去设计新语言，结果完全失败了。心理学家瑞安·巴比诺（Ryan Babineaux）和约翰·克伦博尔特（John Krumboltz）写道：

> 在那 4 年里，他在技术细节中越陷越深，忘了自己的初衷。同时，其他企业家开始搭建博客平台。这些博客服务既不完美也不先进。不同之处在于，他们把充满缺陷的产品推向了世界，让人们去尝试。通过这种做法，他们收到了关键的信息回馈，改进了软件，赚得盆满钵满。

对完美的渴望带来了思维上的两个误区。第一个是以为自己能够闭门造车，在象牙塔里单凭思考就能找到最佳的解决方案，而不是投身于现实世界，检验自己的猜想，从而找到其中的缺陷。这个问题是对自上而下的思考方式的过分依赖造成的。

第二个误区是对失败的恐惧。此前我们已经见到，很多人在失败后选择了忽视或掩盖错误。完美主义更加极端。你花了大量时间去设计和策划，决不允许自己失败，直到太晚才发现这是不可能的。这是个预设的闭路循环行为。你太害怕搞砸，干脆不敢上场。

大卫·贝尔斯（David Bayles）和特德·奥兰德（Ted Orland）在《艺术与恐惧》（Art and Fear）一书中讲述了这样一个故事：一位陶艺教师在课程开始时宣布把学生分为两组。对一组学生，教师将以数量为标准评分。老师告诉他们，在期末考试时，他会称量这些学生做的陶罐。如果陶罐重量超过 22 千克就能得 A，超过 18 千克得 B，以此类推。而对另一组学生，教师将以质量为标准评分。他们只需要交出一个最完美的陶罐就可以了。

这样做的结果是惊人的：质量最好的陶罐都是以数量为标准的那组学生的作品。贝尔斯和奥兰德写道："当'数量组'忙着大量生产陶器并从错误中学习时，'质量组'就坐在那里，想着怎么能做出完美的成品。到最后，'质量组'什么也没有，除了宏大的设想和一摊烂泥。"

在政界也能看到这种现象。比如，政治家们提出一项关于"穿校服是否有助于培养纪律性"的研究（往往接近空谈）后，会与心理学家进行探讨，并在高级会议上就此展开辩论。这一切复杂的努力其实是在浪费时间，他们最后得到的也只是一摊烂泥。他们应该进行一次测试，看看理论是否行得通。他们会面对更多失败，但正因如此，他们也会学到更多东西。

心理学家巴比诺和克伦博尔特对完美主义者提出了一项建议。默念下面这些箴言："我想成为音乐家，就必须先演奏很多首难听的曲子。""我想成为网球大师，就必须先输掉很多比赛。""我想成为以建造节能极简主义建筑闻名的建筑大师，就必须先设计一些效率低下、复杂笨重的建筑。"

"尽早开始试错"这一做法代表了高科技革命带来的最简洁、最优雅的理念：精益创业。要阐述这一概念需要很多术语，但其根源是简单的：测试与改进的价值。高科技行业的企业家通常具有极高的智商，他们在睡觉时都能解数学题。精益创业的理念迫使他们把这份天赋用在从失败中发现问题上。

这种理念是怎么工作的呢？技术人员不会从零开始设计产品，而是先做出一个"最小化可行产品"（minimum viable product），即MVP。它指的是一个最初形态下的产品，与设想中的最终完成品有很多相同功能，以供早期用户测试使用。所谓早期用户，指的是那些产品一问世就去购买，并可以对身边人产生影响的消费者。

这种理念解决了两个关键的问题。第一个问题就是最根本的：人们为什么要买我们的产品？如果MVP具有最终产品的基本功能，但早期用户对其不感兴趣，那整个产品计划差不多就可以放弃了。如果失败发生在早期，企业就能节省大量的时间和金钱。

但如果MVP看起来能有市场，企业就能发现它在哪些方面还能加强。这就是精益创业理念要解决的第二个问题。企业能发现消费者喜欢哪些功能，不喜欢哪些功能，也能发现设计中的缺陷，并在制造最终产品的过程中不断加以改进。换句话说，这是把进化过程植入了产品的设计中。

讲到这里,我们可以回头看看德鲁·休斯顿了。你可能还记得,他的困难在于无法筹到启动资金,实现关于文件共享的创意。投资者对他的创意没有信心。

更糟糕的是,休斯顿连一个能运行的初期产品也做不出来。这个软件的价值就在于它能无缝结合多种平台与操作系统,但要实现这一点,即使是最简单的设计也需要深刻了解各种系统,并付出大量劳动。

休斯顿想出了一个办法。他意识到,他的 MVP 其实不需要真的能运行,只要能展示理想产品的关键功能就行了。能做到这一点,就能证明消费者是否愿意购买产品,然后就可以开始试错的过程了。

于是,休斯顿制作了一段视频,展示了产品的工作状况。实际上,他还没有制作软件,连代码也没写,但他的 MVP 不需要这些。说到底,人们是如何决定要不要买某个软件的呢?大多是根据其他软件使用者的推荐,然后再亲眼看看这个软件能做什么。休斯顿在那段视频里展示的正是这些。

拥有一家科技公司的作家埃里克·莱斯(Eric Ries)讲述了接下来的故事:

那段视频平淡无奇,只是用 3 分钟展示了那项技术的工作状况,但它针对的是早期用户群体。德鲁亲自为视频做解说,观众一边听着讲解一边看着屏幕。他在描述可以同步的文件时,观众就看着他用鼠标操纵电脑。当然,如果观众看得够认真,就会发现那些文件里都是早期用户能会心一笑的小笑话。

这样做的效果十分惊人。"那段视频为网站吸引了数十万观众。"休斯顿说，"测试版用户申请数量在一夜之间从 5000 人增长到 75000 人。我们都惊呆了。"

休斯顿成功地证明了这种产品有市场，这让他能募集到资金，充满自信地继续开发这种产品。同时，也让他能与早期用户互动，增长实用知识，进一步完善产品。这就是精益创业的价值。

另一位科技行业的企业家尼克·斯温莫恩（Nick Swinmurn）创造了一个完全不同的 MVP。他认为人们需要一家专门销售时尚鞋履的网站。要建立这样一个网站，传统方式是先募集上百万美元的资金，然后建立一个庞大的产品目录，再和各大生产商发展合作关系。这是从零开始计划创建整个公司的步骤。换句话说，是自上而下的方式。

斯温莫恩没有这样做。他频繁出入各类鞋店，询问店家自己能否给店里的商品拍照。作为允许他拍照并发布到网络上的回报，斯温莫恩承诺一旦有顾客表达出购买意向，他就会回到店里以原价购买商品。通过这种做法，斯温莫恩验证了所谓的价值假设：消费者愿意上网买鞋吗？事实证明，他们愿意。

同时，他也发现了很多其他问题。通过与消费者的交流，他学到了很多自己根本没有想到的东西。他得处理退货、投诉等问题，还得接受网上支付的方式。"这与市场调研有本质上的不同。"莱斯写道，"如果斯温莫恩依赖已有的市场调研方式，或者进行问卷调查，他也只能问问消费者们的想法而已。但通过创造一个产品，尽管是个简单的产品，他的公司学到了更多的东西。"

2009 年，斯温莫恩把他的公司 Zappos 卖给了亚马逊，得到了 12 亿美元。

史蒂夫·乔布斯常被看作富有远见卓识的榜样人物。他对反馈或重复的东西不感兴趣，只想改变世界。在第 10 章中，我们会看到伟大的创造性飞跃是如何产生的。但同时需要注意的是，在面临战略决策时，乔布斯往往会采用强力方式对反馈信息加以利用。

21 世纪初，乔布斯将苹果推向零售店。但他没有一口气买下很多店铺，想要一炮打响，而是买下了一间商店，开始检验自己和手下销售专家们的灵感与决定是否正确。第一次尝试失败了。吉姆·柯林斯（Jim Collins）在其著作《选择卓越》（Great by Choice）中记录了这段往事。"我们当时想的是：'上帝啊，我们完蛋了！'"乔布斯说。

乔布斯和销售主管罗恩·约翰逊一起重新设计思路并进行了测试。接下来，他们在弗吉尼亚和洛杉矶开了两家店，进行进一步测试。他们在从直接反馈与失败中吸取教训后才开始大力发展，直到把店铺开遍全国。

在创新型企业中，精益创业的例子比比皆是。多元化科技企业 3M 公司在创建初期主要依靠产品开发团队寻找新创意。这些人开会讨论、深思熟虑，并在开发出完成品之后展示给终端用户，观察用户的反应。这看起来是种理性的生产方式，但实在太慢了。

20 世纪 90 年代中期，他们改变了策略，开始让早期用户直接参与到设计过程中来。他们请这些用户试用原型产品，并观察试用过程，记录下用户的好恶。这种方法让 3M 公司能反复验证自己的设想。

随后，3M 公司对上述两种方式进行比较，结果十分明显。彼得·西姆斯在书中写道："2002 年发表的一项研究结果发现，采取用户策略去发现并改进创意的方法在 5 年内创造了 1.46 亿美元的产值。这比采取传统方式、关起门来寻求创意的方法带来的产值高出 8 倍。"

在商业中，这种"以失败为基础"的经营方式正逐渐增多，上面仅是其中两个例子。其中一些方式无疑比其他方式更有效，所有方式都能从更多的测试中获益（拥有试错机制的系统本身就能从这种机制中获益），但不应该把这种方式应用在错误的环境中。

这些经营方式在很大程度上促进了很多最具创意的产品问世。对这些方式来说，最关键的一点在于它们对"自上而下"压倒"自下而上"这种传统误区形成了有力的回击。

本章开始时我们提到的企业家德鲁·休斯顿在获得成功的同时也学到了心理学中的宝贵一课。要想利用失败的力量，必须充满韧性，胸怀开放。换句话说，你在准备好正确方式的同时，还要有正确的心态。如果总是逃避错误，你将一事无成。"那种感觉非常可怕。"休斯顿说，"昨天你还得意扬扬……今天软件就出了大问题，网站崩溃了，你紧张得猛抓自己的头发……你猜怎么着：我到现在还是这样。"

2014年，休斯顿的公司估价超过100亿美元。这家公司就是Dropbox。

平衡计划与变化

亨利商学院教授、专门研究复杂性问题的思想家大卫·莱恩（David Lane）提出了一个能很好地总结以上见解的比喻。他表示，当今的问题是我们习惯遵循"弹道模型"来追求成功，即一旦确定了某个标靶（建立一个新网站、设计一个新产品、改革一项政策），你就会去设计一个聪明的策略，想要命中靶心。

你会造出一支完美的步枪。然后，你会建立一个模型，测算风速和重力对子弹的影响。你精心计算，保证策略万无一失。然后，你调整枪口的角度，扣下扳机，看着子弹向目标飞去。

这个方法存在两个问题：首先，真实世界里不只有风和重力，情况要复杂得多，变量和相互影响的因素是无穷无尽的。比如，有人提出一项政策：通过降低香烟中焦油和尼古丁的含量来减少吸烟带来的危险。这在理论上听起来很不错，如果有个聪明的市场营销方案来配合就更好了。这似乎是个设计完美的弹道策略，可以命中公众健康这个重要的目标。

但这项政策在真正实施时失败了。吸烟者为了补偿尼古丁降低带来的不适，反而加大了吸烟量，每一口烟也吸得更深更长了，结果他们吸入的致癌物和一氧化碳反而更多了。这就是由人组成的系统中常出现的问题：会产生计划之外的结果。

这也是很难自上而下推行一项有效策略的原因。第二个问题更加严重：等你生产出了步枪，还没等开枪，就发现标靶已经不在原处了。这就是这个频繁变化的世界存在的问题。想想有多少信息技术产品还没问世就已经落伍了。这种变化的速度只会越来越快。

我们该怎么做呢？莱恩教授提出了一种截然不同的成功概念：导弹法。当然，你想设计一支步枪，瞄准目标。你想建立一个模型来测算各种已知因素，比如风速和重力的影响。但是，你扣下扳机之后要如何应变，也是很关键的。

一旦子弹离开枪口，进入真实世界，你就会开始发现计划的漏洞。你会发现，风速比你预计的要快，还下起了雨，同时还有许多其他未知的变量，这些变量在互相影响的同时又作用于子弹本身，而这一切你都无法预测。

关键在于要调整子弹的飞行路线，把新的信息整合到现有的弹道中去。成功不仅在于事前的计划，也在于事后的改进。你越是对失败（偏离目标）有所察觉，就越能调整子弹的轨迹，让它走到正确的路径上来。当然，这就是航空业、生物进化以及市场成功的秘诀所在。

以上论证都说明了"自上而下"和"自下而上"两种思路需要被平衡采用。如果一开始的计划就是无望的，子弹从枪口直接掉向地面，那再好的后期调整也没有什么用。同样，如果你只是依赖计划，不管这个计划有多精巧，最终也是放空枪。只有把握好事前计划与事后调整之间的平衡，你才能命中目标。这样做，就把我们已经具备的知识和将要学到的知识融合了起来。

莱恩教授指出，在未来，成功将不仅源于智慧与天赋，这些的确很重要，但永远不能取代另一个重要的因素，那就是发现策略中的问题并加以改进。

能够培养各种知识的体制和团队将占据主导地位，这种观念已经被高科技行业普遍认可。但其他各行业，除了少部分例外，人们却在有意抗拒这种观念。

我们再看一下联合利华公司的经历：他们在 449 次失败后才取得了成功。你所在的公司、学校或者政府机构有没有坦然面对过如此频繁的失败呢？如果没有的话，就说明你可能偏离目标了。

对此感到懊丧是毫无意义的。因为个人感情而固守成见是思想僵化的表现。伟大的英国经济学家约翰·凯恩斯曾说过："如果得到的信息发生变化，我就会修改我的结论。先生，您会怎么做呢？"

从测试中学习

在结束这一章之前，我们来看最后一个例子，它揭示了重叙述而轻测试的危险。这个例子之所以有力,是因为它证明了依赖自上而下的思维模式有时会付出生命的代价。

这个例子与非洲之灾——艾滋病有关。这种疾病有很多种预防和治疗方法,看上去都很有效。所有这些方法似乎都能缓解这个迫在眉睫(并且常常致命)的问题。但哪种效果最好呢?自上而下的判断是这样的:

- 选项1:手术摘除卡波西肉瘤(这是艾滋病的典型症状)
- 选项2:对感染者体内的病毒采取逆转录疗法
- 选项3:预防怀孕阶段的母婴传播
- 选项4:发放避孕套,预防性传播
- 选项5:对性工作者等高危人群进行相关教育

听起来都是好办法,不是吗?可以想见,每种办法都有慈善机构支持,有自己的网站、大量资料、该方法受益者们的感言以及推广用的视频。这是大部分慈善机构运作的方式。在此基础上,你大概会把资金捐赠给最具说服力的机构。在缺乏数据的情况下,我们也只能以这些话语为判断标准了。

但这也正是我们需要进行测试来质疑我们的直觉的原因。叙述谬误通常就建立在这种直觉之上。一旦进行了正确的测试,我们就会发现,这些看上去都很好的选项,其结果竟然有着天壤之别。一些选项比其他选项效果好出不止一两倍,也不止十倍八倍。从成本效益的角度来看,上面的选项中,最好的效果比最差的要强1400倍之多。

在图7-2中,对卡波西肉瘤进行治疗的效果如此微小,甚至无法体现。

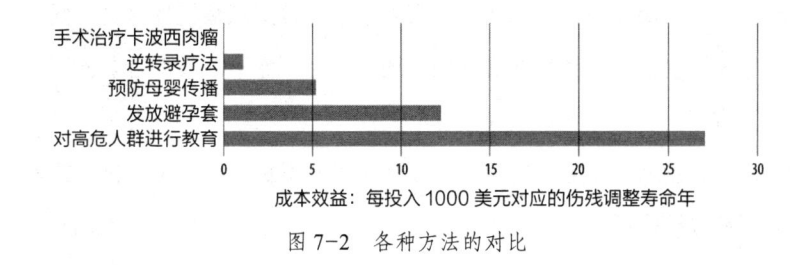

```
手术治疗卡波西肉瘤
        逆转录疗法
      预防母婴传播
        发放避孕套
  对高危人群进行教育
```

成本效益：每投入1000美元对应的伤残调整寿命年

图7-2　各种方法的对比

正因如此，一些最有影响力的活动人士表示，慈善业最重要的问题不是要募集多少资金，而是应该进行试验，明确解决问题的最佳方式并加强学习。与其相信别人的叙述，不如去使用进化机制的力量。

"如果忽视对有效性的研究，健康预算潜在价值的损失不是10%或20%，而很可能是99%。"牛津大学的哲学家托比·沃德（Toby Ord）表示，"在现实中，如果分不清慈善工作的主次，可能会有成千上万，甚至数百万人白白丧命，还会有同样多的人病魔缠身，无法得到治疗。"

不仅捐赠者对不同方法的有效性不甚明了，连很多慈善机构也对此一无所知。获救者的故事，获益者的证言，这些充满叙述谬误的话语不但对捐赠者具有说服力，对慈善机构的管理者也是一样。是啊，如果能与那些被拯救了的人们见面倾谈，谁还会去收集数据呢？

但是，既然存在其他办法，可以拯救更多生命，造福更多人——有时甚至是百倍千倍的患者，那么我们仅仅相信亲眼所见的证据是不够的。只有通过测试，我们才能得到反馈信息，推动进步。对慈善事业来说，这意味着拯救生命。

在慈善花费的问题上，一个讽刺的事实是，很多捐献者愿意去查看的数据却会削弱证据的力量。这个数据就是所谓的费用比率，即管

第7章　喷嘴悖论　175

理费用与实际慈善支出的比值。很多捐献者希望慈善机构尽量降低这一比率。他们想把钱花在真正需要的人身上,而不是给那些办公室里的雇员。

但是收集证据的工作应该用管理费用而不是治疗费用支付,这意味着慈善机构更难进行测试了。沃德写道:"你也许会以为慈善机构应该知道哪种处理方式更有效。但其实他们往往并不知道,原因之一就是他们无法进行充分的项目评估,因为要控制费用比率。另外,他们也常常意识不到这些数据的重要性。"

沃德建立了一家机构,呼吁人们捐出毕生收入的10%用于慈善事业,但只能捐给那些已经获得过成功的机构。"我们对什么方式更有效的直觉往往是错的。"他说,"如果要严肃对待救死扶伤的问题,就必须进行测试,并从中学习。"

第 8 章　恐吓从善

监狱之行

1978年春天一个凉爽的早晨，17名来自新泽西州和纽约市的少年坐车来到拉威州立监狱，这里是北美洲最为恶名昭彰的监狱之一。沿着铺满碎石的小路走向令人望而生畏的牢房时，这些孩子还在说着笑话，咯咯傻笑。他们目中无人，大摇大摆。

这些孩子中有14名男孩和3名女孩，他们来自不同的种族，年龄在15岁到17岁之间。他们有一个共同点：全都犯了法。17岁的非裔特伦斯是个偷车贼，16岁的漂亮白人女孩洛瑞脸上洋溢着开朗的笑容，耳朵上戴着大大的耳环，却是一名小偷和毒贩。安吉洛，那个留着一头乱发和稀疏胡须的男孩，曾在自家附近抢劫商店。

当时，美国有近一半的严重罪行都是由10岁到17岁的青少年犯下的。据报告，被逮捕的入室抢劫犯中有54%是青少年，偷车贼中青少年占了53%，强奸犯中青少年的比例也在升高。直到走进监狱大门还在说笑的这17名少年并非特例，他们代表了美国正面临的一个广泛的社会问题。

他们的拉威监狱之行是"恐吓从善"项目的一部分，这个项目旨在减少犯罪数量。官方希望让这些孩子们见识一下监狱生活，看看在最高警戒下被严加看管是什么滋味，他们会感到震惊，至少能被迫改变一下行为方式。这一项目的概念是由犯人提出的，已经运行了两年。

当然，这些孩子们不吃这一套。没有什么能吓得他们不敢盗窃或抢劫。他们横行霸道，不会被任何人吓倒，尤其是这些监狱里的囚犯。一名少年耸耸肩说："我不怕他们。"洛瑞则笑道："我觉得进来看看这些家伙挺好的。"

然而，在通过监狱大门的金属探测器时，这些孩子第一次感到了恐惧。"脸朝墙排队站好！"一名狱警喊道，"如果你们觉得这是一次观光，那你们就错了。从你们踏进大门的那一刻起，带你们过来的人就不再对你们有管辖权了。现在你们在我们的手上。我们让你们干什么你们就得干什么。头一件事就是把烟给我掐了！把口香糖吐了！把帽子摘了！"

他们没想到会是这样的。他们被勒令排成一队走进主狱区，一扇铁门在他们身后重重关闭。现在，他们已经身在高度警戒的监狱深处。罪犯们从二层俯视着他们。一个浑身肌肉的黑人喊道："那个小杂种长得不赖啊，穿黄衣服那个！"另一个罪犯威胁道："等你进来，就是我的人了！"孩子们望向狱警，希望他们能有所反应，但狱警对此视若无睹。他们越来越害怕了。

随后，他们被带着走过一个被称为"洞穴"的牢区，这里都是被关禁闭的囚犯。在这里，囚犯使用的言语过于下流，已经无法写出。孩子们感到六神无主，没人再摆出不可一世的样子了，他们的脸上清楚地写着困惑与恐惧，而这时距离他们进入监狱还不足 30 分钟。

在接下来的两小时里，他们和 20 名长期徒刑犯一起被锁在一间小屋里。这些囚犯至少被判25年徒刑，刑期加在一起接近1000年。这时，教育才真正开始。囚犯们依次起身，告诉孩子们如果他们进了拉威监狱，将会面临怎样的日子。

"你们中有两个人我最不喜欢。"一名被判终身监禁的杀人犯指着孩子们嚷道，"我不喜欢你，也不喜欢你。再对我笑一次，我就把你的牙都打掉。明白吗？我今天才从'洞穴'里出来。我要把你的牙都打掉。"

来到拉威监狱时，这些孩子们懵懵懂懂地以为这是一次轻松的行程，他们觉得自己会像一阵风似的来去自如。他们觉得自己天不怕地不怕。但在听这些囚犯讲话的过程中，他们的天真被彻底羞辱了。另一名囚犯说：

我们饥渴难耐的时候，你们觉得我们会找上谁？猜猜吧……我们会找那些年轻的蠢货，就像你们一样。我在这儿已经关了10年了，早晚得死在这个臭水沟里。如果他们现在把这三个小贱货交给我，我会马上像只袋鼠一样跳上去，抱住一个年轻漂亮的……

有那么一天，你躺在毯子上，满脑子想的都是那10米高的围墙，想着你的女朋友在谁身边。这时候，三个人会溜进你的牢房，把你卷进毯子里。我不管你觉得自己有多横或者多壮，他们会把你一脚踢到床边，然后强奸你。

现在没有孩子敢说话了。其中一两个还哭了。囚犯们这样说并不是在发泄脾气，而是在对孩子们发出警告，告诫他们尽早改过自新。

这样做的目的是对下一代罪犯进行威慑。这些囚犯不想让孩子犯下与他们相同的错误。

"我们这么做不会得到回报。"囚犯们告诉孩子,"没有奖赏,没有福利,什么都没有。我们做这件事只是因为我们想做,因为我们可以帮助你们。"另一名囚犯说:"我在这儿已经 7 年了。我每一天都在后悔……你们有最好的机会(避免坐牢)……如果不抓住这个机会,你们就是一帮蠢货。"

孩子们在拉威监狱里待了 3 个小时,但感觉上就像 3 天。他们见到了监狱的真实模样,下决心不会再回来了。犯罪不再是一种张扬个性的行为,而是一个让人走向绝望的游戏。在回程路上,孩子们一言不发。司机甚至要停下车来,让一个男孩下车呕吐。

"我被吓坏了,我可不想去那种地方了。"戴着大耳环的女孩洛瑞说,"我快被吓尿了,我一点也不喜欢那样。"

"我想那改变了我的一生。"另一个孩子瞪大了眼睛说,"我是说,我得改改(犯罪)这毛病了。全都改掉,如果可能的话……我会拼命努力的。"还有人说想去上大学,只要不去监狱,怎么都行。

纪录片导演阿诺德·夏皮罗(Arnold Shapiro)拍下了这次监狱之行。这部影片随后在洛杉矶 KTLA 电视台播出,由《神探可伦坡》(Columbo)的主演彼得·福克(Peter Falk)担任解说。可怕的监狱生活和"恐吓从善"项目的出色效果令观众感到震惊。福克介绍道,在这 17 名少年中,有 16 人在 3 个月后仍然没有犯罪。同时,整个项目使得重复犯罪率有了很大程度的下降。福克说:

> 有超过 8000 名少年犯曾胆战心惊地坐在那些硬木长凳上。他

们头一次见识了犯罪和监狱的真实面目。这个独特的项目有着惊人的效果。据参与项目的社区报告，在来过拉威监狱的孩子中有80%~90%改过自新了。这是个了不起的成功故事，传统的教化方式不能与之相比。

政客们争先恐后地赞扬这个项目，报纸专栏也对此大书特书。社会评论家高度评价"恐吓从善"的方式。犯罪的孩子们成群结队地加入这个项目，直面自己恶行的后果。这就是学者们一直寻求的短期见效疗法，是像剃刀一样锋利的震慑措施。

1979年3月的第一周，夏皮罗的纪录片在200个大城市里播出。4月，这部电影获得了奥斯卡最佳纪录片奖。"恐吓从善"项目从美国被推广到加拿大、英国、澳大利亚和挪威。法官、管教官员与其他专家都证实这种方法确有效果。

数据看上去也很出色。新泽西州新布朗斯威克青少年法庭的法官乔治·尼古拉说："在看过这个项目以及相关数据后，我毫不怀疑……拉威州立监狱的青少年警示方案也许是全美国教化体系中最有效、成本最低的震慑方式。"

但是，事实证明，"恐吓从善"方式存在着一个相当大的问题：它根本没用。严格的测试表明，参观过监狱的孩子在未来犯罪的可能性更高，而非更低——我们随后会看到这一点。"恐吓从善"不如叫"恐吓从恶"更合适。这是一次不折不扣的失败，通过各种方式对孩子造成了伤害。

我们不禁要问：这怎么可能呢？数据明明显示这个项目很成功，怎么会又失败了呢？明明所有专家都高度赞扬这个项目，它为什么还会失败呢？要解答这些问题，我们需要研究过去200年间最重要的科学创新之一。这一创新将带领我们深入了解闭路循环现象，并教导我们如何克服这一难题。

它就是随机对照试验。

随机对照试验

闭路循环因人们掩盖错误的行为而得以长期存在，也因为人们粉饰错误而不是直面错误的态度而长盛不衰。此外，闭路循环之所以总有用武之地，还有第三个原因：对证据的歪曲性解读。

这就是放血疗法曾在历史上大行其道的原因。当时的医生们能得到看上去很清楚的反馈，能看到什么是有效的，什么是无效的。患者在经过治疗后要么活下来，要么死亡。证据就在那里，谁都能看见。

但要如何解读这些证据呢？正如我们所看到的，那些对盖伦等权威人物的智慧崇拜不已的医生们，对放血疗法的功效深信不疑。如果病人死了，那一定是因为病情太过严重，连放血疗法也无力回天。而如果病人活了下来，那更证实了这一疗法是多么有效。

想想看，当时世界上会有多少放血疗法的成功事例吧。病情危殆、奄奄一息的病人在接受放血疗法后痊愈了，这种患者的证言该有多强的说服力："我当时一只脚都踏进鬼门关了，医生给我放了血，现在我已经康复了！"

他们会在集市上对这种疗法大加宣扬。而那些接受放血疗法后还是死了的病人呢？反正他们也没法到处说什么了吧？他们的证言就这样消失了。

现在看看图8-1。

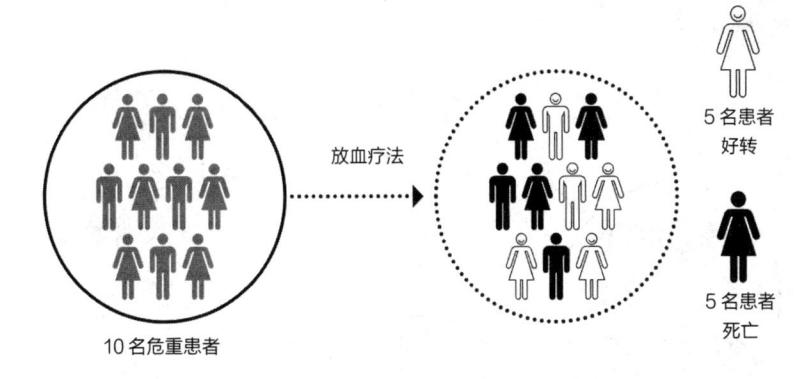

图 8-1 缺少对照组的放血疗法试验

在这个假设的例子中，一组慢性病患者接受了放血治疗，其中一些人康复了。这是证明疗法有效的"证据"。患者好转了，当然会感到高兴。

然而，医生和病人都没有意识到，如果没有进行放血治疗，会发生什么事。在试验中，这种假设常被形容为"反事实的"，指在日常的经历中可能发生的一切事情，但我们却无从知晓，因为我们做了其他的事。

如果我们没有结婚，就不会知道婚后会发生什么。如果我们选择了别的工作，就不会知道这份工作会给我们带来什么。我们可以去推测这些没有发生的事情，也可以进行合理的猜想，但我们无法确定。这看起来也许是个不值得讨论的现象，却有着深刻的含义。

现在再来看看图 8-2。患者被随机分成两组，一组接受放血疗法治疗，另一组（被称为对照组）则没有使用放血疗法。这种试验方法被称为"随机对照试验"。在医药学中，则被称为临床试验。我们可以在下面的图中看到，很多接受放血疗法的患者康复了，看上去很成功，反馈信息令人满意。

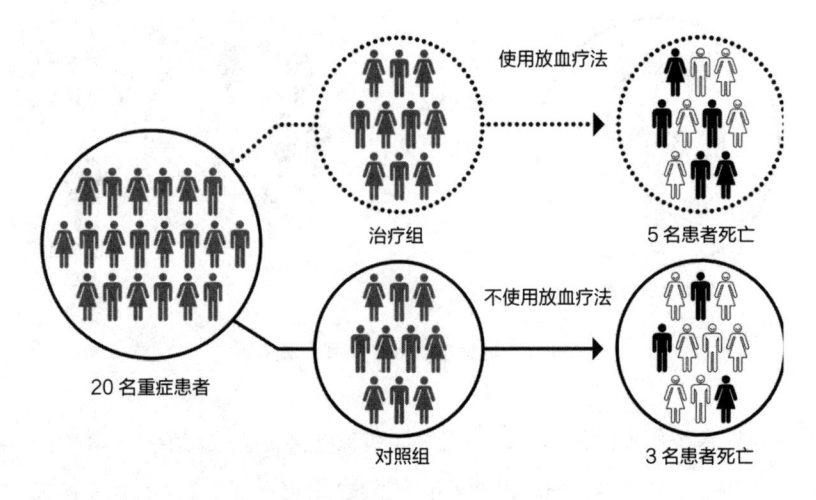

图 8-2 包括对照组的放血疗法试验

现在,再来看看没有接受放血治疗的这一组。相比治疗组,更多的人康复了。原因很简单:人体本身就有复原能力。即使不靠治疗,人体也能自然康复。事实上,通过对照这两组的情况,不难发现,放血疗法非但不像古代医生坚信的那样能治病救人,反而会危害人的生命。没有对照组的话,人们就不会发现这一事实。[1] 这也正是放血疗法直到 19 世纪还被认为是一种有效治疗方法的原因,正如我们在第 1 章中看到的那样。

目前,我们在这本书中已经分析了很多毋庸置疑的错误案例。飞机坠毁后,你会知道程序存在缺陷。DNA 证据证明有无辜者被定罪后,

---

[1] 随机分配(比如掷硬币决定)的重要性在于,在样本数量足够大的情况下,能保证两组样本的情况是相同的。唯一不同在于一组得到了治疗,而另一组没有。

你会知道审判或者调查工作中出了问题。最小化可行产品被早期用户拒绝后,你会知道最终产品也会失败。喷嘴被堵住了,你会知道得为此蒙受损失。这些案例让我们有机会分析最纯粹的失败。

在现实中,很多失败并没有这么简单。失败之上常常笼罩着模糊的迷雾。那些看上去成功的可能是失败,反过来也一样。这是进步道路上的又一难关。如果你连自己是不是失败了都不确定,又怎么能从失败中学到东西呢?或者用上一章的话来说,如果没有一个清晰的选择机制,又怎么能进化呢?

来看一个具体的例子。比如,你重新设计了公司的网站,之后公司的销售额有所上升,你也许会认为是新网站促进了销售,毕竟两者是先后发生的。但你要怎么确定呢?也许销售额上升与新网站无关,而是因为竞争对手破产了,或者利率降低了,或者当月阴雨连绵,更多人选择网上购物。其实,你不对网站做出任何改变销售额反而会上涨更多的可能性完全存在。

想知道网站与销售额到底有没有关系,光看销售数据是没有用的。同样,想知道放血疗法是否有效,光看有多少病人在接受这种疗法后康复了也没有用。道理很简单:你无法观察"反事实"。你不知道销售额的改变是否受到其他因素影响,也许这里有你根本没有考虑过的因素。

随机对照试验解决了这个问题。这种试验提供了一个高度清楚的检验方法,能让灰色地带变得非黑即白。这种方法把影响因素(放血疗法、新网站)和结果(康复、销售额)相隔离,不让其他因素产生影响,这样就能够明确反馈的真正意义。如果不采用这种方法,就可能得出错误的结论,而且也许永远无法发现真相。

随机对照试验彻底改变了药理学。致力于循证医学的医生和作家本·高达克（Ben Goldacre）表示："和你在今年看到的任何一种方法相比，这种方法拯救的生命都要多得多。"《时代》杂志前任科技版编辑马克·亨德森（Mark Henderson）表示："随机对照试验是现代科学最伟大的发明之一。"

需要强调的是，随机对照试验并非万能灵药。在某些情况下，此类试验实施难度很大，并有不道德的嫌疑。同时，制药公司常常在此类试验中作弊，以获得符合预期的结果。但这些都不是否定随机试验的理由，而是居心叵测者滥用此类试验的原因。

另一个关于随机试验的异议是，此类试验忽视了系统的整体性。例如，某种药物治愈了一种特定的症状，但也可能对人体其他部位产生长期的负面效果，或者治标不治本，比如给胃痛患者开的药可能对免疫系统造成伤害，长远看会加重患者的病情。

这种异议强调的是临床试验不应仅关注药品的短期疗效，而应将患者的终生情况纳入考虑。对效果的观察也不应仅关注特定的症状，而应覆盖整个人体。这种意见表明，进行随机对照试验时应该考虑到长期效果，这一点在医学上有时确实被忽视了。

但要注意的是，这种顾虑在生死攸关的情况下是微不足道的。如果发生了瘟疫，比如天花或者埃博拉疫情，那么即使有在未来发生并发症的危险，人们也会愿意冒险使用有效的疫苗。

尽管有上述种种风险，随机对照试验仍然提供了在复杂世界中进行严格测试的有力方法。如果处理得当，这种方法就能揭开不确定性的迷雾，有利于我们解读反馈信息。同时，这种试验往往很容易进行。

还是用刚才说过的网站举例，问题在于无法确定销售额的上涨是重新设计网站的结果还是由其他因素造成的。但可以这样做：让用户随机进入新网站或者旧网站，然后测算他们在哪个网站上消费更多，这样就能排除利率、竞争对手、天气等其他因素的影响，揭示出隐藏的"反事实"。

1950年以来，医学领域内共进行了大约50万次随机对照试验。数十万人因此获救。但值得注意的是，在人类生活的众多领域，随机对照试验还完全得不到应用。在刑事司法系统中，此类试验方法就几乎完全不存在。仅在2006年，医学领域内就进行了大约25000次随机对照试验；但在司法领域，全世界从1982年到2004年间总共只进行了85次类似试验。

英国最著名的政策分析人士之一大卫·哈尔彭（David Halpern）曾说："政府在很多领域都没有经过任何形式的检验测试，行事的出发点是直觉与预感。在政府之外的各个领域也是这样。我们就像在蒙着眼开飞机，对什么有效、什么无效毫无头绪。这其实很可怕。"

闭路循环不仅是一种思维上的概念，更是对我们这个世界的现实的写照。形形色色或微妙或复杂的闭路循环存在于大大小小的公司、慈善机构、社团与政府中。我们的大部分想法都没有经过失败的检验。如果我们不采取行动，情况永远都不会改变。

在"我们以为自己知道的"和"我们真正知道的"东西之间，有一条令人费解的鸿沟。为了看清这一点，我们要再回到"恐吓从善"项目中来。这一项目的效果看起来好得惊人。观测数据非常有说服力。[①] 但我们已经知道，这一项目非但没能抑制犯罪，还起到了反作用。

[①] "观测数据"包括通过观察得到的所有数据。与之相比，随机对照试验不但包括这些数据，还包括"反事实"的对比参照。

从很多意义上说,"恐吓从善"不但是政府政策(可称得上 21 世纪的放血疗法)的缩影,也是整个世界的写照。这一项目本来可能会延续数十年甚至数个世纪,而得不到适当的检验。

"恐吓从善"是一个象征,但更是一次警告。

恐吓从恶

1999 年,一部名为《恐吓从善 20 年后》(*Scared Straight! 20 Years Later*)的纪录片在美国播出。这部纪录片不再由彼得·福克担任解说,取代他的是丹尼·格洛佛(Danny Glover)。当年的纪录片中出现的那 17 名瘦弱的少年接受了回访。结果就和原版纪录片向观众传达的理念一样,奇迹般美好。

大部分受访者都谈到了自己的新生。几乎所有人都把 20 年前在拉威监狱那 3 小时的经历看成自己人生的转折点。特伦斯,那个偷车、入室盗窃的黑人男孩,如今已经是当地浸信会教堂的兼职牧师。他已经结婚了,是两个儿子的父亲。他说:"如果没去拉威,我现在可能已经身在监狱,或者早进了坟墓。"

洛瑞,那个有着爽朗笑容、戴着大耳环的 16 岁少女,当年的毒贩,如今已经是个 36 岁的簿记员,也成了一位母亲。"我当时只觉得,那天不用上学挺好的。"她说,"结果我这辈子都没像那天那么害怕过……那让我决心不再当一个傻瓜……那天以后,我不再逃学了。"

安吉洛,那个留着乱发和稀疏胡须的男孩,现在已经 37 岁了。他的工作是为地板铺瓷砖。他也有了三个孩子。"如果没去拉威监狱,我可能会犯下重罪。"他说,"如果不是那一天,我现在可能不会有这样一个家。我的家人对我来说就是一切。这是全世界最美好的事。"

这就是"恐吓从善"在数以百万计的电视观众面前呈现的模样。数据看上去也令人满意。和大多数社会项目不同，这个项目进行了数据收集工作，证据显示，80%～90%的参与者改过自新了。这部纪录片称"这是个了不起的成功故事，传统的教化方式不能与之相比"。

但如果我们回到1977年春末，就会发现情况相当不同。那年4月，罗格斯大学刑事司法教授詹姆斯·芬克诺尔（James Finckenauer）决定对"恐吓从善"的有效性进行检验。他不仅对观察数据感兴趣，作为一名科学家，他也明白这种数据有误导性。他对纪录片用夸大或巧妙的手法呈现出的故事不屑一顾。他想知道这个方案是否真的有效。简单来说，他打算进行一次随机对照试验。

芬克诺尔有一头银白色的头发，常带着疑问的眼神。他发表过数十篇论文，他的研究工作也让他收获了多个奖项。但他最让人注意的特点是他的谈话风格：思路严谨，字斟句酌，细致周到。另外，他有一种像激光枪一样执意切开事物表面、寻找深层事实的精神。正是这些品格帮助他抽丝剥茧般地解析了"恐吓从善"项目，发现了潜藏的真相。

开始试验前，芬克诺尔先对这一项目已有的统计数据进行了调查。改过自新者高达80%～90%的这个数据是从哪儿来的呢？他发现，这是根据一份调查问卷得来的，问卷的调查对象是参观过拉威监狱的孩子们的父母或监护人（另一个数据来源是促成那次监狱之行的资助机构的推荐信，但这些信件并不十分可靠，因为这些机构出于各种各样的理由，会愿意去相信并支持这个项目）。

问卷包括四个问题，被调查者需用"是"或"否"来回答：

· 你的孩子们参观过监狱后，你是否注意到他们的行为发生了显著变化？
- 在参观监狱后，他们的行为是否有轻微变化？
- 你认为是否有必要让你的儿子或女儿再次参加类似活动？
- 我们能否在某些具体问题上对你或你的子女提供一些帮助？

被调查者还可以在问卷上写下自己的看法。

但是，所谓的"显著变化"到底是什么意思？"轻微变化"又是什么意思？这些问题可以被进行各种各样的解读。芬克诺尔还发现，在参与过拉威监狱之行的孩子中，很多人根本没有犯罪记录，甚至没有受到过警告的记录。既然他们本来就没有犯法，那他们在参观监狱后继续保持清白也就算不上什么成功了。此外，这些问卷在监狱之行后数周内就送到了家长的手上。要对行为的变化进行评判，这段时间也太仓促了。

然而，这些还只是小问题。更深的问题在于这种方法得到的证据从根本上看是不可靠的。首先，只有被寄回的调查问卷才能被统计到最终数据里，那些没有得到回应的问卷就被完全排除在外了。不难想象，这对结果的真实性将会产生怎样的影响。很可能只有那些确实改过自新的孩子的家长才有心情来回答这份问卷，那些继续执迷不悟的孩子的家长可能会直接把问卷扔到垃圾桶里，至少愿意回答的人数会减少。这将使最终数据产生极大的偏差。

这就是所谓的"选择偏倚"（selection bias），我们对这种情况其实并不陌生。这与困扰古代医学的问题相同：只有经过放血疗法治疗后痊愈的患者才能证明其有效性。证据听上去很有力，但那是因为证据是不完整的。那些没挺过放血疗法的人根本没得到表达意见的机会。为什么？因为他们都死了。

这部关于恐吓从善的纪录片中给出的数据最大的问题与反事实有关。即使所有人都答复了问卷（实际上并没有），我们仍然无法确定之后的行为改善是那次监狱之行的结果还是另有其他原因。也许行为的改善与监狱之行无关，也许是因为当地经济发展了、学校推出了一项新举措或是其他什么原因。也许没有那次监狱之行，孩子们的行为会变得更好。

1978 年 8 月，芬克诺尔进行了一次试验。他把一些少年犯随机分成了两个小组，[①] 一组人参加了恐吓从善项目，另一组（对照组）则没有参加。然后，他开始耐心等待结果。尽管有夸张的宣传、漂亮的数据、熟练的公关、拿了奥斯卡奖的纪录片，有来自政治家的推荐、来自管教官员的称赞、遍布全世界的推广和应用，但这还是恐吓从善项目第一次面对如此严格的测试。

终于，试验结束后，得出了戏剧性的结果：恐吓从善项目没有好处，去过拉威监狱的孩子比没去过的更容易犯罪。"证据显示，参与过此项目的少年与没有参与的相比，犯法的风险更高。"芬克诺尔说，"在把治疗组与对照组进行对比后，数据清楚地说明了这一点。"

对很多人来说，这个结果很令人意外。这个项目看上去很美好，它的逻辑也很有说服力。大批家长表示，这个项目"治愈"了他们的孩子，问卷调查的数据看上去也没问题，但对放血疗法来说，上面这些理由也都适用。只有通过随机对照试验，我们才能透过表象，看清

[①] 这次随机对照试验的实施过程比芬克诺尔预想中要麻烦得多。恐吓从善项目的支持者并不配合，尼古拉法官就是其中之一，他试图在试验开始之前就阻止试验的进行。芬克诺尔说：“他认为没有必要再对这个项目进行评估，因为他已经收到了上百封为项目的成功打包票的信件。"

第 8 章 恐吓从善　191

这个项目的真正效果。

芬克诺尔写道：

> 人们相信恐吓从善项目是成功的，因为这符合他们的直觉。人们喜欢这种想法：那些孩子在无期徒刑犯处学到意义深远的一课后就能改过自新。但犯罪问题要比这复杂得多。青少年犯罪有很多原因，这些原因往往是难以捉摸的。事后看来，一次3小时的监狱之行对解决问题没有什么帮助。
>
> 那些囚犯的本意是好的，他们真心希望那些孩子能迷途知返，但这个项目产生了意想不到的后果。被大声恐吓的经历对这些少年来说是一种欺压行为。很多人在离开监狱后继续犯罪，只是为了向自己和伙伴们证明，他们什么都不怕。

恐吓从善项目的支持者们被芬克诺尔的报告激怒了。尼古拉法官曾在纪录片中对这个项目大加赞扬。他说："这个项目根本不需要任何辩护。"恐吓从善项目的顾问罗伯特·J. 麦克阿列什（Robert J. McAlesher）的怒气更盛："我们要对这些业余人士（芬克诺尔等人）的动机表示质疑。他们走到全国人面前，把毫无意义的数据伪装成科学研究的结果。作为知识分子，这样做是不道德的。"

从某种意义上说，他们这种反应并不奇怪。当有证据挑战我们根深蒂固的信念时，我们倾向于拒绝接受甚至会攻击证据的提供者，而不是去修正自己的想法。事实上，作为对芬克诺尔试验的回应，很多恐吓从善项目的支持者表示，比起对项目失去信心，他们更加认同它的效果了。这正是认知失调理论预见到的结果。

然而，在这之后，那些从未接触过恐吓从善项目的人仍然前赴后继地参与进来，如同飞蛾扑火一般。尽管数据显示这个项目会产生不良后果，但那些被吓人的囚犯教训后改过自新的孩子讲述的自身经历实在太有吸引力了。到20世纪80年代，佐治亚州、南卡罗来纳州和威斯康星州都实施了类似项目，更多项目则在纽约州、弗吉尼亚州、阿拉斯加州、俄亥俄州和密歇根州等地得到推行。

芬克诺尔的研究就好像从未存在过。

到了20世纪90年代，类似的项目得到了进一步发展。洛杉矶警察局推出了一个项目，其中包括让孩子参观市立监狱并让犯人对他们"大喊大叫"。在内华达州卡森市的一个项目中，有青少年表示，监狱之旅让他印象最深刻的部分是"所有的犯人都喊着要强暴我们，并为争夺我们的东西大打出手"。很快，类似的项目被推广到了英国、澳大利亚和挪威。

与此同时，关于这种项目的不利证据也越来越多。美国各地都进行了针对类似恐吓从善项目的随机对照试验，所有的试验都指向了同一个结果：恐吓从善没有好处。这个项目往往会对孩子造成伤害。其中一项试验结果显示，治疗组的犯罪率比对照组高了25个百分点。

但所有这些都无济于事，引人入胜的故事要比枯燥的数据诱惑力大得多。

连政府官员也对这个项目大加赞扬。1994年，美国未成年人司法与犯罪预防办公室（The US Office of Juvenile Justice and Delinquency Prevention）在其官方报告中高度评价了俄亥俄州的一个恐吓从善项目。专家们受到了叙述性谬误的严重误导。1996年，芬克诺尔进行随机对照试验后近20年，《纽约时报》报道称，拉威监狱的恐吓从善项目参与人员达到了高峰,每周要举行10次活动,每年有12500名青少年参加。

2002年,坎贝尔协同研究中心(The Campbell Collaboration)开始对这个项目展开调查。这是一个全球性的非营利组织,致力于循证决策理论的实践。他们进行了一次系统性评估,把所有随机试验的数据都放在同一张电子数据表中进行对照。通过对所有独立试验的数据进行提取(在所谓的"包含性分析"中一共使用了来自7次不同试验的数据),系统性评估能够总结出科学证据的最高标准。这是顶级的试错机制。

我想你已经知道下面我要说什么了。结果是不容置疑的:恐吓从善没有好处,它只会对违法犯罪起到推波助澜的作用。一些研究表明,这个项目可能导致犯罪率升高了28%之多。评估者用谨慎的语言对这个项目做出了根本性的批评:"我们认定,类似恐吓从善的项目很可能产生了有害效果并助长了犯罪行为……就算什么都不做,也比让未成年人参与这个项目强。"

从很多角度说,恐吓从善在那个时代都是超前的做法。与大多数从不收集数据的社会项目不同,恐吓从善发出了调查问卷,并收集统计数据。但与古代的放血疗法一样,观测统计并不总能提供可靠的数据资料。人们往往还需要考虑反事实的因素,否则很可能得到伤人而不自知的效果。

这就是症结所在。发生这种问题并不是因为人们主动想隐瞒什么,或是有意忽视了错误的存在。人们在对证据进行正常审视时也往往会遇到这种问题,因为人们不知道该怎么详细分析数据,或是在潜意识里不愿这样做。

我们会去频繁测试政策与战略吗?不管是在生活还是工作中,我们会去频繁对自己的假设加以调查分析吗?我们已经看到,医学领域内已经进行过大约100万次随机对照试验，但在刑事司法领域，这种试验却几乎完全不存在。几乎所有政策的基础都是讲故事、直觉、未经测试的意识形态和为了符合预设结论而经过歪曲的观测数据。

闭路循环不仅是一个理论，它准确地描述了我们生活的这个世界，有时准确得令人害怕。

1982年1月1日，一名不速之客闯进了19岁的米歇尔·麦卡家中。在几个房间里翻找一阵后，这名闯入者从厨房里拿了一把刀，进入米歇尔的卧室，杀死了她。米歇尔的母亲发现她时，她脸朝下倒在床上，背后插着一把20厘米长的餐刀。米歇尔死后遭到了长达数小时的性侵。凶手的动机完全出于性欲。

25年后，2007年3月17日，警方逮捕了安吉洛·斯佩恰莱。斯佩恰莱当时45岁，居住在新泽西州的哈肯萨克市。他是最先参加恐吓从善项目的17名少年之一，就是那个留着一头乱发和稀疏胡须、曾经抢劫过商店的男孩。在参加项目20年后的纪录片中，他也接受过采访，那时他已是3个孩子的父亲，有一份铺瓷砖的工作。

和那部纪录片中的大多数人一样，斯佩恰莱也表示，拉威监狱之行改变了他的人生。他的话语听上去令人颇受鼓舞："如果我没去拉威，可能会蹲大牢了。"担任旁白的丹尼·格洛佛说："37岁的安吉洛现在是一位奉公守法的居家男人了。"

但现实可不是这样的。2005年，斯佩恰莱因在商店行窃被捕，警方采录了他的DNA样本。在之后的一次常规检查中，警方发现这份样本与米歇尔·麦卡遗体中的精液DNA相吻合。警方还发现，谋杀案发生时，麦卡与斯佩恰莱就住在同一条街上的同一栋楼里。

纪录片的制作者并没有故意引导观众对斯佩恰莱产生错误的印象。当斯佩恰莱对着镜头说自己已经"改过自新"时,他们并不知道他在说谎。他们也不知道,就在拉威监狱之行的3年后,他杀害并奸淫了一名19岁的少女。只有DNA鉴定揭开了真相。

但早在20世纪80年代初期,纪录片的制作者们就已经知道,恐吓从善项目实际上助长了犯罪。然而他们仍然继续制作节目,为这个项目歌功颂德。美国有线和卫星电视频道A&E在2011年出品了一部名为《少年监狱之旅》(Beyond Scared Straight)的真人秀节目,到2014年已经拍到了第8季。制作人阿诺德·夏皮罗(就是1978年纪录片的导演)继续为这个项目辩护,尽管对其不利的证据已经铺天盖地。夏皮罗称,当今的恐吓从善项目已经以劝导为主、恐吓为辅了,但是通过监狱进行教化的方式总是离不开强硬的部分。The Daily Beast新闻网是这样描述这个节目的:

> 这个节目确实浓墨重彩地表现了监狱的恐怖。有一集在马里兰州的杰塞普监狱拍摄,在节目的开头,一名50岁的一级谋杀罪犯对着一名17岁的辍学生大喊道:"不要在监狱对别人笑。如果你笑了,别人就会认为你喜欢他们。像你这样的人要是在监狱喜欢上了别人,下场可很不妙。"

在1978年那次3个小时的监狱之行中,斯佩恰莱忍受了一系列可怕的经历,但事后看来,有一件事特别令人发指。当时,这个少年被迫站在所有人面前高声朗读报纸上的一篇关于监狱杀人案的报道。"拉威监狱囚犯在牢房内被捅死。"这个16岁的孩子用颤抖的声音读道,

"罗宾森的颈部、胸部、头部和背部被捅了大约12刀。他在被送往拉威总医院的途中死亡。"

1978年,斯佩恰莱在拉威监狱中屈辱地大声读出一场野蛮刀杀案的细节,几年后他犯下了一起类似的凶案。没有证据证明这两者之间有任何联系,几乎可以肯定这只是一场巧合,但是我们确实知道,一般来说,这种参观只会对参与的孩子们造成心理创伤。我们在30多年前就发现了这一点。

2010年,斯佩恰莱承认了性侵和杀人罪行,被判25年监禁。现在,他又回到了拉威监狱,回到了这个故事开始的地方。这个故事让人不安,又发人深省。但其中最深刻的讽刺,让我们一窥闭路循环现象核心本质的事实——斯佩恰莱可能就要在下一代不良少年面前施展恐吓从善那一套了。[1]

---

[1] 美国正在逐步撤销对采用恐吓从善方法的项目的资助,但类似项目仍然在美国乃至全球各地不断出现。只要人们仍然宁愿相信故事而非数据,这种项目就不会消失。

第四部分

小进步与大飞跃

精进细节,百炼创新

第 9 章　边际收益

天空车队的成功法则

　　早上 9 点，英国职业自行车队天空车队的车手们走出了位于法国南部朗格多克-鲁西永大区卡尔卡松市的小旅馆。这是一个暖洋洋的早晨，车手们安静地走向车队大巴，计划着即将开始的一天。

　　他们即将开始 2014 年环法自行车赛第 16 赛段的比赛。这是体育界最为严酷的耐力挑战赛之一，他们在之前的 15 个赛段中已经骑行了 3000 千米，在这一赛段中要面对的是长达 237.5 千米的赛程，终点设在令人恐惧的巴雷山，那是比利牛斯山脉上一段 19 千米的爬坡赛段。车队成员伯恩哈德·艾泽尔微笑着说道："咱们又上路了。"

　　车队大巴上弥漫着一股期待的气氛。运动员们开始穿戴运动装备，教练们在审视比赛计划。距比赛开始还有 30 分钟时，天空车队的运动指导尼古拉斯·波尔特开始做赛前简报。他强调了这个赛段的重要性，并提醒运动员们注意路线上的难点。在他讲解时，车前的屏幕上放映着转弯处和爬坡处的照片。

　　讲解完毕后，一个坐在大巴后部、一直一语未发的男人开始讲话。他剃着光头，戴着一副黑框眼镜，举止利落。他总在赛前最后一个发言,他是天空车队的总经理,大卫·布雷斯福德(David Brailsford)爵士。

"说到底,要想胜利就必须成为突围者(指领先于主车群的少部分车手)。"他说,"咱们别含糊。要么成功,要么失败。我知道这不容易,我知道这有多难。但大家必须为此全力以赴,把这当成唯一目标。这是我们今天的任务,其余都不用管。别让其他人占了上风,咱们要自己抢夺先机……好了,上吧!"

车内鸦雀无声。布雷斯福德一语中的。8名车手站起身来,彼此交换着目光。然后,他们走下大巴,前往第16赛段的起点。

此前一晚,布雷斯福德带我参观了天空车队的工作。我们去看了运输卡车,观摩了车队大巴的设计,了解了跟踪每位车手表现的算法细节。那是一次难得的机会,让我能够走进幕后,观察到体育界最受赞赏同时管理也最严格的运作流程。

布雷斯福德的成就充满了传奇色彩。1997年,他成为英国场地自行车国家队的顾问,当时队伍成绩并不理想。2000年,英国队在奥运会上赢得了一枚场地自行车计时赛的金牌。2003年,布雷斯福德成为英国队的比赛主管。在第二年举办的奥运会上,车队赢得了两枚金牌。2008年,英国队不可思议地夺取8枚金牌,并在2012年的伦敦奥运会上重演了这一壮举。

与此同时,更加非凡的表现即将上演。场地自行车赛极富竞争性,但自行车比赛中最高规格的赛事是职业公路赛。自从1903年环法自行车赛诞生以来,英国从未夺取过冠军。英国车手虽然赢得过分段赛的胜利,但从没接近过总冠军的奖杯。

但在2009年，英国场地自行车队还在备战伦敦奥运会时，布雷斯福德就开始了新的挑战。他建立了一支公路自行车队，也就是天空车队。同时，他仍然兼任场地自行车队的主管。在发布新队服的同时，布雷斯福德也向世界宣告，英国车队将在5年内成为环法自行车赛的冠军。

大多数人都嘲笑他是在痴心妄想，有人评论说"布雷斯福德会让自己摔下神坛"。但在2012年，布拉德利·威金斯成为首位赢得这项赛事桂冠的英国车手，提前两年完成了任务。2013年，另一位英国车手克里斯·弗鲁姆又为天空车队拿下了总冠军奖杯。舆论普遍认为，这是英国体育史上最伟大的壮举之一。

他是怎么做到的？布雷斯福德是如何征服两项不同的自行车赛事的？在参观完车队设施后，我在车队下榻的小旅馆与他共进晚餐时提出了这个问题。

他的回答很清楚。"这是一个边际收益问题。"他说，"如果你把一个宏大的目标分解成许多小部分，然后对每个部分加以改进，再把它们结合起来，你将获得巨大的进步。"

这听上去很简单，但"边际收益"一词已经成为各领域最为炙手可热的概念之一，不仅限于体育界。在商业会议和研讨会上，甚至在军队里，边际效益都是一个被频繁讨论的基本问题。在英国，很多运动队现在都要雇佣一个专门负责分析边际收益的主管。

但这个观念在实际应用中到底意味着什么？在体育界和其他组织中，要怎么应用边际收益的方法解决问题？最重要的问题是，为什么把一项大的计划分成许多小部分，就能实现宏大的目标？

要回答这些问题，让我们先把自行车放在一边，来看看生活中一个截然不同的方面。要了解边际收益的意义，最好的方法就是去研究

第9章 边际收益 203

当今世界面临的一个最为紧迫的问题：全球性的贫困问题。

援非资金的效果评估

我们来看看图9-1。这张图是世界最著名的经济学家之一的埃斯特·迪弗洛（Esther Duflo）制作的，她目前在麻省理工学院工作。

垂直的浅灰色柱代表过去46年间向非洲投入的援助资金。可以看到，从20世纪60年代初开始，资金额度逐渐升高，到2006年达到最高峰的近400亿美元。援助资金的目的很简单：帮助提高全球最贫困人口的生活质量。这一目标非常重要，因为非洲每天有2.5万名儿童死于贫困。

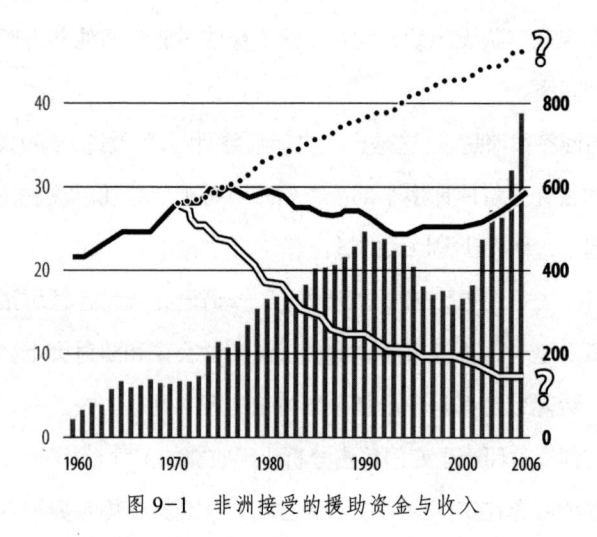

图9-1 非洲接受的援助资金与收入

注：纵轴左侧数值为援助资金，单位为10亿美元（以2006年不变价计算）。
纵轴右侧数值为人均国内生产总值，单位为1美元（以2000年不变价计算）。

关键问题是：投资起效了吗？当地人的生活像预想中那样得到改善了吗？

要回答这个问题,先来看看非洲的国内生产总值。在图表中,非洲的人均国内生产总值以黑色实线表示。可以看到,这条线几乎没有产生过大波动。据此应该可以得到这样的结论:投入非洲的援助资金没有起到什么作用,没能刺激当地经济的活力,没能提高非洲人的生活水平。事实上,这看起来似乎是一次极大的浪费。

但有了前几章的经验,我们要对这个结论慎重考虑。为什么呢?因为这些数据没有涉及反事实的因素。也许援助资金实际上获得了巨大的成功,也许没有援助资金,非洲的国内生产总值将大大降低,就像图中的白色线条表示的那样。

当然,也有另外一种可能。也许援助资金的实际效果比黑色实线给你的感受还要差。也许整个援助计划就是一场灾难,破坏了积极性,催生了腐败,拖累了经济增长。也许没有援助,非洲反而能大步前行,就像虚线所表示的那样。我们要怎么知道会发生的是哪种情况呢?

这两种猜想的支持者阵营中都有极具声望的人士。比如哥伦比亚大学地球研究所主任杰弗里·萨克斯(Jeffery Sachs)就是发展投资的坚定拥护者,他认为援助资金为非洲人的生活提供了福利,并称投入更多资金能够一举消除贫困问题。他的畅销作品《贫困的终结》(*The End of Poverty*)就建立在这一主张的基础上。

与他相反,纽约大学的经济学家威廉·伊斯特利(William Easterly)持坚决反对意见,他认为援助资金会带来各种各样的负面效果,没有援助资金,非洲会更好。他在《白人的负担》(*The White Man's Burden*)一书中和萨克斯同样有理有据地阐述了这一观点。

要判断谁的意见正确,最好的办法就是进行一次随机对照试验。这能使我们把发展援助资金的效果从其他因素对非洲国内生产总值的影响中分离出来。这个试验需要一个对照组。当分析对象规模如此巨大时，对照组并不好找。不仅是援助资金，像气候变化（没法对照，因为只有一个地球）、战争与和平等议题中也存在这种问题。

这就直接涉及边际收益的概念了。如果一个大问题很难解答，不妨把它分解成许多小问题。毕竟援助资金也有很多类别，比如医疗、扫盲、修路、教育、基础建设等。每个类别的援助方法都不同，援助目的也不同，并由不同的组织进行具体操作。

分类后，就可以对不同项目逐个分析，也就可以进行对照试验了。在一些人群中或地区实施某个项目，对另一些则保持现状，然后将这两组进行对照，就能确定这个项目是否有用了。与其辩论援助项目作为一个整体是否有用（仅以观测数据为基础，这种辩论很难有什么结果），不如从小处寻找确切答案，再将这些答案累加，推导出最终的结论。

来看一个具体的例子。比如要提升非洲的教育水平，看援助是否有用，一个方法是观察援助资金与非洲学生成绩之间的关系。这种方法的问题在于无法提供关于反事实的信息（即在没有援助的情况下成绩会怎样）。

但是，我们可以先不去看总体情况，而是对单独的项目进行观察。一些富有创新精神的经济学家在肯尼亚西部贫困的布西亚和泰索地区就采用了这种方法。作家蒂姆·哈福德在其著作《适应性创新》中写道，这些经济学家想知道向学校免费发放课本能否帮助学生提升成绩。从直觉上看，他们觉得这应该是理所当然的。过去的观测数据也支持这一点，收到教科书的学校，学生的考试成绩都有所提升。

但这些经济学家想要进一步确认，于是就进行了一次随机对照试验。此前的通常做法都是把教科书捐给最需要的学校，但这次他们随机选取了一些符合条件的学校，并将其分成了两组：一组收到了免费教科书，另一组则没有。现在，这项慈善活动有了治疗组和对照组，人们有机会看看这些书是不是真的有用了。

结果令人大跌眼镜。收到了免费教科书的学生们的考试成绩一点儿也不比没收到的学生高，两所学校的成绩几乎一模一样。这一结果与人们的直觉和此前的数据产生了矛盾。不过，这也是随机试验中常有的事。

最后人们才发现，问题不在教科书本身，而在于书使用的语言。对这些居住在偏远的布西亚和泰索地区的贫困儿童来说，英语是第三语言，他们在理解书本上的知识时会遇到很大困难。如果研究者们不进行试验，他们可能注意不到这一点。这就推翻了一个未经测验的假设。

遇到问题后，经济学家们又换了一种方法。他们又进行了一次随机试验，但这次不再使用教科书，而是改用直观教具了。他们向治疗组捐赠了活动挂图，上面用生动的图画讲解了地理、数学等科目的知识。经济学家们希望这次能让成绩有所提高。然而，他们在对两组成绩进行对照时却发现，活动挂图的方法也失败了。它们没能让学习成绩取得显著提高。

经济学家们没有灰心，而是开始用一种全新的思路来研究这个问题。他们尝试使用一种全新的东西：驱虫药。这似乎是一种奇怪的方法，但研究者们知道，寄生虫能导致发育迟缓，让学生们昏昏欲睡，并会导致旷课。它们对居住在布西亚和泰索等偏远地区的儿童影响很大。

这次，试验结果非常理想，大大超出了研究者的期望。蒂姆·哈福德写道："这个项目取得了巨大的成功。它让孩子们长得更高了，减少了重复感染率，还让缺课率减少了四分之一。而且，这种方法还很

第9章 边际收益 207

便宜。"

这就是边际收益。上述仅仅是一小块地区的一个项目,但从这种小处着眼,就能发现什么援助方法有用,什么方法没用。经济学家们进行了试验,试验失败了,他们从中学到了东西。现在,他们就可以把所学推广到其他地区,同时继续试验,反复进行这一过程,获得更多边际收益。

这种方法的进度似乎较慢,但看看另一种方法吧。如果这些经济学家们完全依靠直觉和观测数据,会发生什么呢?他们可能会一直向学校送书,并自认为起到了帮助作用。而实际上,他们什么忙也没帮上。

这种方法目前成了一群富有改革精神的经济学家的工作重点。在过去十年中,这些经济学家改变了国际援助的方式。他们并没有做什么伟大的设计,而是不停寻求小的进步。出生于法国的经济学家埃斯特·迪弗洛是这种方法的领军人物。她表示:"如果我们不知道自己的工作是否有用,我们就和那些用水蛭帮人放血的古代医生一样了。有的病人病情好转了,有的病人却死亡了。到底是水蛭还是别的什么因素造成的?我们没法知道。"

对随机试验持批评态度的人常会担心"以人为样本进行试验"会有违道德。为什么一组人得到了这样的待遇,另一组人却得到了那样的待遇呢?难道不应该让所有人都得到最好的待遇吗?这样看来,随机对照试验似乎是不道德的。但让我们换一个角度来看问题。在无法确定哪种方法最有效的情况下,唯一能解决问题的方法就是进行试验。就算不这样做,也不代表道德中立,反而意味着永远无法取得进步。长此以往,没人能够有所收益。

体形瘦小但充满活力的迪弗洛并不认为自己的工作缺乏雄心。相反，她认为这些工作极具开拓性。她对我说过：

坐在那里空想一些改变世界的理论是很容易的，但我们的直觉常常是错误的。这个世界太复杂了，仅凭空想无法解决所有问题。唯一能确认的方法是走出去对你的想法和计划进行测试，并意识到自己会犯错。这并非一件坏事，它能让人进步。

我们在第 7 章中介绍过的托比·沃德就是利用迪弗洛等人发现的数据来对私人捐助者提出建议，帮助他们决定捐款去向的。他意识到，仅靠直觉和当事人的故事，会有成百上千万的慈善资金被浪费在无效的项目上。这也是为什么现在发展中国家正在进行数以百计的对照试验。试验的目的都是要证明某项政策或是项目到底有没有起到作用。

每一个试验都能让人得到一个小小的收获（要记住，失败并不可怕，失败会孕育新的想法）。把一个大问题分解成许多小部分，就很容易揭穿叙述性谬误。人们会更多地面对失败，但也会学到更多东西。

正如迪弗洛所说："只要获得了一系列小进步，每一次进步都建立在认真的思考、小心的测试和正确的执行基础上，就算面对世界上最大的难题，也可能取得重大的飞跃。"

最优化循环

现在，让我们再回到大卫·布雷斯福德和英国的自行车队上来。在本章开头的故事中，布雷斯福德最后说："如果你把一个宏大的目标分解成许多小部分，然后对每个部分加以改进，再把它们结合起来，你将获得巨大的进步。"这与迪弗洛所说的几乎完全相同。

自行车和国际扶贫计划看似风马牛不相及,但其领军人物的成功却建立在同样的思想之上。布雷斯福德表示:"我早些时候意识到,只有宏伟的计划是没用的。你还必须从小处着眼,搞清楚什么有用,什么没用。每一步可能都微不足道,但集合起来的力量是非常大的。"

在自行车运动中进行对照试验要比在发展援助中容易得多,主要是因为这项运动的目标相对很简单:尽快从 A 点到 B 点。比如,为了找出最有效率的车型设计,英国自行车队制作了一个大型风洞。这样一来,他们就能通过调整车型设计并在完全相同的条件下进行测试的方法把空气动力的效果分离出来。为了找出最具效率的训练方法,布雷斯福德建立了一个新的数据库,能让他对车手生理状态的每一个细节进行追踪。

"每一个收获本身都很小,"布雷斯福德说,"但那并不要紧。我们对车手整体表现的各方面都有了更深刻的了解,这就是领先者与落后者的区别。"

艾伦·鲁滨逊(Alan Robinson)与萨姆·斯特恩(Sam Stern)合著的《企业创新力》(*Corporate Creativity*)一书中写道,美国航空公司(American Airlines)前董事会主席鲍勃·克兰道尔(Bob Crandall)从每份沙拉中减少一粒橄榄,每年为公司节省了高达 50 万美元的开支。很多人认为这是一种边际收益。但真的是这样吗?如果减少一粒橄榄是个好主意,为什么不把生菜也取消呢?这种减少成本的措施的底线在哪里呢?

现在我们知道答案了。边际收益的意思不是在小处进行改动并期望得到很大的效果,而应该是把一个大问题分解成许多小问题,这样就能找出哪些因素在起作用，而哪些没有。这种方法建立在一个基本的经验之上：要知道某个因素是否有用，就必须把它的影响分离出来。对照试验从本质上说，就有"边际"的特点。

布雷斯福德是这样解释的："把整体表现分解成各个组成部分，你会有信心再把它们组合起来的。清晰的反馈是进步的基石。边际收益作为一种手段，目的是切实找出哪里有问题，从而得到进步。"

整个天空车队上上下下都具备边际收益的意识。他们确保所有车手晚上都睡在同样的床垫上，这样就能在睡眠质量方面得到边际收益；在入住酒店前，对房间进行彻底消毒，这样就能在减少感染这个问题上得到边际收益；清洗服装的时候要用亲肤型清洁剂，这样就能在服装舒适度方面得到边际收益。

"人们总觉得要顾全方方面面的细节是非常麻烦的，"布雷斯福德说，"但至少对我来说，要是不去做这些分析，结果会更加麻烦。我宁愿去找出清楚的答案，也不愿骗自己已经有了'正确'的答案。"

对边际收益的应用，最令人瞩目的例子也许不是自行车运动，而是世界一级方程式赛车锦标赛（F1）。在2014赛季的最后几周，我前往距离牛津不远的布拉克利参观了梅赛德斯车队总部。那是一片工业用地，有几幢灰色的建筑，一条河流从中穿过。在此工作的是一群极具才干的人，他们对赛车运动充满热情，并极度关注细节。

"我刚进入F1运动的时候，我们记录的数据只有8组。但现在，对赛车上的每一个参数，我们都会记录1.6万组数据。以这些数据为基础，我们还能再得到另外5万组数据。"帕迪·罗威（Paddy Lowe）是一名剑桥毕业的工程师，现在是梅赛德斯车队的技术主管。他说："每个数据都提供了整体表现中一小部分的信息。这让我们能把握细节，更让我们能分离出关键数据，帮助我们进步。"

要发现边际收益和伟大成就之间的关系，最直接的方式就是观察维修站的工作。成千上万的细节联合起来决定了一个 F1 车队的成败，维修站就是其中之一。它是整体表现的一个边际部分，但是作用至关重要。为了更好地观察，我前往 F1 大奖赛的最后一站——阿布扎比，并投入了梅赛德斯车队的工作中。

在车队位于亚斯码头赛道内的临时驻地、一栋三层小楼里，我与梅赛德斯车队的首席策略师詹姆斯·沃尔斯（James Vowles）进行了交谈。我问他，车队是如何选择最佳进站策略的。沃尔斯说：

不光是维修站，我们对所有问题都采取了同样的方法。首先，要对工程问题有一个基本的了解。在这些初步想法的基础上，我们会设计进站策略，但此时的策略一定不会是最合适的，因为问题十分复杂。因此，我们设立了各种传感器，对车况进行测量，并对我们的设想进行检验。

但接下来才是最关键的。使用最初策略进行练习赛时，你会立即发现此前没有考虑到的各方面问题。只有通过练习赛，你才能看到哪些数据与比赛相关，但在一开始的设计中没有被纳入考虑。所以，在练习赛的后半程，就要对测量数据进行调整，此后才能开始调整进站策略。

让我们仔细思考上面这段话。我们此前已经讨论过开路循环问题，也就是把策略应用于实践，然后检验其是否有效的方法，即通过寻找和发现问题对策略进行改良。梅赛德斯车队做的比这还要多。他们没有在第一次测试后就改进策略，而是利用测试获得更加丰富的反馈信息。只有在对所有相关数据有了更深了解后，他们才开始调整策略。

沃尔斯说：

> 为了得到最系统的数据，我们在每一支铆螺母枪上装了8个传感器。这样一来，不用别人告诉我，我自己就能知道每次进站时都发生了什么。比如，当换胎工与车轮接触的一刹那，我就能知道，也许枪口方向与理想角度偏离了20度。枪口开始转动时，我就能知道将螺母从预置扭矩中卸下、将车轮从轮轴上拆下用了多长时间。
>
> 我能知道换胎工移开铆螺母枪的速度、再次接触车轮的速度、换下一条轮胎所需的时间、新轮胎被装上轮轴的时间和新轮胎被铆上螺母的时间。此类信息的准确性能够帮助我们获得最快圈速，让我们知道如何改进每一个对时间而言极其敏感的方面。

这就是高速运转的边际收益。"在对最终的功能加以改进之前，你要先改进数据采集的方式，这样你才能明白此前不了解的事。"沃尔斯说，"这很重要。因为你必须在正确的时间掌握正确的信息，才能选出最合适的方式来进一步改善并指导比赛。"

那天晚些时候，我来到维修车道旁观看车队练习，那真是集体力量的一次令人叹为观止的展示。梅赛德斯车队的当家车手刘易斯·汉密尔顿被3名工作人员跑步推进车位后，16人组成的维修团队一拥而上,每人都有清晰的分工,相互配合也非常协调。他们一次次地练习,处理每一个在第二天的比赛中可能出现的突发状况。每次练习的过程都被那 8 个传感器记录并拍摄下来,以便进一步优化。我见到的最快一次进站用时短到了不可思议的 1.95 秒。①

沃尔斯说:

当代 F1 赛车的秘密并不在于宏观方面,而是在数以万计的因素最优化后的组合。人们总以为,像发动机这样的部件是建立在高度决策的基础上的。其实并不是这样。没有小零件,也就没有发动机了。开始的确需要一个合理的设计,但只有不断重复的过程才能导向最佳结果。成功,就在于建立最优化循环。

我还与发动机设计团队的领导人安迪·科威尔(Andy Cowell)进行了对话。他的态度与沃尔斯的一模一样。

在(2012 年)12 月底,我们对研发中的发动机进行了测试。我们的设计初衷并不是让这个发动机十全十美,没有尝试算出完美的重量或空气动力学的设计。我们在研发早期就造出了一个可以工作的样品,这样我们就可以对其进行测试和改进。正是测试间的这种学习过程使我们创造出了全世界效率最高的发动机。

---

① 大奥蒙德街儿童医院(Great Ormond Street Hospital)的医生们曾前往 F1 车队观摩维修站工作。他们来此的目的是吸取经验,改进把病人从手术室送往重症监护室的方法。在那之后,医生发生失误的数量大幅下降。更多相关情况可见 http : //asq.org/healthcare-use/why-quality/great-ormond-street-hospital.html。

争取边际收益的方法不仅限于机械改进方面。要解决数据显示出的问题，需要判断力和创造力。这种判断力在接下来的最优化循环中也会得到测试。而如果没有反馈机制的引导，创造力不过是纸上谈兵。成功源于创造力和测试复杂的相互作用，源于这两个因素的共同协作。这就是最优化循环的两大动力。

我们会在下一章中了解创造性过程的更多细节，但沃尔斯和科威尔已经提出了一种很有说服力的模式。布雷斯福德和最新一代的发展经济学家也采用这种模式解决问题，梅赛德斯车队经历了成千上万次微小失败。车队执行董事托托·沃尔夫表示："我们会确保知道自己哪里出了问题，这样才能保证以后不出错。"

本书建立在"我们厌恶失败"这一事实的基础上。在生活中，我们总是试着避开失败、掩盖失败并粉饰失败。我们已经认识了认知失调现象，见识了那些委婉的借口，明白人们在意识到自己表现不佳时会感到十分痛苦，并愿意为了摆脱这种痛苦做任何事。

布雷斯福德、迪弗洛和沃尔斯则用另一种眼光来看待失败。每一个错误、每一个漏洞、每一个失败，无论有多小，实际上都可以看作边际收益。失败不再被当成威胁，而是被看作机遇。从某种意义上说，他们就像是飞行安全专家，把每一次化险为夷的经历都当成一次宝贵机会，好在日后防患于未然。[1]

---

[1] 我们在本书前面已经了解了航空业是如何通过研究事故和危险状况来从错误中学习的。人们根据这些负面事件提出设想，找出错误所在，并对体制加以修正，但这还不够。毕竟，不管改变看上去有多合理，都有可能导致无法预见的风险。因此，这些设想在真实世界中应用之前，都要在模拟器中和不同条件下由不同的飞行员进行反复测试。换句话说，航空业把"从错误中学习"这句话应用到多个层面中，由此获得进步。

在亚斯码头赛道大奖赛前一天，各车队进行了排位赛。车手们在这次比赛中展开竞争，圈速最快者将获得首发杆位，在发车时占得最有利地位。梅赛德斯车队的德国车手尼科·罗斯伯格在排位赛中拔得头筹，他的英国队友刘易斯·汉密尔顿获得第二。

赛后，我得以进入一个高度保密的会议室。这是梅赛德斯车库里的一个房间，距离赛道仅有几米。在一张会议桌上，汉密尔顿和罗斯伯格相对而坐，他们身边是各自的比赛工程师。靠左边坐的是技术主管帕迪·罗威，其他方面的专家坐在别的会议桌旁。

会议室中的每个人都头戴耳麦，聚精会神地看着电脑屏幕上的数据。会议室角落里有一个大屏幕，英国大本营的车队成员会用这个屏幕进行视频会议。会议的大部分内容不能在此透露，但会议过程确实精彩纷呈。汉密尔顿和罗斯伯格要对方方面面的细节发表看法：轮胎、发动机、头盔，甚至比赛中的饮料是否保持了正确的温度。

车队会把两名车手的意见与数据进行对比，并记录下有待改进之处。会议结束后，分析师就创造了新的边际收益，最优化循环也进入了下一个阶段。这种工作方式与其他领域的不同引发了我的思考。

第二天，我在梅赛德斯的车库中观看了比赛。汉密尔顿在第二位发车，他在起步时就表现惊人，并最终获得了胜利。他在这一站的得分让他夺取了车手排行榜的总冠军，罗斯伯格则获得了亚军。梅赛德斯车队也获得了车队冠军的殊荣，成为 F1 赛场上最成功的队伍。

随后，机械师、工程师、维修站操作人员和两位车手在车库里开香槟庆祝胜利，此时他们紧绷的神经才得以松弛。汉密尔顿说："开车的是我，但在我背后有一个不可思议的团队。"沃尔斯补充说："我们会在今夜狂欢，但明天我们就要把今天所学的东西加到最优化循环的下一个阶段中。"

技术主管帕迪·罗威在车库后方看着这一切。"F1赛场是一个不一般的地方。这里有极具天赋的人才，他们心中都充满对胜利的渴望。"他说，"这种雄心刺激着新发明不断出现。两年前的技术在现在看来就像古董。无法进步的人注定会被淘汰。"

商业与公共政策领域的随机对照试验

谷歌公司需要做出一个决定。当时身为谷歌公司最佳设计师之一的杰米·迪万（Jamie Divine）希望把一种新的蓝色调用在谷歌工具栏上，他认为这会提升点击量。

对这种色调的描述十分吸引人。这是一种迷人的蓝色，这样做也符合消费者心理学，迪万是谷歌公司最优秀的设计师之一，但谷歌要如何确定他的想法是正确的呢？

传统的方式是改变谷歌工具栏的色调，看看结果如何。但我们现在已经知道，这种方法存在明显的问题。即使点击量上升了，谷歌也无法确认上升到底是出于色调的改变还是别的什么原因。也许如果色调不变，点击量会上升更多。

这也是为什么在管理人员为迪万提出的颜色展开辩论时，一个产品经理决定进行一次测试。他选取了一种稍微不同的蓝色（带一点绿色），与迪万的蓝色进行竞争。进入谷歌网站的用户会随机面对这两种蓝色之一，他们的行为被记录了下来。这就是一次随机对照试验。试验的结果很明显：更多人愿意点击带点绿色的蓝色工具栏。

随机对照试验中不会发生一般公司做决定时常出现的编故事或夸大其词的现象，而仅仅是投一下硬币，进行一次随机分配，并对结果做出准确的测量。①迪万的蓝色在这次测试中失败了,并不意味着他就是一个不合格的设计师。这仅仅说明他渊博的知识仍然不足以预测对色调的微小调整将如何影响消费者的行为。没人能确定这一点,毕竟这个世界太复杂了。

但这也只是个开始。谷歌的管理人员意识到,这次蓝绿色调的胜利不代表最后的成功,毕竟没人敢说这种特殊的颜色就比其他一切都好。现任雅虎公司CEO、时任谷歌公司副总裁玛丽莎·梅耶尔(Marissa Mayer)设计了一个更具系统性的试验。她把色谱中的相关部分分成了40个不同的色调,并进行了一次测试。

谷歌邮件的用户被随机分成了40组,每组占全部人数的2.5%。他们在访问谷歌网站时会看到不同的色调,网站对他们的选择进行了跟踪记录。这样一来,谷歌没有通过异想天开或是夸夸其谈,而是通过测试选出了最好的色调。他们通过测试与失败的方式决定了最佳颜色。

现在这种方法已经成为谷歌公司工作方式的一个关键部分。截至2010年,谷歌每年平均进行1.2万次随机对照试验。这个数字很惊人,它意味着谷歌经历了数以万计的微小失败。每一次试验看上去都像是吹毛求疵,但是累积起来的效果却不容小觑。谷歌公司英国业务总经理丹·考伯利(Dan Cobley)表示,色调的变化让谷歌公司的年收入增加了2亿美元。②

不过,与随机测试关系最紧密的企业恐怕还要数美国第一资

---

① 为了保证随机对照试验的有效性,就要有足够大的样本数量。详情可见 http://www.evanmiller.org/how-not-to-run-an-ab-test.html。
② 这一数字为估计值,因为在使用新色彩后又发生了很多变化,都会对年收入产生影响。

本投资公司（Capital One）了。这个公司由里奇·费尔班克（Rich Fairbank）和奈杰尔·莫里斯（Nigel Morris）创立，两人均从事过循证研究工作。他们在建立公司之初就确立了一个目标：要尽可能广泛地进行聪明的测试。

比如，在寄出信件招徕新客户时，他们会找到很多不同的设计专家，每人都会提出不同的模板和用色。主色调应该是红色还是蓝色呢？字体应该使用 Times New Roman 还是 Calibri 呢？

费尔班克和莫里斯并未就这些问题进行争论，他们选择用测试解决问题。他们向 5 万户家庭寄去了以一种颜色为主的信件，向另外 5 万户寄去了另一种颜色的信件，然后分别计算出这两组的相对收益情况。此后，他们又测试了不同字体、不同措辞以及在电话热线中使用的不同应答方式的情况。

自成立之日起，第一资本每年要进行数千次类似的测试。他们把公司变成了"一个科学实验室，在这里，关于产品设计、市场营销、通信渠道、信用额度、消费者选择、收账政策和交叉营销等各方面的所有决策都会在数千项试验中得到系统性测试"。

2015 年，第一资本估值高达 450 亿美元。

为企业提供随机试验服务的美国企业家兼作家吉姆·曼兹（Jim Manzi）估计，全美 20% 的零售业数据都会通过他的软件平台进行处理，这说明在商业领域，边际收益的方法已经非常普及。"在商业领域中进行的随机对照试验数量已经超越了其他领域的总和。"他对我说，"这是这一代商业中最重大的变革之一。"

哈拉斯集团（Harrah's Casino Group）是这种变革的代表性企业。据说这个在全美经营赌场和度假村的公司对员工有三条金科玉律："不可骚扰女性,不可盗窃,做试验必须有对照组。"

无论是在商业还是别的领域,随机对照试验的结果大都取决于试验对象所处的环境。比如,一项试验证明某种方法能提升肯尼亚的教育水平,但不代表这种方法在伦敦也有效。[①]这既是社交界的好处,也是一种挑战。我们要反复进行试验,才能发现试验结论能在多大程度上被推广到其他环境中。要实现这一点,我们要建立能够进行大规模试验的空间,并降低每次试验的成本。

但这并不意味着我们就无法从随机对照试验中得到普适性的结果。在公共政策领域对随机对照试验的应用中,最具规模的要数对就业政策的试验了。在20世纪80年代的美国,让人们不再依赖福利,开始努力工作是当时最紧迫的问题。通常来说,就业政策应该由总统、国会议员、政策顾问乃至利益集团在经过深思熟虑后做出决定。

然而,美国用一次试验决定了就业政策。吉姆·曼兹在其杰出的著作《失控》(*Uncontrolled*)中详细记载了当时的情况。各州签署声明放弃执行联邦政策,转而进行随机测试,对改革进行评测。结果是戏剧性的。测试显示,金融刺激政策没有起效,时间限制也没有。

唯一起效的是什么呢?强制工作的要求。这次试验得到了共和党主导的国会的支持,为比尔·克林顿大获成功的工作福利计划铺平了道路。

---

① 这被称为"外部效度",代表一个随机对照试验的结果能在多大程度上被推广到其他环境中。药物遗传学就是建立在这个概念的基础上的:很多药物的效果都取决于患者的基因型(往往也与人种有关)。结果就是,很多药物对欧洲和美国白人的效果更好,因为这类人在试验对象中占比最高。

边际收益的普适性应用

表面看来,似乎只有大型企业、政府和运动团队才能采用试验获取边际收益,毕竟,对照试验往往需要大量的人力物力才能进行。但是对设想进行测试说到底是一种思维观念,需要的是思想上的诚实和从失败中学习的意愿。这样看来,边际收益就与所有行业都有关了。事实上,它与几乎一切问题都有关。

来看看小林尊(Takeru Kobayashi)的故事。他是一名经济系学生,与女友住在日本东部四日市的一间公寓里。他一度穷困潦倒,连交电费都成问题。当时,他听说当地电视台举办了一项大胃王比赛,冠军奖金高达 5000 美元,于是报名参加了比赛,认真练习了一段时间,并最终取得了胜利。

小林尊对大胃王比赛产生了兴趣,他发现全球各地都有类似的比赛,奖金也非常丰厚,参赛不失为一个脱贫致富的好办法。于是,正如《像怪人一样思考》(Think Like a Freak)这本书中记载的,小林尊把目标锁定在全世界最大的大胃王比赛——每年 7 月 4 日在纽约科尼岛上举行,由内森食品公司主办的"国际吃热狗大赛"上。

比赛规则很简单:在 12 分钟内吃下最多热狗的人获胜。参赛者可以喝任何饮料,但不能大量呕吐(在这项比赛中这被称为"运势逆转")。

小林尊用边际收益的思维模式对比赛进行了准备。首先,他不去吃一整个热狗(此前所有的冠军都是这样吃的),而是先把热狗掰成两半。他发现这样一来他咀嚼得更加轻松,而且可以解放双手,加快拿取新热狗的速度。这就是一份边际收益。然后,他尝试着分开吃香肠和面包,而不是一起塞到嘴里。他发现自己吞香肠的速度非常快,但面包则难咽得多。

接下来，他又试验了用面包蘸水吃、蘸不同温度的水、蘸兑了植物油的水等各种方法，然后把自己练习的场面拍摄下来，用图表记录了各种数据，尝试各种不同的进食策略（不停猛吃、控制节奏、最后冲刺等），测试各种咀嚼、吞咽和扭动身体调整胃部空间以防止呕吐的方式。他对每一个微小的设想进行了测试。

刚到科尼岛时，他是个冷门人物，没人觉得他有可能赢。比起其他体形庞大的竞争对手，小林尊又矮又瘦。当时的世界纪录是在 12 分钟内吃下 25.125 个热狗，十分惊人。很多人都认为这个数字已经接近了人体的极限，但小林尊不这么想。这个学生彻底颠覆了这项大赛。他吃掉了 50 个热狗，这个不可思议的成绩几乎是原纪录的两倍。"人们总觉得胃口越大的人越能吃，"他说，"但实际上，这完全取决于你如何处理面前的食物。"

小林尊比历史上任何一名选手吃得都多，不是因为他去做了胃部增大手术或者比别人多出了一条食道（有选手真的这么说）。他的胜利来源于边际收益的累积。通过在各种微小领域采取严格测量的方式收获的失败经验，他走向了成功。这是一种"自下而上"的行为方式。

既然这种方式能被用在吃热狗上，它也能被用在任何事上。

顾全大局，还是注重细节

在结束这一章前，让我们用一张图来了解一下边际收益的概念。追求效果最优化的过程可被类比为攀登山峰。假设你从两座山中较低的那座山上低于山顶的 A 点开始攀登，向某个特定的方向迈出一小步。这时，你可以进行测试，看自己的位置是否比刚才更高。如果是的话，就再迈出一小步，并再次进行测试。

这样，通过很多次小步试探，每次都进行严格测试以保证方向正确，你最终便能到达那座小山的山顶。商业专家埃里克·莱斯（Eric Ries）在一篇关于最优化艺术的论文中指出，这种方法非常有效，即使你的双眼被蒙住也能成功。

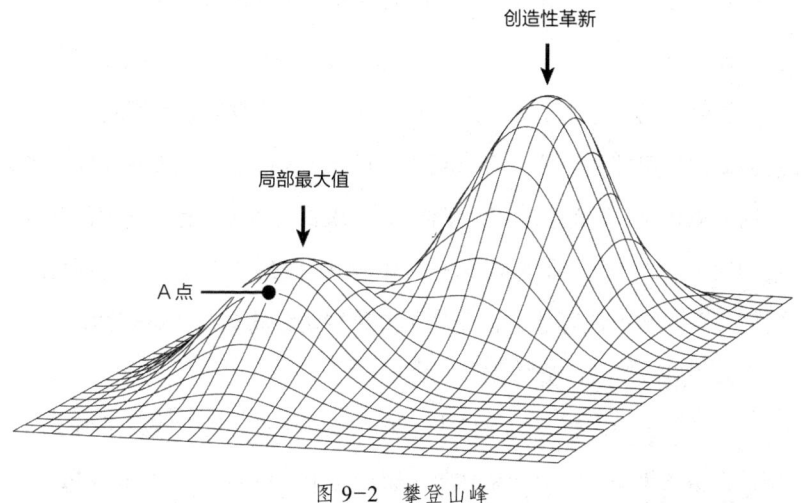

图 9-2 攀登山峰

这就是边际收益的力量。通过把一个大型挑战分解成许多小步骤，你就能进行严格的测试并逐步得到改进。每一步也许看上去都不起眼，或者用布雷斯福德的话说，"微不足道"，但这些小的改进会慢慢累积起来。你最终会到达最优点，也就是那座小山的山顶，它被称为局部最大值。这就是决定输赢的关键，不管是在体育领域、商业领域还是吃热狗大赛中都是如此。

但这张图同时也揭示了边际收益的局限性。通常在商业、科技等领域和日常生活中，进步并不意味着小心翼翼的试探，而是创造性的飞跃。进步意味着发挥想象力，让整个问题发生质变。实际上，这才是引领当今世界变革的最重要因素。

要明白这种差异，来看看百视达公司（Blockbuster）的例子。这家公司的主要业务是出租录像带，后来也出租 DVD 光盘。在 20 多年的时间里，这家公司经营状况良好，投资回报率很高。你可以想象在这家公司里，一位经理使用边际收益法则来进行管理：调整公司的商标，改进店内货架的设计，测试不同的折扣方式比如租二送一，等等。

每项测试都可能发挥作用。慢慢地，它们的效果会累积起来，帮助公司达到局部最大值。但问题也很明显：这种商业模式逐渐被奈飞公司（Netflix）等企业取代，录像带和 DVD 的出租业务在很大程度上被淘汰了。① 整个行业的格局发生了根本性的变化。（至少在可预见的时间里）再多的边际收益也无法帮助百视达公司继续生存。2013 年，这家公司进行了破产清算。②

在这张图中，较高的山代表了新的行业格局。边际收益是追求局部最大值的策略，它只能帮你攀上第一座山，但你到达山顶后再去小步试探，无论测试方式有多么完备，也不能再向上一步了。要继续保持竞争力，百视达必须进入一个全新的空间，开发新技术，建立全新的思维模式。

在政治、科技和商业领域，人们一直在权衡，到底该把注意力集中在能开拓新局面的大胆飞跃上还是该专注于边际收益，让已有的设

---

① 2000 年，百视达公司放弃了以 5000 万美元收购当时羽翼未丰的奈飞公司的机会。
② 很多情况下，遗传进化也是一种应对局部最大值问题的策略。很多用计算机程序广泛模拟进化过程的算法都有这样的步骤：以有规律的间隔进行较大的调整，以探寻参数空间的各部分距离，从而由局部最大值向更高值发展。

想达到最优化。是该测试小设想还是大设想？是要改变世界还是改造世界？说到底，是选择顾全大局（即所谓的"格式塔"[①]）还是注重细节（边际）？

答案很简单：必须二者兼顾。对一个系统或是一个机构而言，成功意味着同时具备对整体与细节的思考能力，既要有想象力，又要有自控力，既要能投身细节之中，又要能抽身事外，从宏观角度整体看待问题。

在这一章中，我们明白了通过对微小失败的认识，我们能不断获得微小的成功。边际收益作为一种观念，完全取决于察觉微小、潜在的弱点并从中学习的能力。下面，我们要去看看技术、设计和科学领域内的巨大飞跃，这些大胆的革新让我们的世界发生了巨变。

我们会发现，在这些关于变革的启发性的故事背后，有着一个深刻并常常被忽视的事实，那就是不经历失败就无法进行革新。事实上，对失败的厌恶感是创新道路上最大的绊脚石，无论在商业还是其他领域都是如此。

[①] 即格式塔理论，认为整体不等于部分之和。——译者注

第 10 章　失败激发创新

吸尘器业界的革命

戴森公司（Dyson）总部位于牛津以西约 64 千米的一幢颇具未来感的大楼里。正门外有一架鹞式战斗机——是真货，并非复制品，旁边是一艘高速登陆舰，它们无疑都暗示着大楼内部的不同寻常之处。

公司的董事会主席和首席工程师詹姆斯·戴森（James Dyson）就在大门正上方一块玻璃幕墙背后的办公室中工作。办公室后面的墙上排列着一系列美妙的发明，正是这些发明让戴森成了英国创新领域的标志性人物：超高效吸尘器、未来派造型的烘手器以及很多还没从生产线上下来的装置。戴森一共拥有超过 4000 项注册专利。

革新往往不是由微小的进步累积起来的，而是戏剧性跨越的结果。电视不是由之前就存在的装置改造的，而是一种全新的技术。爱因斯坦的广义相对论也不是在牛顿的万有引力定律基础上发展而来的，而是几乎在每一方面都取而代之。同样，戴森的双层气旋吸尘器也不是对当时已有的吸尘器加以改进的产物。这个发明的出现让业内人士彻底改变了自己的思维模式，从一种全新的角度思考如何去除室内的灰尘与头发。

戴森一直积极传播创造性革新的观点，这在很大程度上是因为他认为这种观点在当今世界上遭到了根本性的误解。我们在他的办公室里谈话时，他不断飞快拿起纸张、专利证明、教科书和他自己的设计来支持自己的观点。他身材高大、双眼明亮、充满活力，原本计划半小时的对话持续到了晚上。当时太阳已经落山，桌上的一盏台灯（由他儿子设计，使用的 LED 灯泡寿命为 16 万小时，而普通灯泡寿命仅有 2000 小时）照亮了他表情丰富的面孔。

戴森对我说：

> 人们总以为创新是一项神秘的活动。他们觉得创造性的想法凭空出现，纯粹是思考的结果。他们认为创新是偶然发生的，特别是发生在天才的身上，但这其实大错特错。创新是需要投入大量工作的，同时也有其独一无二的特征。我们只有真正了解创新是怎么发生的，才能提升我们的创造力，无论对社会还是对整个世界来说都是如此。

戴森对创造力本质的思索始于他 20 多岁时的一个星期六早晨，在英格兰西部的一间小农舍里。那是戴森的家，当时他正在家中使用胡佛牌吸尘器。和别人一样，他注意到吸尘器总是很快就失去吸力了。"那是一台顶级的吸尘器，"他说，"它有全世界最强力的真空电机，但是几分钟内就没了吸力，开始发出尖啸声。我以前也遇到过这种问题，从小到大，我都负责在家中吸尘，这个问题一直没能解决。但那次我真的受不了了。"

戴森大步走进花园，拆开了吸尘器。他看到了传统真空吸尘器的

第 10 章 失败激发创新

内部构造：一个电机、一个灰尘袋（也有过滤网的作用）和一根塑料管。原理很简单：灰尘和空气被吸入袋中，空气通过袋子内壁上的小孔进入电机，而比空气重的灰尘则留在袋子里。戴森说：

> 袋子里满是灰尘，我猜想这就是吸尘器失去吸力的原因。因此我打开了袋子，把灰尘都倒掉，然后把袋子装了回去。但当我回去接着使用吸尘器时，效率却没有提高。尖啸声立刻又出现了。一点吸力也没有。
>
> 我突然意识到，真正的问题并不在于袋子被装满了，而是因为袋子内壁上挂满了一层薄薄的灰尘，袋上的小孔都被堵住了，细小的灰尘塞满了这个过滤网。这就是传统真空吸尘器频繁失效的原因：最先被吸入的灰尘把吸尘器堵住了。

这个认识启发他想到了一个新点子：不要袋子怎么样？如果能造出一个完全没有灰尘袋的吸尘器，那会是什么样的？"如果能找出一种方式，让灰尘和空气以别的形式分离，而不是使用传统的灰尘袋，就不会有灰尘堵塞过滤网导致吸力不足的问题了。"他说，"这会在吸尘器业界掀起革命。"

在接下来的3年里，这个创意一直在戴森脑海中慢慢沉淀。作为英国皇家艺术学院的一名毕业生，戴森当时已经是一名具备资质的工程师，在巴斯市的一家公司工作。他很喜欢把东西拆开，观察它们是如何工作的。他充满好奇和寻根究底的精神，喜欢挑战困难而不是接受现状。但现在他遇到了一个难题，并为之深深着迷。

一次，他正在一家木材商店里，突然，那个难题的解决方式像一道闪电般划过了他的脑海。

现在你在商店里可以拿起一根木材就走,但过去得在现场切割和打磨,所以我要等很长时间。我站在那里等待时,注意到机器上都有排风管道,一直沿着一个装置通向屋顶,这个装置有9到12米高。

那是一个气旋分离器(一个圆锥形的装置,能改变气流的动态,通过离心力让灰尘和空气分离),是用电镀不锈钢制成的。尽管切割木材时机器上不停地掉下灰尘,屋顶的烟囱里却一点灰尘都没有。我被这种装置迷住了。这个东西一天到晚收集细小的灰尘,但似乎完全不会被堵住。

戴森飞快冲回家里,那就是他灵光一现的时刻。"我大概了解气旋分离器的原理,但对细节的了解不够。我很好奇,把它缩小的话还会不会管用?我找了一个旧纸壳箱,用胶布和硬纸板做了一个复制品。然后,我把它用软管和吸尘器连在了一起。这就是我的硬纸板气旋分离器。"

试用这个新吸尘器时,他的心跳得飞快。它会管用吗?"看起来棒极了,"他说,"灰尘被吸起来了,但没有从上面的小烟囱里飘出来。我跑到老板那里对他说:'我想我有一个不错的点子。'"

这个简单的创意,这个灵光乍现的时刻,最终使得戴森成为个人资产超过30亿英镑的富翁。

创意的生成

戴森的故事蕴含着许多道理。首先，在事后看来，解决方案似乎很明确。这在创新领域很常见，我们在后面还将讲到这一点。

现在让我们来关注这个故事的其他方面。第一，创新过程始于现有技术中的一个问题，甚至可被称为一个失败。吸尘器总是被堵住，还发出刺耳的尖啸声。戴森不得不弯下腰来用手捡垃圾。

如果一切都很顺利，戴森就不会有做出改变的动力了。他更不会全身心投入一项智力上的挑战。正是工程问题的本质催生了解决方案——无灰尘袋的吸尘器。

这可以说是创新过程的最佳案例。不管是新型吸尘器、新的商标名称还是新的科学理论，在很多意义上，创新都是一种解答。

相对论是对牛顿机械定律不足之处的解答，可以在物体高速运动时对其状态做出准确预测。

防护用胶带是对传统胶带的解答，从车身或者墙上揭下来时不会带下油漆。

折叠式婴儿车是对传统笨重婴儿车不实用性的解答。设计折叠式婴儿车的欧文·麦克拉伦（Owen Maclaren）在看到女儿费力地用婴儿车推着外孙女时想出了这个创意。

手动收音机是对"非洲缺少电池"这个问题的解答。这个问题对知识的传播极为不利。特雷弗·贝里斯（Trevor Baylis）在电视上看到一个关于艾滋病的节目后想到了这个创意。

自动柜员机是对"银行关门后取不到钱"这个问题的解答。发明者约翰·谢泼德–巴伦（John Shepherd-Barron）在一个晚上躺在浴缸里为忘了去银行而发愁时想到了这个创意。

我们之前看过的 Dropbox 软件，是对"忘带 U 盘，找不到重要文件"这一问题的解答。

创新过程是为了解答某个难题而出现的。有一个术语专门描述这种情况，即创新的"问题阶段"。"那个破玩意儿让我烦心好多年了。"戴森指的是传统吸尘器，"我对那种技术的低效感到忍无可忍，与其说是'问题阶段'，倒不如说是'憎恨阶段'。"

我们通常会忽视创新过程的这一面。我们总是把注意力集中在奇迹出现、灵感迸发的时刻，比如牛顿被苹果砸中时的福至心灵，或者阿基米德在洗澡时的灵光乍现。也许这就是创新看起来如此不现实的原因。灵感似乎随时随地都会出现，只要守株待兔就好了。

但这种看法忽视了创造力的一个不可或缺的特点。如果没有问题、没有失败、没有缺陷、没有挫折，创新将毫无用武之地，也就失去了重心。正如戴森所说："应该把创造力看成一场对话。要想给出惊人的回答，必须先有一个问题。"

要形象地了解创造力的"回应性"这个特点，可以来看一个试验。加州大学伯克利分校的心理学家查兰·内梅斯（Charlan Nemeth）和同事们把 265 名女大学生随机分为若干个小团队，每队 5 人。各队都得到了同样的任务：提出缓解旧金山湾区（Bay Area）交通拥堵情况的解决方法。这些小团队又被分为 3 组，各组按照不同的方式工作。

第一组人使用的方式是头脑风暴。这是历史上最有影响力的创意启发法，带有一丝孕育创造力的神秘感：试图通过思考与想法的自由流动找到答案。在头脑风暴中，唯一的目的是移除阻碍，让困难最小化。在头脑风暴中，人们不能互相批评或指出别人意见中难以实现的地方。阻碍他人发言是错误的，驳斥别人更是一种罪恶。

广告人亚历克斯·费克尼·奥斯本（Alex Faickney Osborn）曾在20世纪40—50年代写过一系列关于头脑风暴的畅销书。他说过："创造力是朵娇嫩的花朵，唯有用赞美来呵护才能使之绽放，泄气的话语常常会让它枯萎。"

第二组人则没有方法的限制。他们可以做任何事，只要想出解决方案就行。

第三组人则被鼓励要互相指出想法中的缺陷。对他们的要求是："多数研究都表明，找到良好解决方案的最佳途径是提出尽可能多的方案。这里欢迎自由发挥，不要害怕说出你所想的任何事。不过，大多数研究多建议*你们应该展开辩论，甚至要批评对方的观点*（斜体字为作者标注）。"

试验的结果很惊人。被鼓励提出异议和互相批评的那一组人比头脑风暴和没有限制的那两组人多提出了25%的建议。而当每个人都被要求提出更多的交通问题解决办法时，"异议批评"组比"头脑风暴"组提出的新想法多两倍。

更多研究表明，善于提出异议的讨论不但能比头脑风暴启发更多创意，而且这些创意也更具想象力和可行性。内梅斯说："我们发现，鼓励辩论，甚至是批评，能够刺激更多创意的产生。在一个允许甚至是鼓励表达不同意见的文化中，可能会诞生最多的创意。"

这种情况并不难理解。头脑风暴的问题不在于这种方法坚持让大家自由发言或快速联想，而在于当这些建议得不到批评的反馈时，它们也就没有回应的对象了。批评能让问题浮出水面，把困难摆到桌上，这样我们才能换个角度思考。当我们的设想被驳斥时，我们就会对现实有新的认识。把失败从创造中去除，就好像把火焰与氧气隔绝一样。

再来看看戴森和吸尘器的故事。正是已有技术中的缺陷迫使戴森从新的角度看待清洁问题。过滤网堵塞的问题是不能逃避的，也不能对其视而不见。这个问题，这种失败，正是对重新发明吸尘技术送出的一份烫金请柬。

想象力并不脆弱，它能从缺陷、困难和问题中得到活力。把自己与失败隔绝，无论是因为头脑风暴的教条、对批评的禁忌还是认知失调的影响，[①] 都无异于抛弃了最具价值的思想工具。

"创新过程总是以问题开始的。"戴森说，"我对吸尘器的痛恨长达20年，我对烘手器的恨比这还要长。如果它们性能良好，我就不会去思考新的解决方案了。但更重要的是，在这种情况下，即使我提出了新方案，也不会有用武之地。失败是想象力的养料，没有失败，就没有想象力。"

内梅斯和一位同事还进行了另一次试验，极具说服力地证明了"错误激发创造力"这一现象。在典型的自由联想测试中，受试者会拿到一个词，并被要求说出看到这个词后联想到的第一个词。

问题在于，我们中的很多人在做这样的联想时说出的词都很枯燥无味。如果给出的词是"蓝色"，很多人想到的第一个词就是"天空"。如果给出的词是"绿色"，我们就会说"草地"。这可谈不上是什么灵感。在内梅斯做的自由联想试验中，她为志愿者播放了各种颜色的幻灯片。不出意料，他们给出的都是陈腐乏味的联想。

[①] 比如一些经济学家总是为自己的预测找借口，以使自己永远不会失败。这种举动就破坏了创造性过程。因为如果没有失败、没有缺陷、没有挫折，他们就失去了重新审视自己思路的动力与热情。他们的才华都用在了保护自己的观点而不是对这些观点进行革新上。

但随后，内梅斯安排一名试验助手喊出错误的颜色。幻灯片是蓝色时，这名助手就喊"绿色"。这时，奇怪的事情发生了。当内梅斯要求志愿者对错误的颜色进行自由联想时，他们突然变得极具创意，联想到的词语远远超过了常规范畴，蓝色变成了"牛仔裤""孤独"，或者"迈尔斯·戴维斯"①。

这是为什么呢？现在我们可以来看看答案了。和错误给人的感觉一样，反对意见总是刺耳的。这种意见能刺激我们用新的方式来看待问题。我们开始打破常规思路（如果一切都顺利，也就不会换种方式思考了）。当有人喊出错误的颜色时，我们的常规思路被打断了。这时，我们就能产生前所未有的联想。

了解了这一点，我们再来看看戴森的故事中另一个重要的方面。我们记得，戴森在灵光乍现的时刻把两个不同的物品结合在了一起：吸尘器和锯木机。这两样东西风马牛不相及，使用它们的场所也截然不同：一个在家中，另一个在锯木厂。差不多可以说，这两样东西从概念上看就分属于截然不同的类别。

戴森的发明从根本上说就是要把这两样东西合并起来，他起到了一个桥梁的作用。创造性的举动首先是一种合成。"我想，可能是我这么多年的郁闷经历让我成了发现解决方案的最佳人选。"他说，"这个解决方案就是把两种已有的技术结合在一起。"

事实证明，这种结合行为是创造力的另一个重要特点。约翰内斯·古登堡（Johannes Gutenberg）就是把葡萄酒压榨技术（这种技术已经存在了好几百年）和纸张的压印技术结合在一起，从而发明了活

---

① 美国著名爵士小号演奏家。——译者注

字印刷术。

莱特兄弟把他们对自行车的了解带入了动力飞行的问题中。

谷歌公司排序算法的成功，是谢尔盖·布林（Sergey Brin）和拉里·佩奇（Larry Page）在一种给学术论文排序的既有方法的基础上创造的。

透明胶带是一个获得了极大商业成功的发明，它来源于胶水和玻璃纸的结合。

折叠式婴儿车的灵感来源于第二次世界大战中战斗机的折叠式起落架，这种技术被应用在已有的婴儿车制造技术中。

难怪堪称融合概念艺术大师的史蒂夫·乔布斯曾说："创造力不过就是把事物联系在一起。"

如果说失败让创意有了诞生的可能，那么灵光乍现的时刻则来源于原本无关的想法或技术的结合，这是一个寻找事物潜在联系以解决问题的过程。要注意，整个过程是紧密联系在一起的。正是因为遇到了不和谐的信息，我们才被迫去寻找不同寻常的联系，正如我们在此前的自由联想试验中所见的那样。

简单来说，失败与灵感是不可分割的。灵感往往是在一段时间的孕育后才降临到我们头脑中的。在这段时间里，某种问题一直存在，有时会持续很多年，就像戴森的故事一样。

神经科学家大卫·伊格曼（David Eagleman）在《隐藏的自我：大脑的秘密生活》（Incognito: The Secret Lives of the Brain）中写道："当灵感出现时，神经回路其实已经用了几个小时、几天甚至几年的时间来处理问题、统一信息并尝试新的组合方法。但人们往往只注意到灵感的来临，却很少去关注背后隐藏的那个庞大的思考机器。"

第10章　失败激发创新　235

对创造力的关注主要集中在如何触发灵感、如何从问题阶段走向解决办法的过程中。事实证明，灵感往往会在下面两种情况中出现。

第一种情况是在人们"关闭"思考时，如洗澡、散步、啜饮美酒或是白日做梦时。如果我们过于集中精神，太过刻意思考，反而无法发现事物间潜在的联系，而这对创造力是至关重要的。我们要退一步，让"关联阶段"自己出现。诗人朱莉娅·卡梅伦（Julia Cameron）曾说："我懂得让在一边，让创意通过我展现力量。"

如我们所见，灵感降临的另一种情况是当我们受到他人反对的时候，正如麦吉尔大学的心理学家凯文·邓巴（Kevin Dunbar）所做的一个试验。他在4个分子生物学实验室中架设了摄像机，记录下实验室内的一切情况，希望能观察到科学进展是如何发生的。他预计能够看到科学家各自独立思考、勤奋工作的景象。

而事实上，在实验室的会议中，研究者们坐在一张桌子旁畅谈工作时，科学进展才会出现。为什么呢？因为他们此时必须对同事的质疑和批评做出回应。在面对这种不和谐的声音时，他们才能发现事物间的新联系。

作家斯蒂芬·约翰逊（Steven Johnson）写道："同事们的诘问让研究者不得不从全新的角度或层面来考虑自己的实验。小组之间的互动对研究者的设想提出了挑战……创新的发源地并非显微镜，而是会议桌。"

这也解释了为什么城市中总是充满了创意，为什么建筑物的中庭是个重要的地方。事实上，任何把人和想法聚在一起、让人们与彼此接触的环境都对创意很有助益。这些环境促进了不同意见的结合，让人们面对面展开质疑和批评。这一切都有助于创意的产生。

我们对创造力的探寻揭示了一个最重要的事实：创意高度依赖环境，它是对特定时间地点下的特定问题产生的回应。脱离了环境，创意就没有了诞生的理由，也没有了生长的土壤。

要进一步认识这个问题，让我们来看看"群体独立发明"这一现象。斯蒂芬·约翰逊列出了一份详细的列表，上面记载了很多人在几乎同一时间里各自独立工作后产生的突破与进展。

比如，太阳黑子是4名科学家于1611年分别在4个不同的国家发现的。17世纪70年代，艾萨克·牛顿爵士和戈特弗里德·莱布尼茨先后发明了微积分。1745年，埃瓦尔德·乔格·冯·克莱斯特（Ewald Georg von Kleist）发明了电池的雏形，荷兰莱顿城的安德雷斯·昆努斯（Andreas Cuneus）在1746年也独立研制出了类似的装置。

19世纪40年代，4名科学家各自独立提出了能量守恒定律。自然选择进化论由查尔斯·达尔文和阿尔弗雷德·拉塞尔·华莱士（Alfred Russel Wallace，一位不出名但极为杰出的学者）在19世纪中期分别提出。S. 克钦斯基（Korschinsky）和雨果·德弗里斯（Hugo de Vries）分别于1889年和1901年发表了基因突变的相关发现。

就连爱因斯坦的研究也有同行者。法国数学家亨利·庞加莱（Henri Poincaré）于1904年就提出了"相对性原理"，1年以后，爱因斯坦发表了关于狭义相对论的里程碑论文。

20世纪20年代，哥伦比亚大学的威廉·奥格伯恩（William Ogburn）和多萝西·托玛斯（Dorothy Thomas）在一篇论文中列举了148个事例，说明这种群体独立发明是正常现象，而不是一种特例。他们把这篇论文命名为《发明是必然的吗？》（*Are Inventions*

第10章 失败激发创新 237

Inevitable?》)。①

之所以出现这种现象,是创造力的"回应性"特点造成的。牛顿力学定律的失效导致了特定问题的产生,需要特定的解法。不只是爱因斯坦和庞加莱,亨德里克·洛伦兹（Hendrik Lorentz）和大卫·希尔伯特（David Hilbert）当时也在寻求解决办法。事实上,在相对论问题上有所谓的"相对论优先权之争",讨论的就是谁在什么时候发现了什么。

因此,那种认为如果爱因斯坦早生300年,我们在17世纪就能利用相对论的想法无疑是错误的。那时不可能发现相对论,主要是因为那时需要用相对论来解答的问题还没有显现。

爱因斯坦也许确实比他的同辈们看得更深更远（个人因素同样也很重要,爱因斯坦确实是个极富创造力的天才）,但他的见解也不是凭空而来的。约翰逊写道:"优秀的创意不是从空气中变出来的。"

戴森对创造力的这个特点十分了解。"每次我在某个特定领域申请专利时,就会发现别人早已等在那里。"他说,"在我们申请过的数千项专利中,没有一项是别人没做过的。比如气旋吸尘器,就早已有了多项相关专利。"

这就引出了一个明显的问题:为什么第一个想出气旋吸尘器的人不去利用这个发明赚大钱呢（第一项气旋吸尘器相关专利早在1928年就出现了）?为什么是戴森而不是之前的人改变了世界家庭清洁行业的格局呢?

---

① 发明者对发明优先权的争执也是件趣事。有些争执非常激烈,比如牛顿和莱布尼茨的微积分发明权之争;有些则友好和平地得到了解决,比如华莱士和达尔文之间的争端。一位作家写道,华莱士"带着不掺杂丝毫嫉妒的仰慕之情,甘愿置身于达尔文的阴影里"。

我们已经发现，我们容易忽视灵感到来之前的过程，但我们更容易忽视之后的事情。正是这种忽视解释了为什么一些人改变了世界，而另一些人只是专利手册上的注脚。

灵感降临的时刻并非发明创造的终点，而是最激动人心的过程的开始。

创意的执行

戴森快步走进工作室。他想到了一个了不起的创意：一个没有灰尘袋的吸尘器，灰尘通过气流而非过滤网与空气分离。但他没有得到支持，公司董事会对他的创意不感兴趣。（他们对他说："如果这是个好主意，胡佛和伊莱克斯为什么不这么做呢？"）因此他与一位匿名合伙人共同创业，成立了自己的公司。那位合伙人提供了一半资本。

戴森的工作室很小，以前是个马车房。那里没有窗户，也没有暖气。开始时，他连工具都没有，资金也少得可怜。同时，他还因为抵押住房贷款办公司而背负着不少债务。但当时33岁的戴森（那时他已是3个孩子的父亲，还有一位全力支持他的妻子）心意已决。

我们已经知道，他的第一个样机是他从木材商店回来后用硬纸板和胶带做出的气旋分离器。那个样机效果不错，尽管肉眼看不到灰尘从分离器的顶部飘出，戴森仍然想要确定是否已经吸走了所有灰尘。

这是他在灵感降临后的第一个任务。他买了几块黑布，又去找了一些白色的细粉末，然后把黑布罩在气旋分离器上，再用吸尘器去吸那些白色粉末。他发现有些粉末确实没有被分离，他可以在黑布上看到白色的残留物。

于是，他调整了分离器的外形，试图改进分离效果。他尝试了新的尺寸和新的形状。每次调整中，他都能发现一点微小的变化是如何影响整体解决方案的。关键就在于要让气流与分离效率之间达到平衡。

每次重新调整后，戴森都会学到一些新东西，明白哪些办法行得通。大多数时候，他都在不断失败。"一个分离器有很多变量：入口和出口的尺寸、角度、直径、长度等。最麻烦的是，对一个变量进行调整，就会影响其他所有变量。"

他为此投入了大量精力。"我当时买不起电脑，所以只能把试验结果手抄成一本书。"戴森回忆说，"光是头一年，我就进行了数百次试验。那本书非常非常厚。"

频繁的试验逐渐解决了分离极细粉尘的问题，但戴森又遇到了另一个困难：长发和絮状尘土。这些垃圾没法通过气旋的动力从空气中被分离出来。"它们会随着空气从上面飘出来，"他说，"这是个很大的问题，而且传统的气旋分离器似乎无法解决这个问题。"

这个大问题引出了又一个灵感：双层气旋分离器。"第一层气旋分离出棉线和头发等垃圾，随后空气被推到第二层气旋中，细小的粉尘在这里被分离。"他说，"双层气旋就完全能解决问题了。"

戴森一共进行了多达 5127 次试验，才完善了这项技术，将其应用于吸尘器的制造中。创造性的飞跃至关重要，而且难能可贵，但那毕竟只是创造过程的开始，真正艰难的工作在于耐心地通过自下而上的反复打磨不断改进设计方案。换句话说，通过灵感的迸发，戴森来到了一座更高的山的脚下。现在，他需要通过系统性的工作，向着新高度进发。

戴森说：

我去申请专利时，总有别人先我一步。我说服专利审查员的理由是：也许他们从木材商店回来后也会产生同样的灵感，甚至他们也做出了早期的样机，但没有一个人能制造出真正有效的产品。我的产品在统计学角度看与他们的完全不同。这就是我的决定性优势。

创造力有两个层面。想要产生创意，往往需要后退一步，从大处着眼看问题，要把不同的想法结合在一起，这是联系的艺术。但要让创意产生作用，则需要严格的专注力。戴森说："如果说创意要靠大局观，开发就要从小处着眼。关键在于要同时保持两方面的注意力。"

这一点正是当今世界中创造性成功得以产生的根本原因，上一章章末也讲到了这一点。我们常常说，在这个不断变化的世界中，富有创新精神的企业会占据主导地位，但这种说法充其量对了一半。吉姆·柯林斯与莫滕·汉森（Morten Hansen）在其合著的《选择卓越》一书中指出，创造力确实是成功的必要条件，但一定不是充分条件。

1983年到2002年，美国生物技术公司基因泰克（Genentech）在专利数量方面超过了主要竞争对手安进公司（Amgen）2倍多（从被引用次数来看，其专利影响力也胜过了安进公司），但安进公司的收入却是基因泰克的30多倍。

出现这样的情况一点也不奇怪。杰拉德·J. 泰利斯（Gerard J. Tellis）和彼得·N. 戈尔德（Peter N. Golder）在其合著的《意愿与远见》（*Will and Vision*）一书中研究了66个不同商业类别中的长期市场领导地位和开拓创新之间的关系。他们发现，只有9%的开拓者能成为市场上的赢家，而多达64%的开拓者遭遇了彻底的失败。

吉姆·柯林斯写道:"安全剃刀的发明者不是吉列,而是 Star;拍立得相机的发明者不是宝丽来,而是 Dubroni;计算机表格运算的发明者不是微软,而是 VisiCorp;在线售书方式的发明者不是亚马逊;在线互联网服务的发明者也不是美国在线公司(AOL)。"

这些赢家,这些不是第一个想出创意却让创意大获成功的公司,它们成功的关键是什么呢?可以用一个词来解答:执行力。它并不仅指把一个创意打磨成优秀解决方案的过程,更指完美的生产过程、完整的供给链条和完善的交付手段。①

戴森不是第一个想到气旋式吸尘器的人,甚至不是第二个或第三个,但他是唯一坚持失败,直到让概念变为可行性方案的人。同时,他还建立了一个高效的生产过程,因此才能持续不断地售出产品。

他的竞争对手遇到了同样的问题,也想出了同样的创意,但是他们却不具备同样的适应能力,所以他们无法让创意变成现实,更不可能使其转化成生产线上的产品。

柯林斯以英特尔公司与先进存储系统公司(Advanced Memory Systems)的竞争为例,解释了这一关键的区别。当时,英特尔在开发千字节存储芯片的竞争中落后了几个月的时间。在向生产 1103 芯片发起冲刺时,英特尔遇到了很大的问题,包括一个可能从芯片中擦除数据的严重问题。当时英特尔落后得太远,那场竞争似乎胜负已定。

然而,英特尔在市场上却把先进存储系统公司打得丢盔卸甲。员

---

① 让生产过程无缝运行,关键在于消除不必要的枝节问题,运用过程控制等手段减少变量。创造性革新需要大量试验,而试验会增加变量。要了解关于这种对立以及如何调节对立的更多信息,可见 http://www.forbes.com/sites/ricksmith/2014/06/11/is-six-sigma-killing-your-companys-future/。

工们夜以继日地赶工，开发新样品，把芯片打磨到可以投放市场的地步。但他们同时也确保解决了所有供应问题，这对成功同样至关重要。柯林斯写道："英特尔对生产、供应和出货量各方面都精益求精。"

到了 1973 年，人人都在用英特尔的产品。他们的广告语不是"英特尔发明创造"，而是"英特尔说到做到"。

戴森说：

> 如果生产过程粗制滥造，再完美的设计也没有用。如果消费者不知道自己能否按时收货，再创新的工程解决方案也没有用。不能保证持续生产能力就意味着伟大的创意无法变成精良的产品。创意只占整个生产过程的 2%。一定不能忽视其余的部分。

柯林斯写道：

> 我们认为，每一种环境都有一个"创新的门槛"。要跨过这道门槛，才能参与到竞争中来……那些连门槛都没摸到的公司是不可能赢的。但令我们吃惊的是，一旦跨过了这道门槛，创意再出众似乎也没什么太大用处了，在高度复杂的环境中尤其如此。

赢家需要创造力，也需要执行力。既要有纵览全局的想象力，也要有注重细节的专注力。"很少有人能完成的一项重要工作，就是把高度的创造力和坚韧的执行力结合起来，这样才能发挥创意的最大作用，而不是毁掉创意。"柯林斯写道，"结合了创意和执行，就会让创意的价值成倍增加。"

玩转创意的皮克斯

在结束对创意的研究之前,让我们来看看皮克斯公司的故事,这家动画公司把上面提到的许多要素结合到了一起。几乎没有任何机构能够在创意上与皮克斯相提并论。长年担任皮克斯公司主席的艾德·卡特姆(Ed Catmull)干脆把自传命名为《创意公司》(*Creativity Inc.*)。

皮克斯出品的高票房电影包括《玩具总动员》(*Toy Story*)、《怪物公司》(*Monsters Inc.*)、《海底总动员》(*Finding Nemo*)等,这些影片的全球平均票房达到了6亿美元。它们在口碑上也大获成功,赢得了多项奥斯卡奖。在烂番茄影评网站上,《玩具总动员》和《玩具总动员2》(*Toy Story 2*)都获得了100%的好评。

当然,皮克斯拥有一群聪明而富创造力的员工。领衔编剧为最新影片写出引人入胜的故事情节,然后在大型会议上向更多员工公布这些故事,往往会得到好评。一个好的故事是创意的集合:把不同的叙事链用小说的形式结合在一起。这是皮克斯工作过程中的重要环节。

但现在,想一想接下来发生的事。故事情节将会被拆分。随着动画进入制作过程,每一帧画面、每一条故事线和每一个场景都会经历讨论、异议和测试的过程。制作一部90分钟的影片需要画大约12000张分镜图。而由于需要重复上述过程,到电影真正完成时,故事团队往往要画125000张分镜图。

《怪物公司》这部影片的制作过程生动地体现了创意在批评的影响下发挥作用的过程。故事原本讲的是一名痛恨自己工作的中年会计师从母亲处得到了一个素描本。他小时候曾在素描本上画怪物,这些怪物在夜里会真的出现在他的卧室里,但只有这名会计才能看见怪物,这些怪物成了他心底不敢面对的恐惧。长大后,他终于理解了自己的恐惧并克服了它。

这部影片的最终版本令世界惊叹（也赚回了5.6亿美元的票房），但与原版有很大不同。故事讲的是邋遢的怪物苏利和一个叫阿布的小女孩之间非同寻常的友谊。在电影的制作过程中，故事在批评声和对创意的测试中不断改进。在主角从中年会计师变成小女孩后，剧情还在不断进化。卡特姆写道：

> 人类主角一开始是个叫玛丽的6岁女孩，然后改成了一个叫阿布的7岁女孩。她很强势，甚至有些颐指气使。最终，阿布又被改成了一个天不怕地不怕、还没学会说话、刚刚开始走路的幼儿。苏利的好兄弟那个角色——由比利·克里斯托（Billy Crystal）配音，圆头圆脑、一只眼的麦克——则是直到初稿写好一年后才被加入剧情的。为了给那个无比复杂的世界定下规则，皮特（本片的导演）无数次走进了死胡同。最终，这些死胡同汇成了一条大道，为故事的发展指明了方向。

《玩具总动员2》是皮克斯创意过程的又一个典型案例。距预计的上映日期还有1年时，故事大纲还没有成型。故事的焦点是玩具牛仔胡迪的选择：是在收藏家的柜子里过着舒适安逸的生活，还是回到他所爱的小主人安迪身边？问题是，这是迪士尼公司出品的电影，因此观众知道这部电影必然有个大团圆结局，胡迪一定会回到安迪身边。

"这部电影需要让人相信胡迪面对着一个真正两难的选择，这种处境还要让观众感同身受。换句话说，这部电影需要的是戏剧性。"卡特姆在回忆录中写道。时间越来越少，打磨故事的过程也越来越紧张。

公司员工加班到深夜，测试各种想法。

当时，有一名艺术设计师忘记送孩子去托儿所，于是就把孩子带到了公司。在工作了几小时后，他的妻子打电话来询问孩子的情况，这名设计师才突然想起自己把孩子留在了停车场中被晒得滚烫的车里。他们飞奔出去，才发现孩子已经昏迷了，于是赶忙用冷水给孩子降温，万幸孩子没有大碍。这个事件反映出了当时皮克斯员工的紧张程度。

电影经过了数百次小的改动，也有几十次较大的改动。此外，还有一次对剧情的重大调整：故事开头讲的是胡迪的胳膊出现了一个裂口，于是安迪没有带他去牛仔营。此时编剧决定添加一个新角色。

"我们加入了一个新角色——企鹅吱吱。吱吱告诉胡迪，他因为发声部分坏掉了，被丢在架子上几个月都无人问津。"卡特姆说，"吱吱在故事开头点出了一个关键点：无论如何被珍视，只要玩具破损了，早晚就会被束之高阁，也许永远不会再受宠了。吱吱就这样为整个故事的情感设置了风险。"

现在剧情具备了真正的紧张感。胡迪会选择留在所爱的人身边，明白自己早晚会被抛弃，还是选择一个永远舒适的世界？这是一个高度复杂并具有道德严肃性的主题。最终，胡迪选择了安迪，但他明白，这个决定会让他在未来遭遇不幸。"我不能阻止安迪长大，"他告诉翠丝[①]，"但我绝不会错过陪他长大的日子。"

卡特姆说：

一开始，我们的电影都很烂。我知道这样说有点太直接，但

[①] 影片女主角，一个女性牛仔玩偶。——译者注

我……选择这种说法是因为用委婉的方式不能体现出这些故事开始时的恶劣程度。我这样说不是谦虚。皮克斯的影片开始时并不好，我们的任务就是让这些影片……从烂变成不烂……

我们真心相信直接的反馈和迭代过程的力量。返工、返工再返工，直到一个漏洞百出的故事找到内在联系，或者一个空洞的人物找到自己的灵魂。

听上去熟悉吗？这是内梅斯的试验中关于异议的要求的最佳描述。

有人会说，测试对工程师和吸尘器、喷嘴和窗帘导轨等硬件产品很重要，但不适用于软性的、看不见的问题，比如创作小说或是给孩子们的动画片编写剧本。而实际上，迭代过程对两者同样重要。它不是一个额外的选项，而是创造性过程中不可或缺的组成部分。

皮克斯也曾试过抛弃他们的铁律，从灵感一跃向最终成品进发。"当时我们的目标是在开始制作电影之前就完成剧本定稿。"卡特姆在回忆《海底总动员》时写道，"我们当时相信，尽早锁定故事不但可以让电影更加出类拔萃，而且还能节省制作成本。"

结果行不通。皮克斯最受尊敬的导演之一，安德鲁·斯坦顿（Andrew Stanton）最初构想的故事是，一条过分保护自己儿子的小丑鱼马林出发去寻找儿子。他在对团队讲述创意的时候获得了一致好评。"他表示，故事进行的方式会是一系列闪回的交替剪接，解释为什么尼莫的父亲在涉及自己儿子的问题上总是过度担心，自寻烦恼。"卡特姆写道，"他把两个故事无缝衔接起来了：一个讲的是尼莫被潜水员捉走后，马林在寻找儿子过程中发生的故事；另一个是在悉尼的水族箱中，尼莫和一个名叫'鱼缸帮'的小团体中的热带鱼相处的故事。"

第 10 章 失败激发创新 247

斯坦顿在公司内部得到了热烈的反馈,然而这个创意进入制作过程后,问题开始出现了。试映观众对闪回表示困惑。马林也不受欢迎,因为电影花了太长时间讲他过度保护儿子的原因。时任迪士尼总裁迈克尔·艾斯纳(Michael Eisner)观看了粗剪版本后表示并不满意。他曾说:"昨天我们第二次观看了皮克斯的下一部影片《海底总动员》。电影还可以,但远远比不上他们之前的作品。"

事到如今,皮克斯又回到了严格的打磨过程中。首先,他们把叙述方式调整为按时间顺序叙事,故事由此开始向线性转变,鱼缸帮的故事变为次要的故事线。其余的调整比较小,但累积起来也产生了重要的作用。到最后,这部电影从"烂"变成了"不烂"。卡特姆写道:

> 尽管我们期望《海底总动员》能够改变我们工作的方式,但最后我们在制作过程中做出的调整丝毫不比之前的影片少。这样的结果当然是一部让我们感到非常自豪的电影,它成了当时电影史上票房最高的动画片。
>
> 这部电影唯一没能做到的就是改变我们的生产过程。

失败要趁早

戴森、卡特姆和其他的开拓者为我们对于创造力的传统观念造成了冲击。要激发灵感,并让想法发挥最大功效,我们不应该让自己远离失败,相反,我们应该主动与失败建立联系。

这一点不仅对创新有着重要意义,对我们教学的方式也有直接的影响。现在教育工作的主要方式是为年轻人提供知识。学生们在正确应用这些知识后会得到奖励,失败则会遭到惩罚。

但这只能代表我们学习的部分方式。我们不仅会通过正确的方式来学习，同时也要通过犯错误来学习。在错误中，我们能够学到新知识，拓展知识面，增强创造力。没有人能通过机械重复旧知识来获取新见解，无论这种知识有多么高深。

戴森说：

> 我们生活在一个满是专家的世界里，这没有什么问题，我们积累的专业知识对所有人来说都至关重要。但如果我们要尝试解决商业或科技领域内的新问题，我们就得超越现有的专业知识。我们不想知道如何应用规则。我们想打破规则。我们通过失败和学习来做到这一点。

戴森呼吁人们不但要给孩子们提供解答问题的条件，更要给他们创造提出问题的条件。"学校教育的问题在于过度注重死记硬背，比如化学方程式和理论知识，因为这些需要反复记诵。但孩子们不能通过试验和实际经验来获取知识，这太可惜了。两者都是必要的。"

戴森的成功有一个重要的因素，就是我们在第 7 章中提到过的：技术革新通常是理论知识与实践相结合的结果。戴森想到气旋吸尘器的创意后，最先做的事就是买了两本阐述气旋分离器工作原理的数学理论书籍。他还去拜访了其中一本书的作者，一位名叫 R. G. 多曼（R. G. Dorman）的学者。

理论知识对戴森的帮助非常大。这些知识让他更全面地了解了气旋动力学，指导了他的研究，并使他掌握了关于分离效率的数学原理的强大的背景知识，但这还远远不够。这些理论过于抽象，无法让他直接制造出一个能让吸尘器运转良好的精确模型。

此外,在不断打磨设备的过程中,他发现理论也是有缺陷的。根据多曼的方程式,气旋分离器最多只能去除直径为 20 微米的粉尘,但戴森很快就突破了这一理论极限。到最后,他的气旋分离器能够分离直径小于 0.3 微米(这大约是香烟烟雾微粒的大小)的粉尘。戴森的实践行动让理论也不得不做出了改动。

进步总是这样产生的。进步是实践与理论的结合,是自上而下与自下而上两种思维的交融,是创造力与执行力的协作,是对细节与大局的并重。最关键的一点,也是被我们的观念严重忽视的一点,就是在所有这些过程中,失败是一种幸运而非诅咒。失败是灵感的催化剂,也是迫使人们做出选择测试从而带动进步的良机。

失败有许多种面目,也有很多隐含的意义。但只有当我们能从全新的角度看待失败,以友善而非敌视的眼光加以审视时,失败才有可能得到重视。《海底总动员》与《机器人总动员》(*WALL-E*)的导演安德鲁·斯坦顿表示:

> 我的策略永远是尽早尽快地犯错……基本上这意味着我们反正要搞砸,不如干脆承认这一点。我们不要害怕搞砸,但要快一点搞砸,这样我们就能尽早找到答案了。没学会走是不可能会跑的。我不可能一次就做对,但我能很早、很快做错。

在我们的谈话接近尾声时,我问戴森,他为什么每天还要来上班,而不是坐享财富。"很多人都这样问我。他们似乎以为我应该每天跷着脚无所事事。"他笑着说。

但答案很简单：我喜欢创新的过程。我喜欢每天来到这里测试新创意。我们在未来几年里计划推出很多新产品。

但与此同时，我们仍然在不断改进吸尘器。我们没有在5127次测试后止步。现在，我们有一种同时使用48个气旋分离器的技术，能让灰尘在20万倍重力加速度下进行旋转。这会产生极大的离心力，因此能够分离最细小的颗粒，但就算这一步也不是终点。最让我激动的是，我们其实才刚刚开始。

第五部分

因小失大

问责倾向的二次伤害

第 11 章　利比亚阿拉伯航空 114 号航班

108 条冤魂

　　1973 年 2 月，中东局势犹如坐上了火药桶。在 5 年多以前的第三次中东战争中，以色列与埃及、约旦和叙利亚三国联军展开交战，最终导致超过 2 万人阵亡，死者多为阿拉伯国家士兵。而 6 个月后，第四次中东战争又将打响，1.5 万人将在这场战争中丧命。局势紧张，一触即发。

　　几周前，以色列收集到的情报显示，一伙阿拉伯恐怖分子正在计划劫持客机撞向以色列人口密集区，也许是特拉维夫，或者是位于迪莫纳的核设施。以色列空军高度戒备，严阵以待。

　　2 月 21 日 13 点 54 分，以色列空军雷达发现一架客机正在穿越苏伊士湾，进入以色列交战地带。飞机沿着一条"带有敌意"的路线行进，与埃及战斗机的路线相同。是偏离航线了吗？有这种可能，因为埃及和西奈半岛正遭遇沙尘暴袭击，飞行员的视线会受到干扰，但以军指挥官要确保万无一失。13 点 56 分，以空军多架 F-4 "鬼怪" 战斗机起飞，对客机进行拦截。

　　3 分钟后，战斗机接近了客机，确认了那是一架利比亚航空公司的飞机。在伴飞时，战斗机驾驶员可以透过客机驾驶舱看到利比亚方的机组人员。以军基地的指挥官立即产生了怀疑，如果这架飞机的目的地是开罗，那么它已经偏离航线超过 160 千米。此外，利比亚当时素有支持国际恐怖主义的名声。这会是一次敌人的威胁吗？

以色列人还有别的事要担心。在飞往西奈半岛的途中，这架客机穿越了埃及领空一些极为敏感的地带，却未被埃及的"米格"战斗机拦截。这是为什么？埃及有高度完善的预警系统。与以色列一样，埃及也对侵犯领空行为极为敏感。就在几个月之前，一架埃塞俄比亚客机由于疏忽闯入了埃及的交战地带，立即被击落坠毁。为什么这次埃及人一点反应也没有？

特拉维夫的指挥官们越来越相信这不是一架普通的客机，而是一架执行军事任务的飞机了。这次任务必定得到了他们在开罗的敌人的首肯。指挥中心的气氛越发紧张。

以军方命令以飞行员引导利比亚客机在深入以色列中心地带前降落在利非订机场（现在叫比尔·吉夫加法机场）。"鬼怪"战斗机摇摆机翼，并通过无线电向客机发送指示。利比亚的机组成员本应摇摆机翼表示收到指示，并打开无线电频道，但他们没有这样做，而是继续向以色列前进。

"鬼怪"战斗机飞行员确定客机已经收到了他们的指示。一名以色列飞行员甚至飞到了距离客机仅有数米的地方，直接与客机副驾驶员进行了眼神交流。他用手势通知客机降落，那名副驾驶员也用手势回答，表示明白对方的意思。然而，这架客机仍然向着以色列方向飞行。

这说不通，除非……

14 点 01 分，"鬼怪"战斗机收到命令，向客机机头发射曳光弹，迫使客机降落。至少这次客机做出了回应，客机转向利非订机场方向，下降到1500米高度并放下了起落架。但这时，在毫无征兆的情况下，这架客机突然向西方转向，似乎在试图逃脱。客机引擎轰鸣，开始加速。

这一举动让以色列人感到十分困惑。机长的第一要务是保证乘客的安全。如果机长想这么做，他必须降落。

以色列人现在认为，这架客机不顾一切地要逃脱控制。他们开始怀疑客机上是否真有乘客。14点05分，以色列飞行员收到了从机舱窗口向里望去的命令，他们报告说所有遮光板都是拉下来的，这也很奇怪，就算客机上在播放电影，也会有一些遮光板是拉开的。

现在以色列方面已经基本肯定，这是一架图谋不轨的飞机，机上也许没有乘客。为避免以后出现类似侵犯领空的行为，这架飞机必须迫降。

14点08分，战斗机向客机翼梢开火，但客机仍然拒绝按指示降落。最终，在14点10分，"鬼怪"战斗机向机翼根部开火，迫使客机降落。客机飞行员在下方的沙漠上完成了一次近乎完美的迫降，但在滑行600米后，客机撞上了一个沙丘，发生了爆炸。

事实上，利比亚阿拉伯航空公司114号航班是一架完全正常的客机。在从班加西飞往开罗的途中，这架飞机偏离了航道，误闯以色列交战地带。在机上共有113名乘客与机组成员，其中108人在最后的爆炸中殒命。

可以想象，在接下来的几天里，这起事件在全世界掀起了轩然大波。以色列人（他们一开始拒绝对此事负责）怎么能射下一架没有武装的平民客机呢？他们怎么敢屠杀这么多无辜的生命？他们到底在想什么？人们要求以色列军方领导人为这起重大惨剧负责。

发现利比亚阿拉伯航空公司 114 号航班只是一架从班加西飞往开罗的常规航班，没有任何恐怖主义任务后，以色列人感到十分困惑。埃及政府与此事毫无关联，这是一架载满了无辜旅客和度假者的普通飞机，以色列空军被卷入了一起极为严重的悲剧。

然而，外界此时还不知道的是，从以色列人的角度看，这起事件应该由另外一方负责：那架客机的机组人员。说到底，他们为什么拒绝降落？当时他们离利非订机场的跑道仅有几千米，为什么他们又转向西去了？为什么他们在翼梢被击中后仍然坚持飞行？

他们疯了吗？或者这仅仅是一次过失犯罪行为？

本章主要研究谴责的心理。我们会看到，在失败与各种各样的负面事件面前，这是一种非常普遍的反应。一旦事情出了差错，我们总会埋怨别人。我们喜欢从一个高度复杂的事件中提炼出一个简单的标题，如"以色列刽子手屠杀 108 名无辜者"或者"渎职机组执意忽视降落指示"。

在本章的大部分内容中，我们将看到在航空业与医疗业这种对安全性要求极高的行业中，人们是如何互相谴责的。此后，我们还会对其他行业与环境下的类似情况进行分析。我们会看到，在很多意义上说，谴责属于一种叙述性谬误，是人类大脑偏见造成的一种过度简化的行为。我们还会看到，这种行为会造成难以察觉但又实实在在的后果，会削弱我们学习的能力。

简要概括一下。我们已经知道，进步是通过在失败中学习得来的。在此前两个部分中，我们也了解了进化的过程，这种过程支持了这一观点。同时，我们也看到了一些组织通过进化机制的武器获得了进步，通过直面失败获得了创造性飞跃的启迪。但我们也知道，仅靠进化机制本身是不够的。我们在第3章中看到，弗吉尼亚-梅森医疗中心建立了一个从错误中学习的新机制，但是一开始这个机制没有起到作用，因为医护人员没有上报任何问题。因为害怕受到谴责，同时也因为认知失调的原因，错误信息被压下了。

此前两个部分探讨的是如何让进化机制制度化。在接下来的两个部分中，我们将看到让这种机制蓬勃发展的心理和文化条件。在第五部分，我们将再次回到对认知失调现象的研究中来。认知失调现象可被理解成一种内心的焦虑情绪，这种情绪会让我们浪费失败中蕴含的可用信息。我们将认识到该如何与这种情绪进行斗争，从而让自己变得更加开放、坚韧并取得进步。在本章与下一章中，我们将看到外部压力是如何让人们隐瞒关键信息的，也就是对谴责的恐惧。在某些组织与文化中存在着一种谴责他人的本能，这种本能会营造出一股强大并能进行自我巩固的力量。如果想取得有意义的进步，就必须抗拒这种本能，抵制这股力量。

我们可以这样想：在发生错误后，如果我们的第一反应是，与这个错误关系最大的人不是粗心大意就是心怀不轨，那么谴责就在所难免，而对这种谴责的预期就会让犯错者想办法隐瞒错误。但如果我们的第一反应是把错误当成学习的机会，那么我们就有动力去调查错误的真相了。

也许在经过彻底的调查后，我们发现犯错的人确实是出于疏忽或者怀有恶意，这时谴责才有道理。但也许我们会发现，错误并非人为，而是出于系统的缺陷，就像第1章中提到的B-17轰炸机，驾驶舱中的控制杆外观一模一样，还紧挨着排列（一个控制副翼，一个控制起落架），造成飞机降落时发生事故。

调查能够达到两个目的：首先，调查能带来宝贵的学习机会，让系统性问题得到解决，从而推动进步。其次，调查还能带来观念的进步：从业人员会更愿意坦承自己的错误与其他关键信息，因为他们明白自己不会受到不公平的惩罚，这会推动更大、更远的进步。

总而言之，如果我们想学到东西，就必须应对这个世界的复杂性。我们要抗拒自己心中不问青红皂白就谴责别人的冲动，并深入调查错误的相关因素。只有这样，我们才能弄清事情的真相，营造出一种基于开放和诚实而非自我保护与掩盖事实的观念与文化。

让我们带着这种认识再来看利比亚阿拉伯航空114号航班事件，并一探1973年2月21日下午究竟发生了什么。在重新审视这一悲剧的过程中，我们需要看看兹维·拉尼尔（Zvi Lanir）的著作。拉尼尔是一名决策研究者，他在《战略研究杂志》（*Journal of Strategic Studies*）上发表的极具影响力的论文《灾难面前的合理选择》（*The Reasonable Choice of Disaster*）被认为是最发人深省的学术论文之一。

拉尼尔在论文中提出疑问，为什么那架客机在被以色列"鬼怪"战斗机拦截后还要继续飞行？为什么它还试图逃向埃及？如果那是一架普通的客机，为什么机组成员要让全体乘客冒生命危险，并把自己的性命也搭上？

我们现在知道这些问题的答案，是因为一个简单但深刻的事实：客机的黑匣子在爆炸后保存完好。这让我们有机会进行彻底的调查，并去对体制进行改革。而这一点，是那种受到情感驱动、常常十分自私的推卸责任的举动永远无法靠粗暴的简化问题的思路做到的。

"圆圈行刑队"

利比亚阿拉伯航空 114 号航班当时正处于从班加西飞往开罗的常规航线上。机长坐在驾驶舱左侧，他身后是飞行工程师。两人都是法国人。副驾驶坐在驾驶舱右侧，是利比亚人。当时埃及全境正遭遇沙尘暴的袭击，导致飞行员视线受阻。

在飞行过程中，机长和工程师一直愉快地聊天。副驾驶不太懂法语，因此没有加入交谈。三人都没有注意到，飞机已经偏离航线超过 90 千米，飞到了埃及军事设施的上空。

这一偏离航线的情况本应引起埃及军方预警系统的注意，但因为沙尘暴和系统本身的设置问题，预警系统没有发挥作用。现在这架客机即将进入西奈半岛上空的以色列交战地带。

直到 13 点 44 分，机长才开始怀疑他们是否偏离了航线。他对工程师表达了自己的疑虑，但没有告诉副驾驶。13 点 52 分，机长收到开罗空中交通管理中心的许可，开始下降。

13 点 56 分，机长尝试接收开罗机场的无线电信号，但发现信号源的方向与他预期的不同。他感到更困惑了。他们偏离航线了吗？那是正确的信号吗？他继续"按计划"飞行，但此时他已经逐渐失去了对情况的准确认识。此时，开罗机场还没有通知他，他的飞机已经偏离航线超过 120 千米了。

13 点 59 分，开罗机场终于通知机长，客机正在发生偏离。机场让机长"不要远离信号源，并报告自己的位置"。但利比亚籍副驾驶指出，他们难以顺利接收到无线电信号源的信号。几分钟后，开罗机场要求机长直接与管理中心联系，这说明机场方面认为客机已经接近终点了。

机组成员更加困惑了。他们快到开罗了吗？为什么无线电信号距离那么远，而且在西方？在他们试图弄明白自己的位置时，一件完全出乎意料的事情让他们惊呆了。那是战斗机引擎的轰鸣。他们发现自己被高速战斗机包围了。

副驾驶此时犯了一个严重的错误。他误把以色列的"鬼怪"战斗机认成了埃及的"米格"战斗机，尽管"鬼怪"的机身上印有明显的大卫之盾[①]图案。他报告说："有 4 架'米格'战斗机在我们后方。"

因为利比亚与埃及关系密切，机组人员理所当然地认为这些战斗机是善意的。他们觉得这些战斗机是来引导客机的，这也说明他们显然已经偏离了去往开罗机场的航线。机长对开罗空管中心说："我想我们在方向上出了点问题，现在有 4 架'米格'战斗机跟在我们身后。"

但在此时，一架"米格"前进到客机驾驶室旁，飞行员开始打手势，他似乎想命令客机着陆。为什么这么咄咄逼人？他们不是友好的吗？机长脑中现在是一片茫然，他说："哦不，我看不懂这种语言！"（换句话说是"'米格'不可能这么干！"）但此时他还在用法语说话，副驾驶听不懂。

机组成员开始感到害怕了。他们的注意力范围也在缩小。这些战斗机到底要干什么？

14 点 06 分到 14 点 10 分之间，开罗空管中心没有发来消息，但机组成员也不再关心自己的位置了。战斗机向客机机头发射了曳光弹。机组成员恐慌不已。他们为什么要向我们开火？

他们知道，埃及首都有两座机场：民用的开罗西机场和军用的开

[①] 即六芒星图案，以色列国旗中心的标志。——译者注

罗东机场。他们会不会飞过了西机场，进入了东机场的上空？如果是这样的话，也许"米格"战斗机是来把客机带回民用机场的。也许这就是他们想让客机降落的原因。

他们把飞机转向西方并开始下降，机长放下了起落架。但此时他们发现自己根本不在开罗西机场。他们能看到地面上有军用飞机和飞机棚，这显然不是一个民用机场。他们到底在哪儿？（事实上，他们现在正朝着以色列利非订机场降落，此处距离开罗有160多千米。）

他们的迷惑越发深了。他们做了一个貌似合乎逻辑的决定：拉升飞机，继续西行，寻找开罗西机场。这时，致命的结局来临了。"米格"战斗机开始朝他们的机翼开火。这让机组成员惊恐至极。为什么埃及人要朝利比亚飞机开火？他们疯了吗？

14点09分，机长呼叫开罗空管中心："我们现在正遭到*你方战斗机的袭击*（斜体是我标注的）。"开罗空管中心回答道："我们会告诉他们（指埃及军方）你们是一架未经报告的飞机⋯⋯我们不知道你们在哪里。"但给埃及军方的报告让误会进一步加深了。当时空中根本就没有埃及的"米格"战斗机。

机组成员睁大了眼睛，向窗外看去。他们拼命想搞清楚这个噩梦般的状况到底是怎么回事，但一切都太迟了。他们的机翼根部被直接击中了。飞机严重受损，他们要坠毁了。

此时，副驾驶终于发现了那个一直很明显的标志，那个能解答一切谜团的标志：机身上的大卫之盾。那根本就不是"米格"战斗机，是以色列的"鬼怪"。他们不在埃及领空。他们进入了被以色列占领的西奈半岛上空。如果他们早点发现这一点，就会降落在利非订机场，一切悲剧都能避免——但太迟了。

第11章　利比亚阿拉伯航空114号航班　　263

机组成员失去了对飞机的控制，飞机一头栽进了大沙漠。

谁该为这场悲剧负责呢？是下令击落民用客机的以色列空军指挥部吗？是偏离航线、没有明白"鬼怪"战斗机指示的利比亚航空机组成员吗？是没有及时通知114号航班他们已经严重偏离航线的埃及空中交通管理中心吗？还是说，这三者都要承担责任？

必须要说明的是，在调查清楚事件真相之前就急于谴责当事人是毫无道理的。的确，有人承担罪责会让事情变得简单。谁愿意花力气去调查细节呢，明显是以色列/机组成员/埃及空管的错，还有什么好说的呢？

这种急于谴责的行为往往会导致一种被称为"圆圈行刑队"（circular firing squad）[①]的现象。在这种情况下，所有人都在谴责别人。在商业、政治和军事等领域，这种情况屡见不鲜，经常在一群人互相推卸责任时发生。但在"圆圈行刑队"情况下的人们通常都在发自内心地谴责别人，他们是真的认为别人犯了错。

只有全面地看问题，才能明白这些看似对立的观点其实也可以统一起来，人们才能尝试去做一些在谴责别人的情况下永远不会做的事：对体制进行改革。毕竟，如果不搞清楚哪里出了错，又怎么可能把事情做对呢？在利比亚阿拉伯航空114号航班被击落后，相关国家和组织颁布了一系列新的法规和制度，试图减少军队对民用飞机发起错误攻击的事件。1984年5月10日，国际民用航空组织（International

---

[①] 指一群人共同谴责某个公敌，然而对彼此造成的伤害比对谴责对象造成的伤害更大的现象，常用于政治语境中。——编者注

Civil Aviation Organization）举行特别会议，签署了《芝加哥公约》（Chicago Convention）[①]的修正案，对飞机闯入战争地带的问题做出了规定。对黑匣子的分析帮助减少了未来悲剧的发生。

黑匣子为进步提供了条件。

减少谴责，提升业绩

我们暂时把导致利比亚阿拉伯航空114号航班坠毁的误解放在一边，来看看让大型组织走向衰败的错误。在企业、医院和政府部门中，错误时刻都在发生，这是我们每天与这个复杂的世界发生联系时在所难免的一个部分。

如果从业人员担心自己会因为这种难免的错误而受到谴责，他们又怎么会把这些错误公之于众呢？如果他们不相信管理者会费力调查事件的真相，又何必上报错误，这样整个体制的进步又从何谈起呢？

事实是，在企业中，谴责他人的现象比比皆是。这不仅是因为管理者有谴责别人的本能，还有一个更加阴险的原因：管理者往往会觉得谴责别人对自己有利。如果能把企业的重大问题归咎于少数几个"害群之马"，从公共关系的角度来看不失为一件好事。"这不是我们的责任，是他们的错！"

还有一种普遍的管理观念，那就是惩罚措施能起到维护纪律的作用，会让员工端正态度，集中精神。管理者认为，通过对错误行为进行唾弃并加以严惩，员工会更加勤奋，更有干劲。

这些想法也许能解释推卸责任的行为无处不在的原因。哈佛商

[①] 即《国际民用航空公约》。——译者注

学院的一份报告显示，企业管理人员认为，在其组织经历的失败中，仅有2%～5%是"真正应该谴责某个人的"。但当被问到在这些错误中有多少以"谴责某人"为处理办法，他们承认，这一数字在"70%～90%"。

这是当今世界的商业和政治领域中最亟待解决的观念问题之一。

2004年，哈佛商学院的教授艾米·埃德蒙森和她的同事们对这种观念造成的结果进行了一次很有影响力的研究。研究对象主要是美国两所医院的药品管理错误问题（为保护当事机构隐私，这两所医院被称为"大学医院"和"纪念医院"），研究的影响相当深远。

在医疗业中，药物管理错误相当普遍，也很严重。埃德蒙森举例说，一名护士在下午3点钟上班时发现，重症监护室里一个倒吊着的输液袋中的药物不是通常用来防止术后凝血的肝素，而是用来稳定心率的利多卡因。此时如果不给病人输肝素，可能造成病人死亡。万幸，在这起案例中，错误被及时解决了，病人没有受到不利影响。

但不幸的是，如同我们在本书第一部分中见到的，医疗错误往往会造成比这更严重的后果。美国食品与药品监督管理局（FDA）发表的一份报告显示，在美国，每年大约有130万人因为药物管理错误受到各种伤害，而这仅仅是医疗错误中的一种类型。埃德蒙森称，有证据表明，每位患者在每次入院期间都可能遇到一到两次给药方面的错误。

在这次为期六个月的调查中，埃德蒙森对纪念医院和大学医院的8个不同部门展开了研究。她发现，在两家医院的部分部门中都有着严格、守纪的文化氛围。在一个部门中，"穿着完美无缺的职业装"的护士长"关起门来"，对护士们进行了一场严厉的训话。另一个部门的领导则被形容为"权威人物"。

在这些部门中，谴责是很常见的。护士们表示，"犯错的人不会被原谅，而会被解雇"，"犯错的人会被告上法庭"，"犯错的人是有罪的"。管理层认为员工得到了严格的管理，建立了一个纪律严明、表现卓越的文化氛围。犯错者会被严惩。管理者觉得自己是站在患者一边，在向医护人员问责。

初看上去，这些管理者似乎是正确的。问责机制似乎确实对医疗整体表现有着积极影响。埃德蒙森惊讶地发现，这些部门中的护士很少上报任何错误。尤为引人注意的是，在任务最艰巨的部门（这是根据一份问卷和一位独立研究者的客观调查得出的结论），上报错误的数量还不到另一个部门的 10%。

然而，埃德蒙森在一位人类学家的帮助下进行了更为深入的调查后发现了一些有趣的事实。在所谓纪律严明的文化氛围下工作的护士虽然上报的错误数量很少，但是实际上犯的错误却更多；而在较少谴责他人的团队中结果却恰恰相反，他们上报了更多的错误，但总体犯错的数量更少。

为什么会这样呢？其实答案很简单：正是因为较少谴责他人的团队中的护士们上报了大量的错误，他们才能从中吸取教训，避免以后出现相同问题。频繁谴责别人的团队中的护士们不敢上报错误，因为他们害怕面对后果，因此学习的机会也被浪费了。

这也印证了弗吉尼亚-梅森医疗中心发生的情况。只有当从业人员相信自己上报的错误与问题会被当成学习的机会而不是谴责的理由时，这些重要的信息才能真正得到传递。医院管理层本来担心减轻惩罚力度会导致错误增加，而事实恰恰与此相反。保险申报数下降了 74 个百分点。在其他地方也发生了类似的情况。比如，在施行了一项公开医疗错误的政策后，针对密歇根健康系统的投诉与法律诉讼从2001年8月的262起下降到了2007年的83起。在建立了公开报告的机制后，针对伊利诺伊大学医疗中心的法律诉讼在两年内降低了一半。

"向人问责和（不公正地）谴责别人是两件不同的事。"研究复杂系统的专家西德尼·戴克表示，"谴责别人可能会造成被谴责者更少担责的后果：他们会更不愿意主动承担责任，不想发出自己的声音，不愿意为改善状况做出努力。"

简单来说，作为一种管理技巧，谴责是有一定作用的。比如，在生产流水线上，错误一目了然，显而易见，导致错误的原因往往是注意力不够集中。管理者可以通过加大对不服从管理行为的处罚力度等方式来减少错误的发生，同时，偶尔使用严厉惩罚的手段也可以向员工传递一种激励信息。如果员工的饭碗可能不保，他们就会集中精神工作了。

但在这个复杂的世界里，这种分析往往毫无用处。在商业、政治、航空、医疗等领域，人们犯错的原因往往难以辨明，而又与环境有关。问题通常不是因为缺乏注意力，而是一系列复杂因素共同作用的结果。在这种情况下，加大惩处力度不会减少错误，只会减少人们揭露错误的行为，让错误被掩盖起来。文化氛围越不公平，对无心之失的惩罚就越重，谴责相关人员的决定就越仓促，有效信息也就越埋越深。这样一来，没人能吸取教训，同样的错误会反复出现，导致更多人受到惩罚，进而引发更多掩盖错误的行为。

再来看一个大型金融机构的例子。这家机构因为自动交易软件的缺陷而损失了大量资金（由于法律原因，我不能说出这家银行的名字）。这家银行的首席技术官承认，没有人能完全明白信息技术系统的工作情况。这是很正常的：大型信息技术系统总是非常复杂，连设计者也不能完全掌控。

因此，首席技术官建议董事会不要解雇软件工程师。他认为这是不公平的，他们已经尽力了，软件经过了压力测试，而且连续几个月都运行良好。但他的意见被否决了。董事会在没有尝试调查事件真相的情况下就觉得技术部门"明显"应该承担责任。毕竟他们是与软件关系最密切的部门。

董事会还有其他要担心的事。这次失败让银行损失了大量资金，并被媒体广泛报道。他们担心这次事件可能引发连锁反应。他们认为，积极做出决断可能有利于维护企业形象。他们还认为，这样做会向员工释放一个坚决的信号：公司对失败的态度是非常严厉的。

这些理由听起来似乎很有道理，但现在让我们考虑一下这样做对文化氛围的影响。董事会认为自己释放了一个强力信号，表现出对于错误的强硬态度。他们这样做实际上是向员工传达了一个令人恐惧的信息：如果你失败了，我们会把责任归咎于你；如果你搞砸了，你就得负全部责任。他们实际上是在用最有说服力的语言告诉员工要保护自己，掩盖错误，同时也掩盖那些我们发展所需的宝贵信息。

首席技术官表示，信息技术部门在有员工被解雇后改变了许多。会议的氛围变得忧心忡忡，同事们不再积极提出新想法，信息的传递停滞了。董事会自以为保护了品牌，但实际上毒害了自己，他们毁掉了对进步至关重要的信息。在那次失败后，他们又经历了十多次重大的信息技术事故。

当今的管理课程经常会把"谴责文化"与"放任文化"放在一起对比，管理面临的挑战就在于要在这貌似矛盾的两者之间找到适当的平衡。谴责太多,人们就会闭口不言;谴责太少,人们就会懒惰散漫。

但从更深的层次来看,这两者其实并不矛盾。调和这两个看上去截然相反的目标(纪律与开放)的秘诀就是黑匣子思维。一个愿意花时间调查数据并听取各方面声音的管理者具有关键性的优势。他不但能分析出特定案例的真相,还能向员工传达这样的信息:如果你所犯的是无心之过,我们就不会惩罚你。

这不意味着谴责他人就一定是错误的。如果在调查后发现某人确实玩忽职守了,那么此时惩罚措施就不但是正当的,而且是必要的。这也是从业人员自己的要求。比如,在航空业中,如果有飞行员酒后驾驶或是表现出明显的渎职行为,对他们进行惩罚的最强呼声往往来自飞行员团队。他们不想让一些人不负责任的行为玷污这项职业的名誉。

但关键在于,正当的谴责并不会影响一个组织的开放性。为什么呢?因为管理者没有过早地谴责任何人,而是花时间找出了事情的真相,让从业人员有信心承认错误,而不必担心受到非难。这种氛围被称为"公正文化"。

按照西德尼·戴克的说法,问题不是谁该受到谴责,甚至也不是正当的谴责与无心之过之间的界限到底在哪里,因为在理论上这是不可能搞明白的。问题其实应该是:企业的员工信任那些划出界限的人吗?只有员工信任那些下判断的人,他们才能真正同时做到开诚布公与勤奋努力。

在纪念医院,"高度谴责"部门中的护士们就不信任自己的上司。在医院领导眼中,这个部门的护士长无疑是个合格的领导者,是那种施行严苛管理制度的人,能保证护士们为所犯的错误负责。看上去,这位负责人所做的一切都是为了最重要的人——患者。

然而，这位护士长的作为实际上是出于另一种形式的懒惰。她没能处理好自己管理的系统的复杂性，急于谴责他人，破坏了开放的学习环境。她这种做法实际上推卸了自己最重要的责任，也就是哲学家维吉尼亚·夏普（Virginia Sharpe）所说的"前瞻性责任"，指从负面事件中吸取教训，让未来的患者不再受到本可避免的错误的伤害。

在较少谴责他人的部门中，管理者其实并非不够强势。在很多意义上说，他们才是最强势的领导。他们不会身穿正装，而总是穿着白大褂。他们会参与到医护工作中去。他们也明白自己管理的部门压力有多大。他们深知系统的复杂性，并愿意从错误中吸取教训。他们是黑匣子思维的有力践行者。

下面是对纪念医院第三护理部的研究结论。这个部门被评为"最不开放的部门"。部门价值观：谴责。护士长是否参与护理工作：不参与。护士长着装：商务正装。护士长对员工的态度：认为住院医生是需要管教的孩子，护士们也一样；她会特别留意错误报告。员工对护士长的看法是"如果犯了错，她绝不会轻饶"。员工对错误的看法是"你会受到严厉的审判"。

下面是对纪念医院第一护理部的研究结论。这个部门被评为"最开放的部门"。部门价值观：学习。护士长是否参与护理工作：参与。护士长着装：白大褂。护士长对员工的态度是"他们很有能力，也很有经验"。员工对护士长的看法是"她是一名出色的领导，也是一名出色的护士"。员工对错误的看法是"错误是正常的，自然的，也是非常有必要牢记的"。

这不仅是医疗业的问题，所有机构都应该重视这个问题。面对复杂问题，不经调查就急于谴责，是一个机构最常见也最危险的做法。

这种做法部分源于一种认为纪律与开放性对立的错误观念，但其实并非如此。

这一分析不仅适用于从复杂系统的错误中吸取教训的情况，也适用于对创新至关重要的试验。回想一下联合利华公司的生物学家，他们频繁进行试验并从中学习，总共经历了 449 次"失败"。如果每次错误都会遭到谴责，进步也就不可能发生了。当我们对自己的假设进行测试时，我们实际上是在扩展自身的知识，去了解怎么做是对的，怎么做是错的。如果对这类错误进行惩罚，那结果很简单：创造力会被完全抹杀。

总而言之，谴责会损害对进步至关重要的信息，它会让复杂的世界更难被人理解，让我们误以为自己已经了解周围的环境，实际上我们还有很多要学习和了解的地方。

哈佛商学院的艾米·埃德蒙森是这样说的：

> 无论是医院还是投资银行，我采访过的管理者都表示自己内心很矛盾。他们要如何在建设性地应对失败的同时避免导致下属放任自流的态度呢？如果人们不会因为失败而受到谴责，要怎么保证他们会尽力工作呢？但这样的担心是建立在一种错误的二分法之上的。实际上，让人放心承认错误并上报的企业文化氛围是可以与出色的业绩并存的。在一些机构中，这两者的联系更是密不可分。

还有一点值得我们的注意，那就是谴责与认知失调的关系。如果一种观念认为犯了错误必须受到谴责，那么这种观念会导致认知失调。

当外部环境以错误为耻，从业人员也会不知不觉地受到影响。谴责与认知失调其实都源于对于过失的错误态度。我们在第五部分还会讲到这一点。

公开透明的态度

在实验室里也能观察到这种谴责反应。比如，受试者看到一个视频片段，显示一名司机强行变道，几乎所有人都会异口同声地谴责这名司机。他们会说他自私、急躁、没有自控力。这种判断也许是正确的，然而事情并不总是像乍看时那样简单。

也许司机被太阳晃了眼，也许他变道是因为有别的车突然抢了他的车道。事实上，他这样做的理由可能有很多。然而对大多数旁观者来说，这些理由并不能让他们改变观点，这不是因为他们觉得这些理由站不住脚，而是因为他们往往根本想不到这么多。旁观者的大脑只想到了最简单、最符合直觉的解释："这个笨蛋爱冒险！"这就是所谓的基本归因错误（fundamental attribution error）。

只有当受试者被问到"上次你突然变道是因为什么"时，他们才开始考虑客观因素。"哦，那是因为当时我以为一个孩子正要横穿马路！"这些理由往往是以自我为中心的，但也并不都是这样。有时错误确实是客观因素导致的，但如果我们不对其进行考虑，就根本不会看到这些因素，更不用说对其展开研究了。

即使在如此简单的事上，也有必要停下来，去透过表面看本质，去质疑最明显、最简单的说法。这不是不够强硬的表现，而是去追寻事件真相的做法。在一个高度复杂、盘根错节的系统，比如医院或企业里，这样做就更重要了。

第 11 章　利比亚阿拉伯航空 114 号航班　　273

值得注意的是，即便是经验丰富的航空事故调查员也可能犯下基本归因错误。开始调查一起事故时，在找到黑匣子前，调查人员大脑中负责理性思维的部分就已经对事故的原因做出了解释。这就是为什么研究表明，调查人员在事故初期的第一反应几乎总是（在大约90%的情况下）去谴责"操作失误"。

一名航空事故调查员告诉我："当事故发生后，你的脑子里会有这种想法：'那个飞行员到底在想什么！'这是种本能反应。想在检查黑匣子数据时不被这种偏见影响，需要有良好的自控能力。"[①]

从某种意义上说，谴责也是叙述性谬误的一种形式。谴责就是把一个复杂事件简化为一个直觉性的解释："都是他的错！"

当然，谴责有时也不是认知偏见的产物，而是自私自利的做法，我们在谴责别人的同时也为自己解了围。不管是个人还是团体，都可能会这样做。

2007年的信贷危机就是一个例子。在那次灾难中，投资银行、监管部门、政治家、抵押经纪人、中央银行与零售债权人都难辞其咎。然而公众（和很多政治家）却几乎把矛头全部对准了银行。

很多银行从业者的确罪有应得，有人认为他们应该接受更严厉的惩罚，但仅仅谴责银行会让人忽略一个重要的事实，那就是很多人借了太多的贷款，但根本无力偿还。很多人刷爆了信用卡。简单地说，

---

① "后视偏差"（hindsight bias）是一个得到广泛研究的心理倾向。我们一旦了解了一起事件的后果，如患者死亡、飞机坠毁、电脑系统故障等，想摆脱这种后果对思维造成的影响是非常困难的。人们在这种情况下无法设身处地地从当事人的角度看问题。当事人往往面对着环境的压力，需要协调多重需要，无法预知某个决定会带来怎样的后果。1988年，英国克拉珀姆岔道口发生3列火车相撞事故，造成35人死亡。这起事故的调查员曾说："从事后的角度看问题，所有的人类行为和决定都会充满缺陷与不合理。"

公众在这场危机中也有责任。

如果我们无法接受自己的失败，又怎么能从中学到东西呢？

在商业领域，避免谴责别人的行为非常重要。心理学家与企业顾问本·达特纳（Ben Dattner）讲述了他在纽约共和国国民银行（The Republic National Bank of New York）工作时的经历。一次，他注意到一名同事在办公隔间墙上订了一张纸，上面写着：

"工作的 6 个阶段：1. 充满热情；2. 幻想破灭；3. 惊慌失措；4. 寻找替罪羊；5. 惩罚无辜者；6. 奖励其他人。"

达特纳写道："对于我们工作中上演的戏码，我还没发现有比这更精确的描述。"

他的意思是，就算不对重要的失败事件进行研究，你也能看出盲目谴责行为的危险性，这种谴责造成的危害在日常的工作中随处可见。

这才是真正的问题所在。如果不知道什么是有益的，什么是无益的，进化过程就无法展开。而这种信息可以有很多来源，比如患者、消费者、试验、告密者等。但一线的从业人员往往掌握着最重要的信息，如果医生不上报错误，医疗业的改革就无从谈起，如果科学家掩盖了对现有假设不利的数据，那科学理论也就永远无法发展了。

这也正是公开、透明的态度并非可有可无的原因。这种态度是进步的必需品。我们无法用自上而下的方式全面了解这个复杂的世界，因此必须自下而上地发现它的秘密。在这一过程中，开诚布公的重要性几乎超过了其他一切因素。

开诚布公的行为方式不仅决定了对错误的态度，还应该渗透到对战略与擢升的抉择中。这种管理方式就是追求进步的代名词。

如果不这样做，人们不但会把时间花在自我保护和谴责他人身上，还会花费大量时间试图去抢夺他人的功劳。不公正、不透明的文化氛围会助长很多不良的心态。而一个公正、透明的文化氛围则会成为发展进步的坚实后盾。

然而，我们的整体文化氛围却是最喜欢谴责的。政治人物总会遭到非议，有时是咎由自取，但往往是被恶意中伤。几乎没有人明白，在公共机构中发生的错误其实是宝贵的学习机会，而这些错误仅仅被拿来当成指控政治领导人无能或渎职的证据。这种情况再度加深了人们对过失的偏见，助长了对错误的认知失调心态，导致了充满谎言与借口的文化氛围。

把谴责公众人物的恶行归咎于新闻媒体看似理所当然，但是并无道理。媒体之所以喜欢刊载谴责性报道，是因为有利可图。我们喜欢简单的故事，我们天生就喜欢简洁而厌恶复杂。实际上，这些被大量报道的故事不过是叙述性谬误的副产品而已。

在一个更具进步性的文化氛围中，这种报道就没有那么大的市场了。这种故事会面对更多的质疑，因此媒体在谴责之前也会进行更深入的调查分析。这听上去有些一厢情愿，但确实指出了进步的方向。

从错误中学习的动力与追求公正文化氛围的动力是完全相同的。追求进步的责任感就等于从错误中学习的态度。要形成开诚布公的态度，我们一定要避免过早谴责他人的行为。在一个真正具有进步性的系统中，所有这些正确的态度都是缺一不可的。

正如哲学家卡尔·波普尔所说："真正的无知不是缺乏知识，而是拒绝学习的态度。"

第 12 章　第二受害者

狂热追责的反作用

为了解"谴责文化"的全面后果，让我们来看近年来英国最具影响力的一个悲剧：2007 年，在伦敦北部的哈林盖，仅有 17 个月大的婴儿彼得·康奈利的死亡事件。在对这一案件进行审判时，为了保护婴儿及家人的隐私，英国媒体称他为"婴儿 P"。

导致小彼得死亡的是他的母亲特雷西、特雷西的男朋友斯蒂芬·巴克以及巴克的兄弟贾森·欧文。在短暂的生命中，小彼得遭遇了严重的虐待与忽视。悲剧发生 15 个月后，这三名犯罪者被判有罪，"致使一名儿童死亡"，被送往监狱服刑。

但就在判决公布后的第二天，媒体却齐声对另一群人发出了谴责。《太阳报》(*Sun*) 在头版打出了"他们的手上沾满鲜血"的标题。其他媒体也发表了充满愤怒的类似言论。这些愤怒言论的对象是这起案件中还未被指控的从犯吗？还有哪些躲藏在阴影里的人同样要为彼得的悲剧性死亡承担责任？

事实上，媒体谴责的对象是那些有责任保护彼得的人，主要是社工玛利亚·沃德和当地儿童服务中心的负责人莎伦·休史密斯。《太阳报》发起了请愿，呼吁将这两人解雇。这份报纸还登载了这两人的照片，并问："你认识她们吗？"这份请愿得到了160万人的签名。

当地市政委员会几乎立即被一群举着抗议牌的示威者包围了。休史密斯遭到了死亡威胁。沃德不得不离家出走，躲避危险。休史密斯的女儿也遭到了死亡威胁，不得不躲藏起来。

对这几个人来说，这次事件就如同17世纪美国的萨勒姆女巫审判：悲剧发生了，人们的本能反应是让同样的悲剧发生在某个人身上。这就是推卸责任最生动、最具破坏性的体现。

很多人相信，社工的服务质量会在这次公众狂热事件后有所改善。人们觉得责任就该是这样的，是对失败的坚决回应。人们认为，即使惩罚过重，至少也会让人负起责任来。一名评论人士说："这会让人们更关注这个问题。"

但事实又如何呢？社会工作者真的"更有责任心"了吗？孩子们得到更好的保护了吗？

事实是，社会工作者开始大批离职。加入这一行业的人数也急剧下降。在一个地区，市政委员会不得不拨款150万英镑雇佣商业社工，因为没有足够人手应对不断上升的儿童保护需求。据报道，到2011年，在英国儿童保护相关工作中，有1350个岗位出现了空缺。

那些没有转行的人则发现自己的工作量变大了，这意味着他们没有足够的时间顾及每个孩子的需要。同时，因为生怕在自己管辖范围内的孩子会受到伤害并连累自己，他们的工作方式也越来越极端。被从家中带走的孩子大幅增多，因为忽视类似信号所要付出的代价太大了。司法系统被大量新发生的案件淹没，政府需要支付大约1亿英镑来应对不断增长的儿童保护法令。

此外，还有很多与资金无关的后果。被从家里带走的孩子们被送到寄养家庭里接受照料。这意味着政府不得不降低对寄养家庭的标准以满足大量需求。离开原本的家庭往往会让孩子们心灵受创。很快，媒体又开始唱反调了，报道那些深爱亲生子女的父母在孩子被强行带走时遭遇的可怕经历。一条新闻的标题是"母亲被控虐待只因抱紧孩子"。

在伦敦北部的哈林盖，这种情况尤为严重。健康巡视员的数量几乎减半，那些仍然坚守岗位的员工本已繁重的工作量又成倍增加了。2008—2009 年，护理申请数量惊人地上升了 211%。英国领养与抚育协会（The British Association for Adoption and Fostering）警告说，在"婴儿 P 事件"后，英国各地方政府收到的不断上升的护理申请"可能导致儿童服务行业的灾难"。

更重要的问题是，从此以后，自我保护的意识开始渗透进社会服务的方方面面。社会工作者对自己的服务记录十分谨慎，生怕这些记录会成为日后招致惩罚的证据。行政部门的文件越来越长，但文件的意义不再是传达信息，而是掩盖问题。出于对不良后果的恐惧心理，宝贵的信息被隐瞒了。社会工作者为保护自己在未来免受惩罚花费了大量精力，反而影响了真正该做的工作。①

几乎所有的评论人士和学者都认为，在媒体引导的"增强责任心"舆论形成后，儿童受到的伤害反而增加了。没有人再去为改革进步负责了。在那次声势浩大的抗议活动后的 1 年里，被亲生父母杀害的儿

---

① 与这种情况相同，医疗业也存在所谓"防范性治疗"的问题：医生会进行大量不必要的化验检查以保护自己，但这会造成医疗费用的大幅增加。

童数量上升了25%。在接下来的3年中,这一比例持续增加。

婴儿彼得之死的公共调查报告被公布后,立即有人谴责这份报告的结论充满偏见,并受到政治操控。就连报告的作者也感到自己不应影响公众发泄愤怒。他们担心,如果不能满足公众的胃口,找到一个替罪羊,那么他们自己恐怕会受到责难。这就是在"谴责文化"中会发生的事。

并不是说在"婴儿P事件"中出现的种种谴责都是不公正的。和英国许多公共机构一样,社会工作系统距离一个真正具有进步性的组织还有很大发展空间。这本书的主旨之一就是描述这样的组织应该是什么样的,以及如何才能变成这样的组织。一旦形成了高标准、严要求的文化风气,增强纪律与责任感就会有积极效果,而且会得到大部分从业人员的热烈欢迎。

但是如果在缺乏公正的风气中加强纪律、追究责任,就会起到完全相反的效果,会打击从业者的积极性,让他们忙于自我保护,并使得关键信息无法公开。其效果就如同用木棍猛击患者的头部,试图使其康复一样。

谴责还会造成另一个更为私人的后果,在安全性为重的行业中更是如此。这些行业中的很多从业人员,比如医护人员或者社会工作者,一旦被卷入了一场悲剧,很容易患上创伤后应激障碍,即使他们无须为悲剧负责。这是一种同情心的体现,需要谨慎地加以处理。

但如果这种负罪感受到不公正的犯罪指控,当事人就可能会在压力下崩溃,类似事件近年来层出不穷,人们把这种事件的当事人称为"第二受害者"。相关研究表明,从业人员会被悲伤、痛苦、恐惧、内疚和抑郁等情绪所困扰。还有研究表明,很多当事人会产生自杀的念头。

莎伦·休史密斯非常害怕"婴儿P事件"会对她的女儿造成恶劣影响，她不但想结束自己的生命，甚至想让家人一起死。在她成为舆论的替罪羊之前，这名女性以坚强和果断的性格著称。"当时我明白为什么有人会杀死全家人后自杀了。"她说，"你的痛苦就是他们的痛苦，他们的痛苦也是你的痛苦。你只想让所有人都结束这种痛苦。"

西德尼·戴克在《公正文化》(*Just Culture*) 一书中写道："问题在于我们是否愿意自欺欺人地认为，通过谴责、控告从业人员的手段，把他们送上法庭，就能从他们身上压榨出所谓的责任。似乎没有任何证据表明这样做行得通。"

我们不能再自欺欺人了。

从英雄到罪犯

在结束对谴责的研究之前，让我们再来看最后一个例子，这也许是20世纪航空史上最著名的未遂事故。我们在本书第一部分讲到过，航空业通常不会对错误进行惩罚。这个行业已经建立了一种观念——过失不会被当成耻辱，而是会被当成学习的机会。事实上，在行业文化方面，航空业往往被视为所有行业的典范。

然而在这起事件中，航空业对从业人员却没有留情。在这起被称为"11月奥斯卡"的事故中，一位英国飞行员因为在高度紧张的环境下做了他认为应该做的事而被送上法庭，这在航空史上尚属首次。

这起案件的特别之处在于它凸显了人们有多难抗拒推卸责任的诱惑，即使对一个深知其危险性的行业来说也是如此。同时，它也又一次证明，如果不满足于表面的解释而进行深入调查，一个简单的事件可以变得非常不同。

威廉·格伦·斯图尔特是英国航空公司（British Airways）最有经验的飞行员之一，他19岁那年就在英国皇家空军位于苏格兰东海岸卢赫斯的基地驾驶"虎蛾"飞机完成了第一次飞行。1989年11月21日，他驾驶客机从巴林到伦敦的希斯罗机场，执行日常飞行任务。驾驶舱内还有飞行工程师布莱恩·勒维沙和29岁的副驾驶蒂姆·勒芬汉姆。

指控斯图尔特的原因看似很简单。波音747-136型G-AWNO航班（代号"11月奥斯卡"）从巴林起飞，进入欧洲上空后，机组人员得到通知，希斯罗机场上空天气状况恶劣，浓雾让外部能见度降到仅有几米。

斯图尔特必须要操作飞机进行"盲降"了，即在视觉受阻的情况下，机组人员依靠飞机内部的多个仪表让飞机安全降落在跑道上的操作方式。在着陆过程中要用到自动驾驶系统和其他操作系统，操作难度相当大，但并未超出斯图尔特的能力范围。

然而，因为这是一次困难操作，机长必须遵守一系列安全规定，以保证不会在压力下贸然做出着陆动作。对斯图尔特的指控很简单：他故意违反了这些规定。

在降落过程中，飞机的自动驾驶系统没有接收到希斯罗机场跑道尽头发出的两路无线电信号，这两路信号可以引导飞机将机体保持在正确的水平及垂直方向上，对盲降的成功至关重要。没有这些信号，飞机就会失去平衡，不是太高就是太低，不是偏左就是偏右。

如果飞机没有收到这些信号，按规定，机长必须在降至距地面约305米以前放弃盲降。机长必须选择进行"盘旋"，即放弃降落，回到等待航线上以解决信号接收问题，或者选择另一个天气状况较好的地点降落。但是斯图尔特却无视这一规则，在降至305米以下后继续保持下降。

载有255名乘客的"11月奥斯卡"号降至约距地面230米时，飞机已经偏离跑道太远，越过机场的围墙，飞到了巴斯路上空。因为雾太大，机组人员没有发现自己已经偏离跑道。飞机现在时刻面临着与路边一排酒店相撞的危险。

直到飞机降至距地面约38米时，斯图尔特才终于下令进入盘旋状态，但此刻为时已晚。在机长启动引擎、拉升机头的同时，飞机又下降了约15米。飞机高度太低，在从贝尔特酒店上空飞过时甚至触发了酒店走廊内的消防喷淋系统，媒体在事后报道时特别抓住了这一细节。在飞机距地面最近时，地面上的行人甚至能透过浓雾看到飞机的起落架。随后，飞机在轰鸣声中飞回了天际。

在酒店停车场里，汽车报警器声此起彼伏，熟睡中的旅客纷纷被噪声吵醒。飞机降到最低点时，机尾在浓雾中若隐若现，街上的行人四散奔逃。在"11月奥斯卡"号返回航行高度时，驾驶舱中的勒芬汉姆透过浓雾看到了机身左方的跑道灯光。经过盘旋后，飞机终于平安落地，机舱内的乘客一片欢呼。

调查工作很快开始了。这架大型客机距离英国航空业历史上最严重的事故仅有毫厘之差。只要飞机再下降约1.5米，就会与贝尔特酒店发生碰撞，机毁人亡几乎是必然的。

在大部分公众眼里，斯图尔特的过失是很明显的。虽然他最终避免了灾难的发生，但他确实违反了操作规程，飞机在他手中降到了极限高度以下。

在这个前提下，我们可以理解为什么相关部门急于把事件的责任推给斯图尔特。当时英国航空公司和作为监管部门的民用航空管理局（Civil Aviation Authority）面临着很大压力。他们希望把责任都推在飞行员身上，以逃避监管不力的谴责。

在事件发生18个月后的1991年5月8日，斯图尔特在伦敦西南部的艾尔沃思刑事法庭接受了判决。陪审团认定，他违反了相关法规，几乎对伦敦西南部造成了毁灭性的破坏。这名经验丰富的飞行员就这样成了罪犯。

但那架航班上究竟发生了什么？斯图尔特真的有罪吗？他玩忽职守了吗？还是说，他其实只是对一系列不幸事件做出了正常反应，换成任何人都可能引发同样的灾难？

在对这起事件进行深入调查的过程中，我们会引用记者斯蒂芬·威尔金森（Stephan Wilkinson）的报告、审判过程中未公开的记录、英国航空公司内部调查的机密文件以及对目击者的访问记录。

结果，我们会发现，这个事件并非始于那架波音747飞机靠近希斯罗机场甚至是从巴林起飞的时刻。事情要从两天以前，机组成员在毛里求斯停留时共享的一顿中餐说起。

远非公正

那是一段很长的航程。在到达毛里求斯的前几天时间里，机组成员进行了多次飞行，他们决定共进晚餐，放松一下。威廉·斯图尔特坐在副驾驶蒂姆·勒芬汉姆身边。工程师布莱恩·勒维沙和同在一架航班上的妻子卡罗尔也出席了晚餐。那是一个美好的晚上。

然而，机组成员到达巴林时，几乎所有人都得了肠胃炎。卡罗尔·勒维沙的病情最为严重。在毛里求斯时，布莱恩就给当地经英国航空公司认可的医生打了电话，但医生没有时间出诊。这名医生推荐了一位同事，这位同事虽然不在英航认可的名单上，但也即将获得认可资格。他给卡罗尔开了一些止痛药，并建议她把药分给其他出现相同症状的人服用。

两天后，从巴林飞往伦敦的航班计划在 0 点 14 分起飞。这段所谓的"溜走的时间（指前一段降落与下一段起飞之间的时间差）"加大了机组成员的工作难度。他们在深夜到达巴林后睡了一觉，又度过了一个白天，本来应该再上床睡觉了，却被安排连夜飞往希斯罗机场。同时，他们还饱受肠胃炎之苦。情况远远谈不上理想。

但机组成员都非常专业，他们不会让肠胃不适或者疲劳影响到 255 名乘客的安全。我到勒维沙在汉普郡的家中拜访了这位现在已经 75 岁高龄的老人。他对我说："部分机组成员的症状尤其严重，但我们都觉得已经度过了最坏的时刻。我们都认为要求英航派人替代我们是有损职业道德的行为，也会引起很多麻烦。我们想完成那次任务。"

那段航程从一开始就不顺利。强劲的逆风加剧了燃油的消耗。在起飞后不久，副驾驶勒芬汉姆就开始感到不适，肠胃炎似乎又发作了。他向坐在折叠座椅上的卡罗尔·勒维沙要了几片止痛药，并请求离开驾驶舱。斯图尔特同意了。勒芬汉姆走到头等舱，使用了卫生间并躺下睡了一会儿。机舱中只有斯图尔特和工程师两人了。

斯图尔特此时考虑把飞机降落到地面上。他和勒维沙讨论了是否要在德黑兰降落，那是仅有的几个可降落地之一。但他们担心伊朗首都的政治局势会带来风险。继续飞行似乎是明智的选择，毕竟，飞行员在副驾驶生病的情况下单独操作飞机也并非特例。

然而，在"11 月奥斯卡"号飞到德国法兰克福上空时，情况越发不妙了。他们被告知希斯罗机场的气象条件非常恶劣。近地面的浓雾让外部能见度几乎降到了0。他们不得不在所谓的三类条件（难度最大的降落条件）下使用盲降。

这时就出现了一个问题。斯图尔特和勒维沙都有资格进行三类盲降，但勒芬汉姆还算英国航空的新人，不具备这种资格。在德国上空时，斯图尔特用无线电向在法兰克福的英国航空办事处请求对勒芬汉姆进行特免，即申请其口头豁免，批准飞机降落在希斯罗机场。法兰克福办事处致电伦敦征询意见。

那天清晨，在英国西南部某处，英国航空值班飞行员被电话叫醒了。他同意了口头特免。这并不需要冒特别大的风险，因为斯图尔特完全有资格进行三类盲降。事实上，这种申请只不过是走个过场而已。

"11月奥斯卡"号进入英国领空后，勒芬汉姆已经回到了座位上。飞到伦敦东北方的兰伯恩上空时，飞机进入了等待航线。勒维沙坐在机长身后，身体仍然有点不舒服。斯图尔特独力在黑暗中飞行了5个多小时，中间只休息了15分钟。天气状况非常糟糕，燃油剩余也不多了。勒维沙在考虑是否应该改飞曼彻斯特，那里的天气状况比较好。"格伦，"他说，"咱们去曼彻斯特吧。"

斯图尔特考虑了这个建议。他询问了曼彻斯特和伦敦盖特威克机场的天气状况。机组成员讨论了这几种选择。正当斯图尔特准备改变航线时，希斯罗机场发来了通知，"11月奥斯卡"号可以准备降落了。

此时突然又发生了状况。他们原本应该从西方进入希斯罗机场，飞过温莎堡后掉头，在机场东部降落。驾驶舱里有一本活页手册，上面有预定航线的详细图表。但此时空中交通管制人员通知他们，雾已经消散了不少，天气状况已经转好，要求他们降落在机场西部。

这样做有一定风险，但还远远说不上大祸临头。在距地面约2400米的高空中，飞机的速度一般为240节（约444千米/小时）。飞机着陆时，速度要减到140节（约260千米/小时），否则制动器无法让飞机在冲出跑道前停下来。在降落过程中，飞机要通过减少发动机的推力并打开襟翼来逐渐降速。在这一过程中，飞机会飞过一定的距离。

但此时，留给飞机的距离只有40千米了。驾驶舱里的机组成员骤然忙碌起来。他们在活页夹上找到了新的图表，规划出降落路线。外面的风速为每小时18.5千米，而且是顺风，这让时间更紧迫了。机组成员之间顺畅的交流中也出现了一丝紧张。

此外，还有一个意想不到的问题。在希斯罗机场外的地面上，五颜六色的指示灯如圣诞树般闪烁不停，为飞行员指明着陆区的位置。空管用无线电通知机组，部分指示灯出现了故障。这本来不要紧，因为本来外部能见度也非常低。但操作流程规定，在此情况下勒维沙必须再检查一遍注意事项清单，而此时他已经忙得不可开交，接近极限了。

问题还不止于此：他们获准降落的时间太晚了。由于天降大雾，大量飞机在希斯罗机场上空盘旋，着陆飞机之间的距离也在拉近。空中交通管制也面临着很大压力。他们正努力在越来越困难的局面下做到最好。事后查明，"11月奥斯卡"号获准降落的时间已经晚于规定所允许的时间了。留给这次降落的时间太仓促了。

但是，如果不是因为这一连串意外事件的最后一环，也许上面所有的问题都不会对飞机的安全有任何影响。斯图尔特此时非常疲惫，又面对着巨大的压力。他望向窗外，却只看到白茫茫的浓雾，于是就把注意力集中到仪表盘上来。跑道尽头的无线电射线此时在发送水

第12章 第二受害者 287

平与垂直位置的引导,这对"11 月奥斯卡"号找到正确的线路极为重要。

然而,自动驾驶系统却似乎没有接收到水平位置信号。事后几乎可以肯定,是一架因为到港飞机过于密集而滞留在跑道上的法国航空公司的客机使射线发生了偏转。斯图尔特并不信任这架波音 747 飞机的自动驾驶功能。他双眼紧盯着飞机的仪表盘,希望能接收到信号。

此时,飞机正以每分钟 210 米的速度在伦敦上空下降,飞机航速接近每小时 320 千米,驾驶舱内气氛高度紧张。自动驾驶系统仍然未能锁定无线电信号,而是在不停地操作飞机改变位置。记者斯蒂芬·威尔金森在对这起事件的报道中写道,这架飞机"在定位信号中前后乱转,好像一条闻不到气味的猎犬"。

飞机已经降到规定的最低高度——305 米以下了。严格说来,斯图尔特在这时违反了规定。此时飞机已经偏离到了机场围墙之外,冲向了巴斯路边的一长排酒店,而驾驶舱中的机组成员还对此一无所知。根据操作规程,斯图尔特应该拉升飞机,进行复飞了。

但他已经筋疲力尽,燃油也已告急。他的副驾驶抱恙在身,而且没有协助驾驶的资格。复飞动作本身也不是毫无风险。空管人员早前通知他们雾气已经开始消散,勒维沙后来指出,这让斯图尔特又浪费了一小段宝贵的时间,他想看看飞机能否冲出雾气,让他看见跑道。

此时飞机距离地面仅有 76 米了。再过 6 秒钟,飞机就要撞上贝尔特酒店的房顶了。斯图尔特还在瞪大双眼向窗外望去,拼命想透过清晨的雾气看到跑道上的白色灯光。机上 255 名乘客对迫在眉睫的灾难毫不知情,连卡罗尔·勒维沙也没意识到局势的危险性,不知道自己已经一只脚跨进了鬼门关。她还坐在折叠椅上,读着一本迪恩·孔茨[1]写的小说。

距离地面约38米时，斯图尔特终于决定复飞了。根据操作规程，他应该尽快拉升飞机（内行人称之为"将高度损失最小化的技术"），但他的动作还是慢了一点。在引擎再次发动前，飞机又下降了15米。调查员事后证明，当时这架以每小时320千米的速度在雾气中飞行、重达200吨的庞然大物的起落架距贝尔特酒店的屋顶不足1.5米。

我们现在知道，这架飞机在复飞后平稳着陆了。我们也已经说过，乘客们发出了欢呼。勒芬汉姆注意到，斯图尔特的双手在发抖。他们仅晚点了几分钟。斯图尔特经历了飞行员生涯中最困难的一次飞行，他由衷觉得自己发挥了最佳水平，此时他深吸了一口气，闭目凝神，仿佛在默默祈祷。

现在，你还觉得斯图尔特应该受到谴责、承担责任吗？还是说，他只是对于一连串任何人都无法预料到的困难做出了正当的反应？

如果简单地看这起事件，斯图尔特似乎确实应该受到谴责。毕竟，他把飞机降到了规定要求的最低高度以下。但如果我们追根究底的话，就会产生不同的看法。我们能看清事件背后的种种微妙因素，也能感受到斯图尔特在面对一连串突发事件时承受的巨大压力。这样看来，他就成了一个在困局中竭尽全力做到最好的飞行员。他的表现也许不够完美，但显而易见，他也远远算不上一个罪人。

我就"11月奥斯卡"事件采访了数十位飞行员、调查员和管理者。虽然每个人的观点不尽相同，但大部分人都认为把错误归咎于斯图尔特是不对的。英国航空公司对他的责难、英国民用航空管理局的

---

[1] 美国惊悚小说家。——编者注

律师们将他告上法庭的做法都是错误的。为什么这么说呢？如果飞行员担心自己会遭到不公正的指责，就不上报自己的错误和未遂事故，就会影响宝贵信息的传播，而正是这种信息造就了航空业引以为豪的安全纪录。这也是为什么绝不应该只为了政治上的权宜就急于谴责他人、追究责任。只有在经过专家的正当调查，对从业者工作的复杂环境有了彻底的了解之后，才能开始追究责任。

陪审团尽责地对事件进行了理解与判断，但他们身在法庭，实在难以判断在一架重达 200 吨、时速接近 320 千米、在浓雾中穿行的飞机驾驶舱中的紧张情况下做出的决定到底是对是错。

"11 月奥斯卡"号事件表明了推卸责任而不求解决问题有多么容易。惨剧差一点就发生了，责任人必须因此受到惩罚。航空业对过失的态度通常都很宽容，也因此常被看作公正文化的代表行业。航空业很少进行盲目谴责，总是通过错误学习进步。需要再次强调的是，我们不能因为威廉·格伦·斯图尔特的经历就忽略在本书第一部分中从航空业学到的东西。

但"11 月奥斯卡"号事件也说明，即使是航空业，也难以完全避免谴责倾向的影响。也许这起事件最大的意义就是提醒我们，要彻底根除谴责的本能，任重而道远。

在一个寒冷的冬日早晨，我拜访了飞行工程师布莱恩·勒维沙和他的妻子卡罗尔。在那起事件发生后，勒维沙由于不满自己与同事所受到的不公正待遇，愤而离开了英国航空公司。在过去的 30 年中，这对夫妇一直在距离伦敦 60 多千米的乡下生活。

勒维沙用了 20 多年的时间去反思这起英国航空历史上最不堪的未

遂事故。在我们交谈的过程中，勒维沙用了很长时间谈论被定罪的飞行员威廉·格伦·斯图尔特。"他是个很好的人，非常正派又有想法。"勒维沙说，"不管是看行动举止还是使命感，他都是那种保守的类型。"

法官当时给了斯图尔特两种选择：要么接受2000英镑的罚款，要么接受45天的监禁。他选择了前者。"这种宽大的判决也说明法官不认为这起案件应该交由法庭审理。"勒维沙说，"但这起事件让格伦受到了很深的伤害。审判过程和最终判决对他都是一种羞辱。他真是一个高尚的人。事件发生后的第三天，他就写信给我和副驾驶，主动承担了全部责任。"

勒维沙交给我一个硬纸盒，里面是关于这起事件的报道和笔记，摞起来有25厘米厚。在接下来的几周里，我一头埋进了文件工作中。我查阅了英国航空公司的内部报告、与法律团队的来往信函和关于那起事件的技术数据。在全部工作进行到大约四分之三的时候，我发现了斯图尔特写给勒维沙的那封信，信的内容反映出了机长的荣誉感，而他当时正要站到艾尔沃思刑事法庭中通常留给杀人犯、小偷和骗子的被告席上，面对控方的质问。信是这样写的：

亲爱的布莱恩：

我要在此声明，在最近的一次航行中……你像我所期待的那样，出色地完成了使命，展现了一名老练的飞行工程师的水平。我也明白，你所做的比规定要求的好得多。你的帮助减轻了我的负担……关于复飞问题，我的看法是，你按照所有规章做出了应有的操作，此外还做了很多要求之外的有益工作。干得好，你的表现没有任何问题。

勒维沙说：

如果一定要说他犯了错，那他就错在没有全面配合航空公司的调查，但当时他已经感觉到他们要把责任都推给他了。他是个顾家的男人，他的妻子萨曼莎和孩子们都深爱着他。而且他是那么热爱飞行。他在还是个孩子时，曾看到"虎蛾"飞机从卢赫斯空军基地起飞，在圣安德鲁斯高尔夫俱乐部附近的海湾上空飞行。那个地方对他有特殊的意义。那是他对飞行的热爱诞生的地方。

1992年12月1日，在那架波音747-136型飞机触发了贝尔特酒店走廊消防喷淋装置后的第三年零九天，斯图尔特走上了他最后的旅程。记者斯蒂芬·威尔金森用平实但生动的语言记述了他的最后时刻：

他离开了位于沃金汉姆的小房子，走之前没有对妻子说一句话。他驱车9小时，来到了一处海滩。这里距离他在苏格兰的出生地大约16千米，邻近卢赫斯皇家空军基地。

斯图尔特把一根软管的一头接在汽车排气管上，另一头从狭窄的窗缝中伸入车内。他很快就窒息身亡了。他没有留下遗书，也没有解释自杀的原因。

第六部分

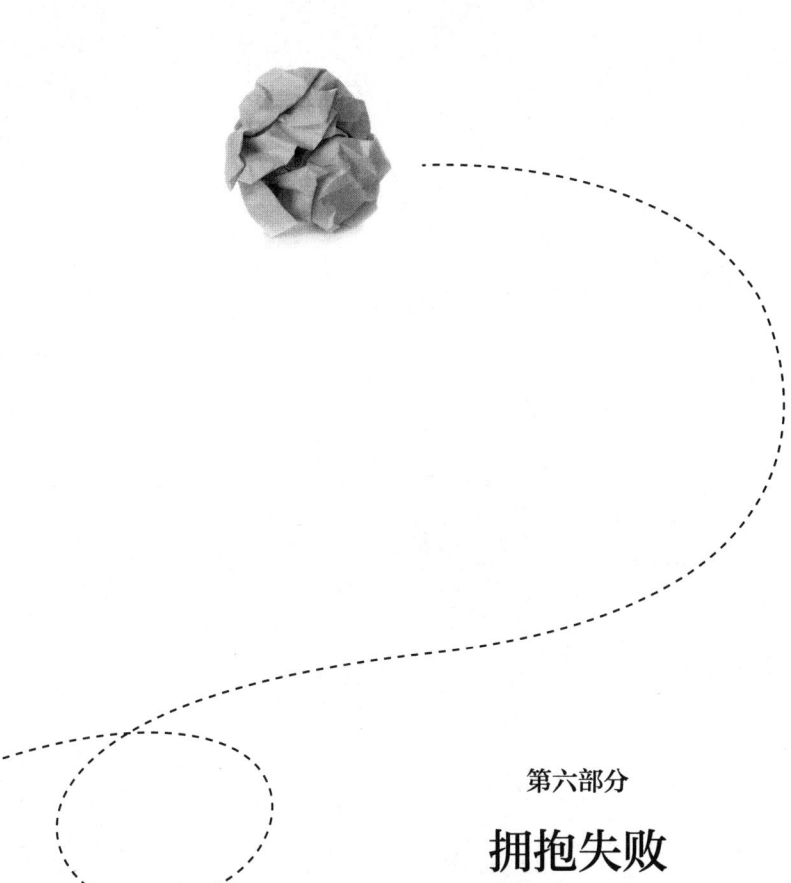

拥抱失败

创造不畏失败的成长文化

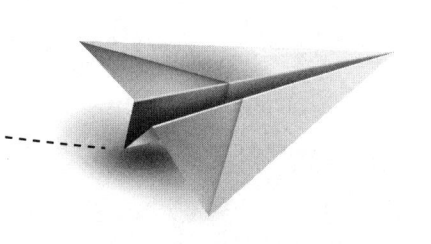

第 13 章　贝克汉姆效应

无数次失误的奠基

大卫·贝克汉姆是当代英格兰最杰出的足球运动员之一。他一共代表英格兰队出场 115 次，是队史上除守门员之外出场次数最多的球员。他在 6 年的时间里以英格兰队队长身份参加了 59 场比赛，并在 3 届世界杯上都有进球。

作为俱乐部球员，他共夺得英格兰足球超级联赛冠军 6 次，足总杯冠军 2 次，并代表曼彻斯特联队赢得了一次欧洲冠军联赛的奖杯。此外，他还随皇家马德里队获得过西班牙足球甲级联赛冠军，带领洛杉矶银河队两获美国大联盟杯冠军。在两次租借到 AC 米兰队期间，他也为球队做出了不少贡献。

贝克汉姆最擅长的是罚任意球和传球，他曾一度被看作全世界最好的定位球手。他最著名的一次进球发生在 2001 年，英格兰队与希腊队一场生死战的伤停补时阶段。英格兰队至少要与希腊队打平才能确保进入 2002 年世界杯的资格，而当时他们以 1∶2 落后。

伤停补时已经过去了 2 分半，此时希腊队在禁区外约 9 米处犯规了。贝克汉姆把球放在草地上，后退了几步，估算了一下距离。他开始助跑，然后举重若轻地踢出了一记弧线球。足球划出了一条完美的抛物线，绕过了4名防守队员组成的人墙，进入了27米外的球门上角。这一脚任意球终结了比赛，十多年后，视频网站上的这段影像仍然让无数人为之着迷。

贝克汉姆在其职业生涯中共有惊人的65次任意球破门纪录：代表曼联队打入29球，代表皇家马德里队打入14球，代表洛杉矶银河队打入12球，代表英格兰国家队打入7球，代表普雷斯顿队打入2球，代表AC米兰队打入1球。再加上他在运动战中的表现、防守的惊人毅力和为队友创造得分机会的能力，这称得上是一份傲人的纪录了。

正因如此，让我们饶有兴味地回到贝克汉姆的童年，看看他是如何锻炼出这种了不起的球技的。在6岁的时候，他就常常在伦敦东部家中的小后院里花一整个下午练习颠球了，这是大多数青少年培养球感的方法：用脚、膝盖和头部颠球，不让球落地。这也是足球运动中最普遍的训练方式。

开始时，小贝克汉姆的技巧不算出色。他只能颠五六下，足球就会脱离他的控制并落地，但他没有放弃努力。他练习了一个又一个下午，一次一次地体验失败。但从每次失误中，他都能学到如何更好地控球，如何保持精神集中，摆正身体姿势，让颠球时间越来越长。

他的母亲桑德拉会一边做饭一边从厨房窗口看着儿子踢球。她对我说："他的投入让我吃惊。他放学后一到家就开始练习，直到爸爸下班回家，然后父子俩会到公园去再踢一会儿。在勤奋努力这方面，他真是个了不起的孩子。"

贝克汉姆慢慢有了进步。6个月后，他可以颠球50次了。再过6个月，他能颠200次了。到9岁的时候，他的颠球纪录是2003次。整个过程用时大约 15 分钟，到最后他的腿都开始疼了。

如果当时有个外人看到这一幕，准会觉得不可思议。2003 次触球，不让足球落地，这简直是天才的表现。

但桑德拉从厨房的窗口看了整整 3 年。在她眼里，这不是什么天才的奇迹。她见证了造就进步的无数次失败，见证了儿子的所有挫折与失望，也见证了小贝克汉姆从每一次挫折中学习的过程。

在完成 2003 次颠球的纪录后，贝克汉姆觉得自己已经掌握了颠球的技法，于是又开始练习新技术。你猜对了：任意球。他和父亲泰德每天下午都在当地公园踢球，把一个小屋窗户上的铁丝网当成目标练习任意球。

泰德会站在贝克汉姆和目标中间，让儿子踢出弧线球，绕过自己。慢慢地，球越飞越远，贝克汉姆踢球的力量与速度也越来越足。和练习颠球时一样，他踢出的每一脚都有所进步。

"过了几年，就开始有人围观了。"泰德对我说，"他在那个公园踢了至少 5 万次任意球。他对足球的热爱真是太深了。"

2014 年春天，我前往巴黎对贝克汉姆进行采访。那是他在巴黎圣日耳曼队的最后一年，他住在距爱丽舍宫不远的布里斯托酒店里。"人们在谈论我的任意球时总会说那些进球。"他说，"但我一想到任意球，就会想到所有那些失误。在掌握诀窍之前，我射失了无数次。"

贝克汉姆和我谈话时的打扮很休闲。他头戴米黄色毛线帽，穿着有破洞的牛仔裤和白色 T 恤衫。他在整个职业生涯中都保持着这种勤奋的工作态度。任英格兰队队长时，他总在训练后留在场上练习任意球。在接受我采访的前一天，他还在巴黎圣日尔曼队的训练场上多留

第 13 章　贝克汉姆效应　297

了两个小时,磨炼技巧和准确度。

在职业生涯晚期,他还在寻找进步的方法,还在从错误中吸取教训。"想要进步就得不断鞭策自己……要不是那样,我永远也不会成功。"

成功者往往对失败有着与一般人的直觉不同的看法。他们像普通人一样为了成功而努力,同时又熟知失败在通往成功的道路上是多么不可或缺。他们选择接纳失败,而不是回避它。

伟大的篮球运动员迈克尔·乔丹也是这样的人。在一则著名的耐克广告中,他说:"我投失了9000多个球,输掉了近300场比赛。我曾26次投失决定比赛胜负的关键一球。"

很多人不理解这条广告。为什么要展现你的失误?但对乔丹来说这很合理。"精神和心理上的强悍比好的身体条件更重要。"他说,"我总是这么说,也总是这么想的。"

詹姆斯·戴森也证明了这一点。他曾被人称为"倡导失败的布道者"。他说:"对于加入戴森公司的人,我最看重的品质就是去尝试失败并从中学习的意愿。我热爱那种精神,现在的世界上这样的人太少了。"

在上一部分,我们看到了谴责是如何影响开放和进步的,也看到了应该如何处理这一问题;在第二部分,我们也注意到了进步路上还有一个更难以察觉的障碍,那就是人们心中对失败的恐惧,这是对自我的威胁,会对我们的自尊心造成伤害。我们中有很多人甚至不能对自己承认错误,并往往一遇到困难就马上放弃。

在这一部分,我们会看到如何克服这两种对进步造成重大阻碍的倾向。我们会看到为什么有的人或机构能够直面失败,他们又是如何从错误中学习的。此外,我们还会看到他们是如何避免谴责别人的。

同时，我们也会见证他们是如何在一次次的挫折和挑战面前保持热情，而不是逐渐放弃的。

总而言之，如果从失败中学习对成功是如此重要，我们要如何克服内在和外在的阻碍去做到这一点呢？

两种思维模式

2010年，密歇根州立大学的心理学家贾森·摩瑟（Jason Moser）与同事们招募了一批志愿者，并对其进行了一次测试。受试者需要头戴脑电帽，上面有许多电极，用来测量脑部活动时的电压变化。

摩瑟想观察受试者犯错时的神经变化。他对两种脑部信号尤其感兴趣，其中一种叫"错误相关负波"（ERN），1990年，两个研究团队同时独立发现了这种信号的存在（多重独立发现的又一例证），它是前扣带皮层发出的一种负波信号。前扣带皮层是大脑的一个区域，负责调整注意力。这种脑部活动不受主观控制，大脑在犯错时必然会发生这种反应。

第二种信号叫"错误正波"（Pe），在错误发生后200~500毫秒时出现。Pe与注意力的提高有关，它与ERN不同，是从大脑另一个部分发出的，在我们把注意力集中到错误上时发生。

摩瑟了解到，此前的研究已经证明，当人类脑部出现这两种信号时，学习的效率就会提高。首先会出现一个较强的ERN信号（意味着对错误的较大反应），其次会出现一个稳定的Pe信号（意味着对错误集中精神，因此也就更可能吸取教训）。

在开始试验前，摩瑟让志愿者填写了一份调查问卷，并根据各人的回答把他们分成两组。设计这份问卷的目的在于分辨受试者的思维模式。具有固定型思维模式的人相信自己的智力、天赋等基本特质是一成不变的。他们强烈同意这样的说法:"你具备一定程度的智力,而你无法通过努力让智力提高。"

另一方面,具有成长型思维模式的人则相信他们的基本能力是可以通过努力得到提升的。他们固然认为先天的智力很重要,但更相信自己可以通过坚持不懈的努力和投入变得更加聪明。这一组人不同意这样的说法:"你的智力是与生俱来的,你无法改变它。"

当然,思维模式不是二元对立的。毕竟大多数人都相信成功是天赋与努力共同作用的结果,但这份问卷让志愿者们用分数表明他们的倾向性。这就探明了他们内心的真实想法,这些想法往往在潜意识中决定了人们的行为。

摩瑟把志愿者分成了两组,为他们戴好脑电帽后开始了试验。试验内容非常简单,甚至有些枯燥。志愿者们要从连续五个字母中识别出中间的字母。比如"BBBBB"或者"BBGBB"。中间的字母有时和其他四个相同,有时则不同。如果志愿者无法集中精神,他们就会开始犯错。

摩瑟在观察志愿者的脑电图时,发现两组人对错误的反应有着显著的不同。两组人的脑电图都显示了较强的 ERN 信号,这是理所当然的。事情出错时,会引起大脑的注意。没人愿意犯错,尤其是在识别字母这种小儿科的问题上。

然而,在 Pe 信号上,两组人的区别就非常明显了。成长型思维者的脑电图中 Pe 信号强度比固定型思维者的要大得多,其差距可达 3 倍(波动振幅为 15∶5)。摩瑟表示:"这是个非常大的差别。"

固定型思维者的大脑仿佛对错误视而不见,没有把注意力放在错误上面。另一方面，对成长型思维者来说，错误似乎很有趣，有着极强的吸引力。另外值得注意的是，Pe 信号的强度与犯错后的表现改进程度有着直接的关系。

摩瑟的试验具有重要意义，因为它为本书中的很多见解提供了证明。在面对错误时，我们就能进步。对体制来说是这样，如同我们在医疗业和航空业（还有科学与伪科学）的对比中见到的那样。对个人来说也是如此，面对 DNA 证据的控方律师们就证明了这一点。而对我们的大脑来说情况也是一样。

这也解释了为什么有些人能从错误中吸取教训，有些人则不能。根本的区别在于我们如何认识失败。成长型思维者认识错误的方式与固定型思维者完全不同。他们认为，进步在很大程度上是由努力推动的。他们理所当然地认为，失败是学习过程中必不可少的一部分。

难怪他们能把注意力集中在错误上并从中抓住学习的机会。难怪他们没有被失败打倒。难怪他们如此认同自下而上的迭代过程。

那些认为成功是由天赋和先天智力决定的人更容易被错误吓倒。他们会觉得失败证明自己不具备足够的能力，而且以后也不会有，毕竟，他们认为先天条件无法改变。他们会更害怕面对别人的评判，失败让他们感到如芒在背。

迄今为止，已有数十项试验证明了这两种思维之间的差异造成的广泛后果。在心理学家卡罗尔·德韦克（Carol Dweck）和一名同事设计的一次试验中，一些 11~12 岁的儿童要接受 8 次简单的测试，然后还要接受 4 次非常困难的测试。试验过程中，分别具有两种思维模式的儿童的表现有显著的差异。

德韦克是这样描述具有固定型思维模式的儿童的："这一组最突

出的特点就是，他们很快就开始把自己能力不够、智力不足当作失败的理由。他们会说'我想我不怎么聪明'，'我的记性一直不怎么样'，或者'我不擅长做这种事'这样的话。遭遇失败后，三分之二的孩子表现明显变差了，超过一半的孩子最后的表现完全不及格。

而对那些具有成长型思维模式的儿童，德韦克是这样评价的：

> 他们甚至不认为自己遭受了失败……在这种乐观态度的鼓舞下，超过80%的孩子在处理困难问题时的表现保持稳定或者有所进步。有四分之一的孩子的表现确实有所提升。他们靠自己领悟了更复杂的新方法，去处理更困难的新问题。其中几个人甚至解决了原本超出他们能力范围的难题。

从表面上看，这种差异是很值得注意的。这些孩子本身的能力水平相当，德韦克也用他们各自喜爱的玩具作为奖励，以保证他们参与试验的积极性。然而，随着测验变得越来越难，有的孩子保持了原有水平，有的孩子则变差了。

这种表现的差异从何而来？关键就在于思维模式。固定型思维模式组的孩子们认为智力是静态的，是一成不变的，失败会让他们变得越来越弱。失败会让他们觉得自己没有能力完成测验，不如及早放弃。这都是因为他们觉得，反正自己的天赋高低是无法改变的。

对成长型思维模式组的孩子们来说，一切都不一样了。他们对智力的认识是动态的，是可以增长、扩张和进步的。在他们眼里，困难不是放弃的理由，而是学习的机会。这一组的孩子会主动说出"我喜欢挑战"和"错误是我们的朋友"这样的话。

这不是十来岁的孩子才有的特点，而是人类心理的一条基本特征。让我们先离开教室，来看一看一项对《财富》1000强公司的一次为期两年的调查。两名心理学家对七家顶尖公司的员工进行了访问，分别调查这些人的思维模式。调查结果会向各个公司汇报，以帮助认定公司文化氛围是偏向成长型还是固定型。

这两名心理学家展开访问后，发现了非常显著的差异。具有固定型思维模式的企业工作的员工担心失败，害怕被谴责，认为人们应该对错误守口如瓶。他们会认可"公司里有很多欺上瞒下、走歪门邪道的行为"或"员工们总是藏匿信息、保守秘密"的说法。

在那些具有成长型思维模式的公司里，一切都变了。这里的氛围更加坦诚，人们乐于合作，对过失的态度也积极得多。他们会认可"公司真心支持我去冒险，即使失败了也会支持我""就算有人犯了错，公司也会把从中学习的机会当成'附加价值'"或"这家公司鼓励人们进行创新——这里欢迎创造力"等说法。

不用多做解释，我们也能看出这才是能驱动进步和成长的行为。后者几乎是对此前章节里所有成功机构的文化的完美总结。事实上，在被问及公司是否大量存在不道德或不正当行为时，"成长型"公司员工给出否定回答的比例比"固定型"公司员工高出41%。

这又带出了认知失调、谴责与开诚布公之间密切的关系，我们在第11章中已经认识到了这一点。如果文化氛围对错误的态度是不健康的，谴责就会盛行，掩饰会很普遍，人们会害怕面对合理的风险。只有当这种态度有所转化，人们才不会急于谴责别人，公开透明的机制才会得以建立，掩盖错误的行为也会显露出其本来面目，它们不过是肆无忌惮的自我伤害。

在一家全球最著名的金融机构的人事主管发来的一封电子邮件中,我看到了一些最有才华的人为了避免失败能做出的事。

当某人接受了一项新的挑战,比如向客户做一次重要的介绍演讲,他在开始时总是难免做得不够完美。即使是最具才华的人,也需要一定时间去培养专业能力。

但是,不同的人对这种情况有着极为不同的反应。有的人很喜欢挑战,他们会收集反馈意见,和同事谈话,寻找机会参加之后的演讲。每次,我是说每次,他们都能获得进步。但有人则会被最初的"失败"吓倒。事实上,他们会采取非常复杂的策略来逃避,以保证自己永远不会再面对那样的问题。因为害怕搞砸,他们毁掉了自己进步的机会。

"野兽训练营"

西点军校是一所为胸怀大志的美国军官提供培训的学院。它坐落在纽约市北部80千米的高地之上,被奉为全球最优秀的教育机构之一。2009年,西点军校在《福布斯》杂志评选的全美大学排行中名列榜首。

西点军校的校园闻名遐迩,黑灰色花岗岩建成的新哥特风格建筑屹立其间。这里有美军历史最悠久的博物馆,还有巴顿将军,这位著名美国军事家的铜像。学校每年招收1200名新学员,人人都希望毕业后能进入全球最强军队的军官阶层。

入学并不容易。学员必须得到国会议员或美国政府其他高层人士的私人推荐,还必须通过一系列对心理与身体的严苛考验。然而,在学员们跨入西点军校的大门后，真正的考验才刚刚开始。

首先，他们必须经历一个非常艰难的开始阶段，这是一个为期6个半星期的特训，被称为"学员基本训练"。这个阶段考验的不仅是新生们的智力和体能，还有他们的意志力。学校的一份报告显示，这一特训"被特意设计来测试学员身体、情感和思想上的极限"。西点军校的内部人士把学员基本训练期称为"野兽营"或者干脆就叫"野兽"。

在特训中，学员们的生活条件非常艰苦，每天早晨5点就要起床。他们要在5点30分到6点55分之间完成体能训练，上午接受一系列检验智力与推理能力的课程，下午还要接受新的课程。傍晚，学员要参加有组织的运动，晚上还有更多的体能训练。晚上10点，学员准时上床睡觉。

体能训练的内容包括背包行军，每次要走16千米并爬上陡峭的山坡，身上还要背着35～50千克的负重。还有一项被称作"密室"的训练，学员要戴上防毒面具，进入一间充满催泪气体的小屋。他们要摘下面具，大声读出墙上指示牌的内容，然后还要吸一口气才能离开房间。这可远远称不上舒服的体验。

在每年的野兽营中，大约有50名学员会退学并离开西点军校，这也不算奇怪。这个开始确实非常困难。给学生的指导手册上写着："这是西点军校4年生活中对身体和思想觉悟要求最高的阶段，设计这一阶段的目的是帮助你从学员变成战士。"

长久以来，军方都把野兽营当成选拔精英、淘汰庸才的方式。事实上，他们有一套衡量天赋的科学方法，被称为"候选者全面评估系统"（Whole Candidate Score）。这种评分方法量化了开始阶段的各个重要因素。它通过俯卧撑数量等评分来衡量体能，通过学术能力评估

（SAT）来衡量智力，通过平均绩点（GPA）来衡量学习能力，此外还有对领导潜质的评分。以上提到的所有评分，再加上其他素质的考核，会被汇总起来，求得加权平均值。

当然，这些素质都很重要。毫无疑问，它们能体现通过野兽营所需要的部分特质，但似乎还是缺了点什么。要是一名学员天赋非凡、体能惊人，唯独缺乏毅力，要怎么评分？如果一名学员文武双全，但在遇到困难或遭遇失败后会立即放弃，要怎么评分？

2004年，美国心理学家安吉拉·李·达克沃斯（Angela Lee Duckworth）向美军领导人申请测定西点军校学员的"毅力值"。她的问卷远不如候选者全面评估系统复杂。做这份问卷只需要5分钟，问卷上有12个陈述句，比如"挫折不会让我泄气"和"我做事有始有终"。学员们要用1到5分来衡量自己是否符合句中的描述。

达克沃斯想证实，这些性格特点，尤其是渡过难关的意志力，是否能比军方复杂的候选者全面评估系统更准确地预测出哪些人可以通过野兽营。结果很清楚，问卷分数计算出来后，人们发现"毅力值"比候选者全面评估系统的预测要准确得多。达克沃斯在接下来的5年中继续进行这种测试，每年的结果都证明了这一点。

2005年，达克沃斯又向美国拼字大赛（American Spelling Bee）的全国负责人申请，对参赛者进行了相同的测试。拼字大赛是系列竞赛，参赛的青少年要拼写出难度越来越大的单词，比如，在2013年的美国拼字大赛最后一轮中，参赛者要拼出"kaburi"（一种陆生螃蟹）、"cipollino"（一种大理石）和"envoutement"（一种魔法仪式）等单词。

这次测试的结果同样很明显。在"毅力值"上得分较高的参赛者比同龄人在比赛中走得更远。达克沃斯表示，这些优秀参赛者的一个关键优势就在于"他们不是去复习自己已经认识的单词，（而是）确认自己不熟悉的知识，认清自己的弱点，并努力加以改进"。

达克沃斯还发现，同样的情况也适用于更广泛的环境。在一项研究中，达克沃斯和同事们查阅了一些教师在大学时的履历，从中寻找关于毅力的证据。随后，他们又观察了这些教师在条件比较落后的环境中的教学效果。事实再一次证明，毅力是推动长期成功的关键因素。

其中缘由不难推断：无论我们天赋多高，如果在遇到问题时轻易放弃，进步过程就会被破坏。如果我们把困难当成自身缺陷的证据，而不是通往进步的路径，那么我们就会对失败避之唯恐不及。毅力与成长型思维模式密切相关，也关系到我们对成功和失败的认识。

我们的观念中存在一个问题，就是期望成功来得越快越好。比如，电视真人秀节目会暗示或引导我们去相信，只要征服了挑剔的评委或者观众，就达到了成功。真人秀讲述的都是一夜成名的故事，这也是此类节目广受欢迎的原因之一。

但在真实生活中，成功很少来得这么容易。无论是发明双层气旋吸尘器、踢出世界级的任意球还是成为象棋大师或军事家，这些成功都需要长年的努力，需要有刻苦奋斗和百折不挠的意愿，去面对困难与挑战。

如果年轻人都认为只要是天才就能轻易成功，他们还有理由去奋斗吗？比如，他们去学小提琴而不能马上成为大师，就会认为自己没有天赋，就会放弃。认为成功唾手可得这种错误的想法毁掉了人们的韧性。

需要指出的是，放弃也不总是一件坏事。如果你要用一生的时间去做无用功,那你的生命就注定被虚掷了。在某个时刻,你不得不权衡继续奋斗的代价与适时放弃并开始新尝试之间的利弊,这是我们人生中最重要的决定之一。

但这也带来了一种对成长型思维模式的普遍误解。有人会问,具有这种思维模式的人会不会在注定会失败的事业上坚持得太久了?他们是不是把人生都浪费在毫无胜利希望的挑战上了?

实际上,真相恰恰与此相反。具有成长型思维模式的人在考虑是否该放弃时会做出更理性的决定。德韦克说:"成长型思维不会阻止学生们发现自己缺少解决某个问题所需的技能。实际上,这种思维会让学生们在承认自己有某种难以改变的不足并退出时不感到羞耻或恐惧。"

再来看看我们在第 5 章中讲过的处置效应问题。一名理性的金融交易员应该保留可能在未来增值的股票,并卖出可能会贬值的股票,但实际上交易员却更愿意持有已经贬值的股票,而不管未来的前景。为什么呢?因为他们痛恨让损失固化。因此,人们会长期持有亏损的股票,拼命希望能够解套。就算是职业的交易者也会犯这个错误,他们持有亏损股票的时间是持有盈利股票时间的 2 倍。

现在再来思考一下成长型思维模式。这是一种用清醒的眼光看待失败的态度。失败不是能力不足的证明,而是学习进步的机会。正是如此,有证据表明,具有成长型思维模式的交易员较少受到处置效应的影响,他们不太会盲目持有亏损的股票。当我们不再认为失败是一种耻辱时,问题就不再是在注定失败的事业上浪费时间了,而是我们会更有能力做出合理的选择,无论这种选择是放弃努力,尝试新挑战,还是继续坚持,获得成长。

现在假设我们已经做出了理性的决定，要坚持努力。这时，成长型思维模式又有了另一种重要意义，它能帮助我们应对挑战与挫折。如果在整个职业生涯中对负面反应畏首畏尾，逃避可能会受到评判的局面，并因此丧失了进步的机会，那就太得不偿失了。你这样做虽然的确没有放弃，但也没有任何进步。

詹姆斯·戴森制作了5127个样品，他的竞争者连100个都没做出。这不是因为他更聪明，而是因为他更有毅力。同样，贝克汉姆和乔丹也许确实拥有超人的运动天赋，但如果没有成长型思维模式的指导，他们仍然无法成功。

这才是问题的关键所在。在商业领域和日常生活中，以成长为导向的文化不是一种皆大欢喜、人人都是赢家的空洞说辞，当然也不是主张人人平等的感情的比喻。这是一种组织心理学的方法，建立在最基本的科学理论之上，那就是我们只有在直面失败并从中学习后才能最快地进步。

第 14 章　重新定义失败

最成功也最脆弱

我们已经得出了这样的结论：无论是作为个人还是集体，只要我们想发挥潜力，就必须重新定义失败。本书在开头就已经提到了这一点。从很多意义上说，这也是本书最大的目的。我们已经认识过多种多样的失败，重新审视过失败的意义，也考虑过应对失败的方式。

从大脑、个人、集体和体制等层面上看，失败都是学习的途径，有时还是唯一的途径。在科学研究中，错误指明了理论的改革方向；在体育运动中，错误为训练提供了改进的目标；在航空业界，每一次事故都是推进系统安全的机会。

错误有多重含义，在不同背景下也需要不同的应对方式。但无论错误以何种形态出现，都有帮助我们进步的无穷价值。

有了这些认识，我们是否可以开始对错误重新进行解释了？通过对失败的认识的转变，能否出现一种通往成功的全新途径？我们能在此前看过的例子里找到这些问题的答案：科学与伪科学、医疗业与航空业、计划经济和规范市场经济的对比等。在固定型和成长型思维模式的差异中，也体现了同样的答案。

当我们用全新的眼光看待失败，成功也会同时具有令人振奋的新意义。能力不再是一成不变的、只有伟大的个人或集体才具备的固定优势，而是动态的，会随着我们拓展知识边界的努力而越变越强。我们不会再为自己已经具备的知识而骄傲自满，不会再在别人指出我们知识的漏洞时产生抵触情绪。

我们会像伟大的科学家们那样，带着求知的目光望向无穷无尽的未知，勇敢地踏入这一广阔的领域，发现新问题并找到新的解决方法。卡尔·波普尔曾说过："科学之美与伟大的一部分因素就在于，我们能够通过自己的批判性研究了解世界与我们的想象完全不同——然后，我们早期理论的失败会激励我们再次展开想象。"

很多具有进步性的机构都试图激发这种对失败的重新认识。詹姆斯·戴森一直致力于教育观念的改革。他希望学生们能够学会用新的方式看待世界，强烈反对把考得高分、避免错误当作教育的目的，他担心这种观念会导致知识的发展停滞。戴森基金会的最高目标就是为失败正名。他希望年轻人能多做试验、多尝试新东西、多冒点险。

具备创新意识的学校领导们也有同样的想法。比如，伦敦西南部温布尔登高中（Wimbledon High School）的前任校长希瑟·汉伯里（Heather Hanbury）就为学生们举办了一项名为"失败周"的年度活动。她知道学生们考试成绩不错，但她也明白很多学生在学业以外还面对着很多困难。这些学生没有发挥出创造性潜力，尤其是在教室之外的地方。

在那一周的时间里，汉伯里召开了研讨会和座谈会，在会上讨论失败的益处。她请学生的父母、老师和其他榜样人物讲述自己的失败经历以及自己从中学到的东西。她给学生放映 YouTube 网站上名人练习的视频,展示这些人是如何从错误中学习的。她向学生们讲述大卫·贝克汉姆和詹姆斯·戴森等人的经历,让学生们对成功的过程建立真正的了解。

汉伯里说:

> 没有人是生来害怕失败的。这不是一种本能,而是随着我们长大而逐渐发展的观念。很小的孩子是完全不怕失败的,他们很乐于尝试新鲜事物,学习速度非常快。我们要做的是让失败有价值,要善于失败。我的意思是要去冒险,如果行不通,也要从中学到东西。
>
> 在失败后假装一切正常或者谴责别人都是无益的。那样做只会浪费了解自己,并在自身的技能、经验和资格等方面发现问题的机会。而一旦抓住了学习的机会,你就能行动起来,有所作为。

其他组织与机构也采取了类似的措施重新定义失败。制药巨头礼来公司(Eli Lilly)的首席科学家 W. 利·汤普森(W. Leigh Thompson)在 20 世纪 90 年代发起了一项名为"失败派对"的活动,表彰那些虽然没有获得最终的成功,但仍然表现出色的科研工作。这项活动的意义在于使失败去污名化,把员工从谴责与认知失调的双重危险中解放出来。

但这种活动真的会有效果吗?它们真的能让人们改变行为方式,表现得更好并取得进步吗?

来看一个试验。参加试验的是一群学生,像大多数人一样,他们在遭遇失败后表现不佳。其中一半学生去参加一门课程,在那里,他们会获得持续的成功。课程中的问题都很简单,学生们答出问题后也很高兴。可想而知,他们会开始建立对自己智力的信心。

另一半学生则不会体验到这种成功。他们会学到如何重新解读自己的失败。他们有时会遇到解决不了的问题,但同时也会被告知只要努力就一定能进步。失败不会被当成他们智力不够的证明,而是增强理解力和领悟力的机会。

在各自的课程结束后,两组学生要解答同一道难题。那些屡获成功的孩子们又变得像之前那样,一遇到困难就垂头丧气了。他们对失败过于敏感,导致表现失常,过了很多天才慢慢恢复精神。有的孩子变得比以前还要胆小,再也不敢冒险面对挑战了。

而另一组学会重新解读失败的学生则大不一样。他们处理难题的能力大大增强了。很多人在遇到失败后仍然表现优异,在回到学校后还会向老师争取更多的挑战机会。在可能失败的挑战面前,他们没有逃避,而是选择了迎难而上。

这个试验可以解释教育和人生中的一个奇怪的现象:那些获得最多成功的人往往也是最脆弱的。他们凭着完美的表现赢得了太多掌声,获得了无尽的赞美,却偏偏没有机会去体验人人都会面对的挫折。有人发现,年轻女孩格外容易陷入这种情况。在小学保持优异成绩、被教师评价为"能力卓越"的女生,在失败后所受的打击往往最大。

在一次著名的试验中,一群女生先接受了智商测试,然后要完成一项任务,这项任务在开始阶段非常困难。你也许会认为高智商的女孩当然会表现得更好,但结果恰恰相反。那些在生活中一帆风顺的高智商女孩在开始的难题面前狼狈不堪,变得非常无助。她们甚至没有心思去完成剩下的任务。事实上,智商与最终结果之间的关系呈负相关。

正因如此，温布尔登高中的"失败周"是一个了不起的想法。希瑟·汉伯里想给成绩优异的学生们上一堂课，这堂课不但能让他们在中学和大学里有所收获，而且也能让他们在未来的人生中获益良多。她把学生们从"舒适区"中带出来，并帮助他们做好心理准备，这对他们以后的现实生活非常重要。

"我们的学生们考试成绩非常棒，但一旦出错就会不知所措。"她说，"我们希望他们能更有勇气。这听上去也许有些矛盾，但我们想让他们有勇气去失败。"

失败与创业精神

让我们离开教室，看看现实世界中人们对失败的不同态度。尤其是在创业方面，因为创业被广泛认为是在全球经济中获得成功的关键。

在美国，企业家们勇于冒险，在初次尝试遭遇失败后也很少放弃。汽车大王亨利·福特就是这样。他建立的第一家公司——底特律汽车公司倒闭了。之后，他又被逐出了自己建立的第二家公司——亨利·福特公司。但这些失败让福特学到了定价和品控方面的重要知识。他的第三次尝试——福特汽车公司——则改变了世界。他说："失败是重新开始的好机会，再次开始时，你会更加明智。"

在日本，企业文化却非常不同。由于社会和经济历史方面的复杂原因，日本人很以失败为耻。日本人认为，如果一个人犯了错，就会给自己和家人带来耻辱。在这里，失败不会被当成学习的机会，而是无能的证明。这是典型的固定型思维模式。在日本，对经营失败的谴责很常见，而且往往很严厉。

现在再来看看创业的相关数据。根据世界银行的统计，在经济合作与发展组织（OECD）成员国中，日本每年新出现的企业数量最少。2013年，日本新企业的数量仅为美国的三分之一。在2008年的经合组织科技工业统计数据中，日本的风险投资金额最低。按照占国内生产总值的百分比计算，日本仅为美国的二十分之一。

其他研究也得出了同样的结论。全球创业观察（Global Entrepreneurship Monitor）项目显示，在18~64岁的日本人中，仅有大约1.9%的人在积极从事创业活动。在美国，这一比例比日本高出2.5倍以上。考夫曼基金会（The Kauffman Foundation）称，差不多每8个成年美国人中就有1人（实际为11.9%）正在从事创业活动，这在发达国家中是数一数二的。

这种差异当然会对企业和整体经济产生影响。沃顿商学院的一份报告显示："创业相对匮乏的情况是日本过去20年间经济疲软的原因之一。"而在美国，创业精神则被认为是国家成功的基石："调查显示，机会驱动的创业精神是现代市场经济成长的活力之源。"

但这种实实在在的差异真的是由"对失败的认识"这种无形的概念所决定的吗？2009年，全球创业观察为此进行了一次大型调查。他们对20个由创新驱动的发达经济体对创业的态度进行了调查，结果十分明确。日本人对失败最为恐惧，而美国人则属于最无畏的人群之一。

5年后的调查得出了同样的结果。在一次对70个发达程度不同、所面对的挑战也不同的国家的调查中，日本人对失败的恐惧仍然是最高的之一，仅次于希腊，而后者正饱受外部强加的财政紧缩之苦。美国人对失败的恐惧仍然处于最低的水平。在2013年的一次调查中，日本人最不相信创业的技能会随着时间而提高。

对失败的恐惧也不一定是坏事。未雨绸缪，防患于未然是明智之举。英国企业家理查德·布兰森（Richard Branson）表示，恐惧能激发创造力。机遇往往与问题并存，逃避问题也就不可能让你抓住机遇。如果挫折带来的不是进步，而是谴责和悲观的失败情绪，问题就出现了。

创业如此，生活亦如此。让我们来看另一个例子，从其他领域发现同样的道理。在数学领域，中国和日本学生在全世界范围内都是最优秀的。国际学生评估项目（The Programme for International Student Assessment）对各国15岁学生的成绩进行了排名。在数学这一栏，中国学生高居榜首，日本学生名列第7。英国和美国学生则远远落后，分别排在第26位和第36位。

现在，让我们再来看看这些国家对数学的不同态度。在英国和美国，人们普遍认为数学是一种天赋。如果一个孩子学习数学很吃力，就会被认为没有数学天赋。在这些国家的学校里，你会听到学生们说"我就是没有学数学的脑子"这样的话。斯坦福大学的学者乔·鲍勒尔（Jo Boaler）表示："美国人和英国人有一种根深蒂固的观念，就是只有少部分人能明白数学。他们只对数学有这种观念，对其他科目都没有。"

在中国和日本，人们对待数学的态度截然不同。在这两个国家的人们眼中，数学就像是一门语言，越用就越精通。错误不会被用来证明脑子笨或者"没有数学头脑"，而只会被当成学习的机会。有些人的确在数学上比其他人更强，但人们普遍认为只要有恒心并勤加练习，人人都能掌握基本的数学概念。

鲍勒尔讲述了他的上海之行，这里的学生的数学成绩在全中国乃至全世界都是最优秀的。"老师给学生们……出了一些问题，然后叫了一些学生，让他们念出自己的答案。学生们高兴地回答问题时，翻译靠过来跟我说，被老师点名的都是答错问题的学生。这些学生很乐意和其他人分享错误经验，因为老师也很重视这些错误。"

思维模式的不同一次又一次地揭示了一些人和组织能够更快成长的原因。我们在第7章讲过，进化是建立在失败的基础上的，但如果我们在遭遇失败后选择放弃，或者故意忽视错误，那么不管我们多聪明，都无法再进步了。成长型思维模式和先进的进化机制一起帮助我们释放潜能，形成了驱动个人和组织进步的框架。

自我妨碍的悖论

为了了解错误态度是如何影响进步的，让我们最后再来看一种最让人不解的行为：自我妨碍（self-handicapping）。在商业、教育领域和家庭生活中，都有人对这种行为做过研究。这种行为反映了人们会如何不顾一切地保护自尊，即使以自己的未来为代价也在所不惜。

在牛津大学的最后一年里，我首次见识到了自我妨碍行为。当时我们正要参加毕业考试。我们为这一天准备了很久，大多数人心里多少有些忐忑，但也因为不用再等待而松了一口气。在过去的24小时里，大多数人都在忙于复习，最后再读一遍笔记。

然而，有一群学生却与众不同。他们在花园里嬉戏打闹，喝着鸡尾酒，一眼也不看笔记，还告诉大家他们要在那天晚上去夜店玩。他们看上去都很放松，还拿考试开着玩笑。

我很不理解这种做法。干吗要为了去城里玩一夜而毁掉三年的苦工呢？在人生中如此重要的一天，他们宿醉未醒就去参加考试了，能

第14章 重新定义失败　317

得到什么结果?最令人吃惊的是,这群人里有不少优秀的学生,他们在此前3年中一直刻苦努力,勤奋学习。

多年以后,我在了解认知失调和固定型思维模式后才找到了答案:他们太害怕发挥不好,太害怕考试结果会让人觉得他们不够聪明,所以就为自己找了后路。为了找这条后路,他们毁掉了自己原有的机会。

在日常生活中,人们往往会在事后找借口。我们都曾把一次失眠、一次感冒或者家中宠物生病当成发挥失常的借口,但这些借口太过明显,人们一眼就能看穿,我们自己心里也清楚。这些借口不会减轻我们的失调感,因为它们实在站不住脚。

但自我妨碍行为比这复杂得多。不是事后草草拼凑的理由,而是事前就精心安排好的。这是一种未雨绸缪的策略,目的是减轻失调感。如果这些学生在关键考试中不及格,他们就会说:"不是我的错,都是酒精惹的祸!"这样做还有另一个目的:他们即使通过了考试,也可以用宿醉来解释自己为什么没考出高分。

表面上看来,自我妨碍行为令人费解:年轻的运动员在重大比赛前几周停止刻苦训练;销售人士在重要的商品宣传活动前不去了解相关信息;聪明的大学生在关键考试前突然决定要去喝个烂醉。但是,以固定型思维模式为前提看这个问题,就说得通了。正是因为要参加的活动太重要,因此失败才可怕,所以他们才会不顾一切地为可能的失败寻找借口。一名心理学家表示:"人们更愿意承认自己的小毛病(醉酒),来逃避承认更加严重的错误(我没有自己以为的那么聪明)。"

1978年,心理学家斯蒂芬·波格拉斯(Steven Berglas)和爱德华·琼斯(Edward Jones)曾针对自我妨碍行为做过一次影响深远的研究。参与研究的学生们要参加一次考试。在考试前,学生们可以选择是否服用一种可以影响发挥、降低成绩的药物。这其实说不上是一种选择，哪会有人主动放弃成功的机会呢？但实际上，相当多的学生选择了服药。

有些人可能觉得这不可思议，但波格拉斯博士认为这非常正常。他自己在高中时，就曾在参加重要的 SAT 考试前服了这种药。他本来有希望拿满分的，他的自尊和考核成绩密切相关。一旦发挥失常，服药行为就成了完美的借口。

一些心理学家指出，自我妨碍行为在短期内是有益的。比如，如果你把某一次失败归咎于宿醉，这会在不理想的结果面前为你挽回一些颜面，但这样会让人无法吸取真正的教训。如果这种自尊如此脆弱，连一次失败都无法面对，那去保护它又有什么意义呢？

再想想本书开头讲的那些医生。他们都有很强的自尊心，接受过昂贵的教育，资质不凡，履历显赫，在同事与患者心中颇有声望。但正因如此，害怕失败的观念才特别危险。医生们保护自尊的欲望太强，让他们无法承认自己的弱点。

简而言之，自尊心作为一种心理特点，其价值被大大高估了。如果我们担心自己可能不那么完美，就会损失学习的机会。我们真正需要的是毅力，是直面失败并从中学习的能力。说到底，这才是成长的全部意义。

1998 年 6 月 30 日下午，大卫·贝克汉姆的人生被永远地改变了。当时他 23 岁，首次代表英格兰参加世界杯。当天的比赛是一场淘汰赛，在法国中部的圣埃蒂安举行。英格兰的对手是阿根廷队，两队为争夺八强席位而战。

当时的比分是 2∶2。在英国，有超过 2000 万名球迷守在电视机前，现场也有数万名球迷观赛。对贝克汉姆而言，能代表国家队参赛，可以说是美梦成真。

下半场刚开始两分钟，贝克汉姆在中场接球。这时，阿根廷队的迭戈·西蒙尼从背后狠狠撞向了他。贝克汉姆只觉得有人用膝盖顶向了他的后腰，然后便摔倒在地。西蒙尼撞人后还扯了一下贝克汉姆的头发，拍了拍他的头。

贝克汉姆立即做出了反应，把腿伸向了对手。他的脚移动了不到 60 厘米，只稍微碰到了西蒙尼的身体，但阿根廷人顺势倒地并紧紧抱住了自己的大腿。贝克汉姆当即知道自己犯了大错，准备接受最坏的结果。裁判高高举起红牌，他只觉得手脚冰凉。

最终，英格兰队在点球大战中输掉了比赛。贝克汉姆被罚出场后，在更衣室度过了余下的时间。他知道自己会遭到英国媒体的口诛笔伐，但他还是没有预料到自己和家人会遭到怎样的抨击。

第二天，英格兰队回到了希斯罗机场。一下飞机，这个 23 岁的年轻人就被摄像机和记者包围了。他收到了邮寄来的子弹，他的肖像被挂在路灯柱上点燃，一家在全国范围内发行的报纸还把他的照片做成了飞镖靶。

在下一个赛季的首场比赛中，他只有在警方的保护之下才能进入赛场。每次他一接球，对方球迷就爆发出山呼海啸般的嘘声。他不过是在世界杯上，面对对手的恶意挑衅犯了小错，却被当成罪犯对待。很多评论者对他是否能坚持到赛季结束都表示怀疑，一名记者写道："贝克汉姆的足球生涯令人担忧。没人指望他能从这次危机中复原。"

结果，那是贝克汉姆职业生涯中表现最好的一个赛季。曼联队赢得了三冠王（英超联赛、英国足总杯和欧洲冠军杯），成了英国历史上首支，也是唯一成就这项伟业的球队。贝克汉姆几乎参加了每一场比赛。赛季结束时，他被票选为当年的世界足球先生第二名，仅次于代表巴西和巴塞罗那队的里瓦尔多，超过了巴蒂斯图塔、齐达内、维埃里、菲戈、舍甫琴科和劳尔等众多巨星。

他在那个赛季对球队做出了非凡的贡献。他在联赛中助攻16次，在欧洲杯上助攻7次。他打入了很多关键进球，包括英国足总杯半决赛上对阿森纳队的首粒进球和英超联赛最后一场对热刺队扳回比分的一球。在欧洲杯决赛进入伤停补时阶段后，曼联凭借两次角球，硬生生从拜仁慕尼黑队手中抢走了冠军，这两次角球都是贝克汉姆主罚的。那个赛季，他的表现无可挑剔。

但让我们回过头去，看看那个赛季曼联队的首场比赛，对手是莱斯特城。当时曼联以1比2落后，并获得了一次任意球的机会，罚球点就在禁区边缘。这对贝克汉姆来说是一次重大考验，因为当时距圣埃蒂安的红牌事件仅有几个星期，贝克汉姆整场比赛都面对着对方球迷的嘘声。他后来说，他在摆放皮球时非常紧张，但当他后退几步，准备罚球时，他感到一切都变了。他说：

> 准备踢出任意球时，我感到自己的意志力变强了。当时我很可能会沮丧消沉，担心结果，但我感到了内心的坚强。部分原因是（曼联球迷）给我的巨大支持，但也是因为我多年的刻苦练习，我在风雨中踢过的几万次任意球。是那种练习给了我信心。

很少有人能像贝克汉姆在圣埃蒂安那样，面对天下皆知的逆境。

要抗争逆境、从失败中站起，完全取决于我们如何看待挫折。失败是为了证明我们能力不足吗？失败了就意味着我们没本事完成任务吗？这是固定型思维模式的人才会有的反应。他们在阻碍面前气馁，丧失了求胜的意志。他们千方百计地逃避挫折，即使这些挫折能让他们获益。

但如果你把失败看成学习的机会，相信练习的力量能帮你在困境中成长，你的积极性和自信心就不会被任何困难动摇。你会向失败敞开怀抱，把它当作进步的良机。无论是改进吸尘器、创建科学新理论，还是展开大有前途的足球生涯，都是如此。

"被罚出场很倒霉，但我学到了宝贵的一课。"贝克汉姆对我说，"生活不就是这样吗？"

尾声：放眼全局

真理观的历史变迁

历史学家的研究表明，几乎每一个社会对世界的运行方式都有自己的理解，这种理解通常建立在神话、宗教和迷信之上。古代的社会都认为这种理解是神圣不可侵犯的，有人胆敢反对往往会被处以死刑。掌权者不愿见到任何证明他们错误的证据。

哲学家勃里安·马奇（Bryan Magee）曾说："真理在代代相传时应该保持清白，不可蒙受污点。根据这个理念，传递真理的机构一直在发展——从秘密宗教仪式到教会，发展到更高层次就是学校。"这种学校从不会承认新理念，还会把任何胆敢触犯教条的人驱逐出去。

但到了人类历史的某个阶段，这一理念发生了变化。对真理的批评得到了宽容对待，甚至受到鼓励。哲学家卡尔·波普尔指出，这种变化最早在古希腊时代产生，但具体的产生时间其实并不重要，重要的是这种变化的实际意义。这种变化为教条传统画上了句号。波普尔表示，在人类知识的进化过程中，这是语言诞生以来最重要的时刻。

无疑，波普尔是正确的。在古希腊之前的很多个世纪里，知识的历史含义几乎完全在于保存并保卫已有的知识，无论这种知识是宗教的、实践的还是属于部落的,这种保护性趋势在人类历史上非常普遍,多年以来一直是人类学家研究的一个重点。

远古部落居民之所以会这样做,原因无非是他们受困于固定型思维模式。他们认为真理是由神明或具有神力的祖先揭示的。他们觉得没有任何必要再去创造新知识。新发现不会被当作学习新知识的机会,而是对现有世界观的威胁。

实际上,那些胆敢质疑传统知识的人经常被施以暴力。在历史上,新思想往往不会受到理性的考验,而是会受到武力的镇压。查尔斯·菲利普斯(Charles Phillips)与艾伦·阿克塞尔罗德(Alan Axelrod)合著的《战争百科全书》(*Encyclopedia of Wars*)一书指出,在人类历史上,有123次战争冲突爆发的原因与意见不合有直接关系,这种意见不合可能发生在不同宗教或意识形态之间,也可能发生在同一宗教的不同教派之间。

再来回想一下认知失调。受这种情绪影响,不和谐的证据会被歪曲或忽视。由意识形态引发的战争可被视为消除这种不和谐的极端手段:你不再对不利于你的证据不闻不问,而是直接杀死持有不同意见的人。这种方式确实能保证宗教和传统不受质疑,但也彻底破坏了一切进步的可能。

但古希腊时代对这一切发起了挑战。勃里安·马奇写道:"(古希腊时代)为传递神圣真理的传统教条画上了句号,并开启了批判性探讨理论发现的新传统。这是科学方法的启蒙时代。错误不再被当成灾难,而开始被看作一种优势。"

你可以把这句话的重要性看得无比之高。在古希腊,错误不再被视为灾难、威胁或是需要消灭的东西。恰恰相反,如果有证据能够证明人们信奉的理论的缺陷，它就会被视为一次学习的机会，一次修正世界观的契机。科学知识是动态的而非一成不变的，是能够通过批评性的研究进步，而非由权威人士代代相传的。色诺芬尼（Xenophanes）曾写道：

> 众神并未从一开始
> 就向我们揭示了万事万物
> 而是随着时间的流逝
> 通过不懈找寻
> 我们才能学习并更好地了解事物

这种理念上的微妙变化有着惊人的效果。古希腊是人类知识的历史上最为百花齐放的时代，涌现出了无数缔造整个西方知识体系的先贤大师，包括苏格拉底、柏拉图、亚里士多德、毕达哥拉斯和欧几里得等人。这一时代微妙而深刻地改变了整个世界。曾在英国斯旺西大学任古典文学教授的本杰明·法灵顿（Benjamin Farrington）表示：

> 我们惊异地发现自己站在了现代科学的门槛上。我们不该认为，（古希腊手稿中）的精华知识是因为翻译的花招才体现出了一丝现代的气息。真相与之恰恰相反。这些文稿的词汇和行文方式才正是我们现在的词汇和写作手法的源泉。

但遗憾的是，这一时期没能得以延续。从我们现在的角度看，人类知识前进的步伐戛然而止，令人措手不及。从古希腊到17世纪的大部分时间里，西方科学走进了一条死胡同。哲学家、科学家、政治家弗朗西斯·培根有力地指出了这一点。他在 1620 年出版的巨著《新工具》(*Novum Organum*) 中写道："我们所拥有的科学大部分来自希腊人。（中略）从希腊人的所有那些体系当中，以及从它们所衍出的各别科学当中，过了这么多年，竟指不出一个实验是趋向于救济和嘉惠于人类情况的。"[①]

这真可谓一段辛辣的评论。这段话主要是为了表明，科学几乎对"嘉惠于人类福祉"毫无助益。对已经习惯科技改变生活的我们来说，这段话很值得注意。在培根的时代，这才是科学历来的面目。科学进步从未发生过。

科学进步的脚步为何停顿了？答案不难找到：世界又回到了老旧的思维模式上。早期的宗教教义与亚里士多德（他已经被奉为圣贤）的哲学相结合，形成了一个新的、神圣不可侵犯的世界观。任何有悖基督教教义的思想都会被看作对神明的亵渎，持异见者会遭到惩罚。错误又一次成了灾难。

不利证据遭到忽视或扭曲的最佳例证要数犹太教和基督教共有的说法"女人比男人多一根肋骨"了，它来源于《圣经》中的记载：夏娃是用亚当的肋骨创造的。无论在任何时候，要证明这种说法的荒谬，人们只需要做一件非常简单的事：数一数肋骨到底有几根。男人和女人的肋骨数是一模一样的，这是一个再明显不过的事实。

然而，这个"真理"竟然一直被奉为圭臬，直到佛兰德解剖学家安德烈·维萨里（Andreas Vesalius）于 1543 年彻底将其证伪。这再

[①] 本段译文引自商务印书馆 1986 年版《新工具》，许宝骙译。——译者注

一次证明了由于我们对错误的恐惧,由于我们保持现状的强烈欲望,错误可以在光天化日之下几乎永远地存在下去。

培根最伟大的成就在于,他挑战了限制人类长达数百年的教条化知识体系。像古希腊人一样,他指出科学不是为了捍卫真理,而是为了向真理发出挑战,科学在于试验与学习的勇气。他写道:"科学真正的、合法的目的无过于此:赋予人类新的发现与力量。"

他还对证实性偏见的危险性做出了警告:

> 人类理解力一经采取了一种意见之后(不论是作为已经公认的意见而加以采取或是作为合于己意的意见而加以采取),便会牵引一切其他事物来支持、来强合于那个意见。纵然在另一面可以找到更多的和更重的事例,它也不是把它们忽略了,蔑视了,就是借一点什么区分把它们撇开和排掉,竟将先入的判断持守到很大而有害的程度,为的是使原有结论的权威得以保持不受触犯。[①]

培根和伽利略等伟大的思想家的工作,开启了第二次科学革命的序幕。理论开始接受试验批判的检验了,这样做的直接结果就是创造力的爆发。对权威思想的全面检验不再被认为是不敬的,而是理所应当的。错误又一次从灾难变成了优势。

并不是说先贤的思想与理论毫无价值,恰恰相反,那些经历了选择过程的理论、经历了严格检验的经验法则、经历了长期测试的实践知识以及那些错误与无数的失败,其重要性都是无法用价值来

---

① 本段译文引自商务印书馆 1986 年版《新工具》,许宝骙译。——译者注

衡量的。

我们是丰厚知识遗产的受益人。如果记载了这些知识的石板被擦得一干二净,如果我们祖祖辈辈累积起来的知识有一天消失不见,我们将会陷入迷惘。卡尔·波普尔说过:"如果我们回到亚当的时代(指仅具备原始人类的微薄知识),我们不会比他走得更远。"

但那些由权威人士提出、号称解释了世界规律而且从不会失效的理论,则是另一回事了。这种思想及其暗含的神圣不可侵犯的性质是极具破坏力的。科学方法的意义就在于通过直面错误的意愿来拓展我们知识的边界。

再回头想想伽利略是如何推翻亚里士多德关于重物下落速度比轻物更快的理论的(一个可能是杜撰的说法:他通过从比萨斜塔上抛下球体的试验推翻了这一理论)。这是一个重大的发现,同时也象征着失败的美好力量——一个简单的试验就能推翻历史上最受尊敬的智者的理论,并为新答案、新问题和新发现的诞生铺平道路。

但这两种世界观——一种是自上而下的昭示,一种是自下而上的发现——之间的争斗却愈演愈烈。当伽利略使用他新发明的望远镜观察到金星的相位和月球上的环形山后,他指出宇宙的中心是太阳,而非地球。

在当时,认为地球围绕太阳旋转的理论被认为是离经叛道的。《圣经》中《诗篇》的93章1节写道:"世界就坚定,不得动摇。"104章5节写道:"上帝将地立在根基上,使地永不动摇。"《传道书》的1章5节写道:"日头出来,日头落下,急归所出之地。"伽利略邀请基督教学者用他的望远镜观察新证据时,遭到了断然拒绝。他们不愿见到任何有悖地心论的证据,这简直是认知失调的最佳例证——他们干脆闭上了双眼。

伽利略在给德国数学家约翰尼斯·开普勒的信中写道：

> 亲爱的开普勒，我想我们应该嘲笑那些愚不可及的凡夫俗子。这所学院的学者们像蛇一样冥顽不灵，不愿睁眼看看行星、月球或是望远镜，即使我已经上千次地主动、免费为他们提供了这样的机会。对此你又能说什么呢？就像蛇没有耳朵一样，这些学者也在真理之光前闭上了双眼。

伽利略最终被迫收回了自己的观点，但使他这样做的并非理性的辩论，而是暴力的压迫。他被宗教法庭判决"有极大的异端嫌疑"，被迫"发誓放弃、诅咒并憎恶"自己的观点。他被判处终身监禁，后被改判软禁，困在家中度过了余生。

世间传说，伽利略在签字收回自己的观点时，口中低声念念有词："但（地球）还是在运动的。"

科学史上的这一幕证明，本书中的基本分析在人类历史长河中最重要的时刻也得到了反映。宗教对自然世界的认识是固定不变的。知识是被权威人士掌握的，而非通过从错误中学习的过程发现的。因此，进步的脚步才一直被束缚，这个过程持续了远不止几十年，而是长达数百年之久。

让我们再回过头看看医疗业，错误在这里被打上了不和谐的烙印。这体现在方方面面，其中就包括"资深医生不可能犯错"的文化暗示。难怪在医疗业中，学习和改进是如此困难的事。值得注意的是，资深医生无力面对自身的缺陷与弱点，甚至无法承认错误存在的可能，这一点有时被称为"上帝情结"。

同样,对刑事司法系统,人们长期以来被灌输了近乎对宗教的信念,认为自身是不会出错的。这种信念在发生错判时格外强烈。我们此前已经看到,一位地区检察官说过:"无辜者绝不会被判有罪,不用担心。这从理论上看就不可能。"如果系统如此完美无缺,为什么还要改革呢?

科学在其昌明时期,对待错误的方式与上面截然不同。这种方式建立在还有很多知识要学习,还有很多真相等待被发现这样一种积极的观念之上。哲学家希拉里·普特南(Hilary Putnam)说过:"科学与早期探求真相的方法之间的区别很大程度上在于科学家愿意让自己的想法接受检验,因为他们不认为这些想法是完美无缺……要把问题放在自然环境中,如果它们行不通,就要改变自己的想法。"①

社会科学的窘境

培根在17世纪就指出,自然科学走进了死胡同。而如今,社会科学也面临着同样的窘境。物理学、化学等自然科学的研究对象是物质,比如像台球一样的原子和行星;而政治、司法、商业和医疗等社会科学的研究对象则是人类本身。这个社会正需要经历一场培根式的革命。

培根批评中世纪的科学时称,知识是靠权威人士发现和传播的,这与当今社会科学中自上而下传播知识的教条不谋而合。当政治家们

---

① 科学方法也不是完美无缺的,人们必须时刻注意社会和机构性问题对进步的阻碍。这些问题包括出版偏见(只有成功的试验才会被发表在期刊上)、同行审查制度的缺陷以及很多试验的不可复制性等。想更好地了解此类问题,可参考 http://www.economist.com/news/briefing/21588057-scientists-think-self-correcting-alarming-degree-if-not-trouble。

鼓吹自己的想法和观念时，我们就会看到这个现象，比如穿校服能强化纪律、不良少年参观监狱可以受到震慑并停止犯罪行为等。他们觉得自己的想法不需要试验或数据的支持，因为他们认为自己仅凭主观判断或思考就能找到正确答案。

因为叙述性谬误，这种想当然的习惯根深蒂固，在自然科学中也发生过同样的问题。这也正是为什么我们觉得世界比实际上要简单。这些简洁、美好、符合直觉的故事（比如恐吓从善）让我们误以为自己已经对真实世界的复杂性有所掌握，而实际上我们并没有。这并不是说故事就没有价值，而只是说故事应该被还原成其本来面目：它们是需要经验甄别的修辞手段。

人类社会比自然世界要复杂得多。我们能用理论推测行星的运行规律，却没有理论来推测人类的行为规律。在我们从物理学、化学和生物学向经济学、政治学和商业领域拓展知识的过程中，寻找解决方案变得越来越难。但这一点恰恰增强而非削弱了从失败中学习的重要性。

我们要使用对照试验等进步的方式来进行检测，让错误发挥作用，还要有耐心反复经历挫折，直到成功。在困难情况下，我们不能自上而下推行未经检验的解决方案，并且要试着自下而上地发现未知。

尽管我们在过去几百年的现代科学史中一直在应用试验和数据，但在社会科学中，这种手段却被忽视了。在2004年之前，教育领域内仅进行过数十次对照试验，而在物理学中，这样的试验却数以万计。

我们今天对物理学的复杂性已经有了全面的了解，不再像中世纪那样一无所知。我们把火箭科学当成终极的智力工作，为相对论和量子论深深着迷。我们知道，富有创造性的科学工作者们为自然科学带来了巨大的飞跃，同时我们也明白这种创造过程是需要通过试验检验的。科学进步至少有部分是精确导向的，这是培根为我们留下的遗产。

然而讽刺的是，在社会科学领域，我们却往往愿意相信直觉。政治评论家们所知甚广，他们这个星期还在探讨教育问题，下个星期又去谈论司法制度了。他们的语言往往具有很强的力量，但很少有记者或是评论家自觉有能力谈论工程学或是化学问题，至少在没有掌握过硬数据的情况下是这样的。在这些领域，他们总是重证据而轻叙述。

但在社会科学中，情况却常常是相反的。在没有证据的情况下，叙述反而被认为更具有说服力。我们会信服坚定的主张，而这往往是直觉的同义词。时任英国大法官、司法大臣克里斯·格雷林（Chris Grayling）曾表示："上届政府过分依赖试验计划。有时你只需要相信并放手去做。"这种对证据的蔑视与古代科学的遭遇如出一辙。

我们在第 7 章提到过，近两个世纪以来的学者大都倾向于自由市场经济与自由社会，正是因为这种体系对人类"推行未经测试的措施"这种倾向性构成了阻碍。自由市场之所以成功，很大程度上是因为这种体系能够累积成千上万次"有用的失败"，并加以利用。与之相对，计划经济正是因为不具备这种能力才乏善可陈。

和其他具有革命性的体系一样，市场经济也填补了我们知识的空白。这种体系并不完美，也常常需要政府进行干预才能运行良好，但市场成功的关键因素在于其自身的适应性。企业做出各种各样的尝试，有些失败了，有些成功了，所有这些都为市场积累了更多知识。长期来看，破产这一无可辩驳的破坏性测试让认知失调现象不复存在。一名破产的企业主无法假装他的战略获得了成功。

以社会宽容的价值观为支撑的自由社会也有同样的好处。英国哲学家约翰·斯图亚特·穆勒（John Stuart Mill）曾撰文论述"生活试验"的重要性。他为自由辩护的理论基础并非抽象的价值观，而是一种认知：文明社会需要磨难与错误。他指出，社会性的服从意识害处极大，因为这种意识局限了试验的进行（在社会学上，这等同于向权威屈服）。批评与异议非但不会扰乱社会秩序，而且对社会至关重要。它们能刺激新思想，激发创造力。[1]

"仅只防御官府的暴虐还不够；"穆勒写道，"（我们还要防卫）得势舆论和得势感想的暴虐，防卫社会要借行政处罚以外的办法来把它自己的观念和行事当作行为准则来强加于所见不同的人。"[2] 与波普尔一样，穆勒对自由主义的论述很大程度上以培根对自然科学的发现，即世界的复杂性与我们的理解力之间的差异为基础。

但穆勒没有指出（这并不奇怪，因为当时还没有随机对照试验），只靠磨难与失误是不足以驱动快速进步的。这是为什么呢？因为通过对观察反馈的误读，社会的复杂性可能造成很大的破坏。

具有实用价值并符合伦理道德的对照试验能够通过分离因果关系推动进步，但这种方法也不是万能的。我们要留心无意中造成的后果与整体环境，这些常常被进行随机对照试验的人忽略。

在科学、商业和技术等领域，要发生创造性飞跃和范式转移，往往需要联系不同概念和想法的能力。再说一次，我们只有面对问题和失败时才能激发想象力，把不同的概念联系起来。

这样分析问题，似乎是让我们对自己的智力保持谦逊的态度，承

---

[1] 创造力研究者查兰·内梅斯表示："少数异议观点的存在会激发更多的创造性……"
[2] 本段译文引自商务印书馆 1986 年版《论自由》（On Liberty），程崇华译。——译者注

认我们的想法与理论常常充满缺陷。但如果是这样,要怎么解释很多成功人士都很果断甚至是武断的事实呢?企业家和科学家常常会冒着很大的风险去捍卫科学理论或商业理念,这似乎与科学和市场以从错误中学习而非自上而下的知识为指导的观念不符。

因此,有必要分辨两种不同层面的分析。在联合利华的喷嘴问题上,我们把数学家的方法(通过理论得出了无效的解决方式)称为自上而下的方法,把生物学家的方法(通过试验得出了有效解决方式)称为自下而上的方法。

但现在,让我们假设这个设计了有缺陷的喷嘴的数学家团队是联合利华雇佣的25个数学家组成的团队之一。假设每一个团队设计的喷嘴都经过测试,选出最好的,然后让所有团队以这个最好的喷嘴为基础重新设计,如此循环往复。这样一来,这个方法就完全不同了。这就是变化的重要性。这个概念与生物进化有相似之处。

如果让多种自上而下的方法互相竞争,并用破坏性试验去找出最有效的方法,整个系统就开始显现出自下而上的特点了。成功的市场经济就是这样:企业家们互相竞争,优胜的策略会被对手复制并做些改进,如此循环往复。很多科学家也具备这种开创精神,他们会对现状发起挑战,希望发现新知。

换句话说,自上而下和自下而上两种方法之间的区别不仅在于行动的方式,也在于所处的层面。在系统层面上,自下而上的学习方式之所以重要,是因为适应有其必要性。在航空业、自由市场、生物进化以及普通法系中都是如此。

而在个人层面上,这个问题则更具开放性。哪种方法能帮助一个独立的组织更快地进步呢,是反复改进直到成功,还是想出一个大胆的创意并坚持到底？如我们所见，在高科技领域，世界变化得太快，企业家们发现有必要频繁地改进方案。他们也会有大胆的创意，但这些创意要被做成最小可行性产品，面对早夭的可能性。如果早期用户们对这个创意满意，还要通过终端用户的反馈对其反复进行改进。

也就是说，那些重视自下而上学习方式的企业家会在竞争中占得上风。这在快速变化的世界中是一个强有力的优势。如果通过反复改进，就能以低成本快速取得进步，那么傻子才会放过这样的机会。无论是对个体还是系统来说，成功都越来越取决于适应能力。

换句话说，成功取决于从错误中学习的能力。

我们能做什么

在看过整体情况后，让我们再来看看要如何把这本书中的道理运用到实践中去。我们要怎么把从错误中学习的能力应用在我们的工作中和日常生活里呢？

首先，最重要的一点是要彻底改变我们对错误的认识。一直以来，各种类型的错误都被认为是令人羞耻的、不符合道德的、近乎肮脏的。《拉鲁斯法语词典》（French Larousse Dictionary）从历史的角度把错误定义为"想象力匮乏、思想备受压制的时段"。

这种理解在今天仍然存在。正是因为这种对错误的认识，孩子们才不敢在课堂上举手回答问题（答错了该有多丢脸！），医生们才会掩饰自己的错误，政治家们才会拒绝对其政策进行严格测试，谴责和诿过才会如此普遍。

无论是身为企业家、老师、教练、各行从业者还是为人父母，我们都必须改变这种对错误的认识。我们不能再把错误当成一件肮脏和羞耻的事，而应该把它当成一种鞭策和教育。我们要让孩子们形成这种思想：失败是生活和学习的一部分，想要逃避失败就会导致进程停滞不前。

我们应该互相鼓励，要去尝试，去试验，去展现耐心与决心，要勇于从自我调查中学习，要有智慧与勇气去看清证据的本来面目，而不是将其幻想为我们希望它呈现的模样。

如果我们只会互相鼓励要去把事情做对，要尽善尽美，要完美无缺，那么我们其实是在暗示我们可以不通过失败走向成功，不跌倒也能攀登高峰。在这个纷繁复杂的世界里，这种想法是错误的。无论是在生活还是在工作中，我们都要对这种误解发起挑战。

要这样做，就必须掀起一场变革。对错误的积极态度会改变我们职业、学校和政治机构的方方面面。这并不容易，无疑会遇到阻碍，但值得为之奋斗。我们不能再对批评和不利证据视而不见，我们应该去直面它们。

作家勃里安·马奇在卡尔·波普尔著作的基础上写道：

> 他人能给予我们的最大的帮助莫过于指出我们思想或行动上的错误。这种错误越严重，我们可能从中获得的进步就越大。对那些欢迎批评并愿意改正的人来说，这种批评几乎比友情更宝贵。而那些固执己见的人则永远不会进步。如果我们的社会能广泛地用波普尔的态度来看待批评，那么这个社会和人与人之间的关系就会发生彻底的改变，对组织机构来说也是如此。

一旦我们具备了这种思维模式，就能创建一种制度，把适应的力量运用到我们的生活中。要怎么把这种思维模式付诸实践呢？首先，我们要改进自己的判断和决策能力。我们在第3章中看到过，从错误中学习后，直觉判断力会有所提升。象棋大师就是靠这种方法培养技巧的，儿科护士也能靠这种方法诊断出表面上难以察觉的疾病。

但现在考虑下面的问题。你是否曾经判断失误？是否曾有证据证明你是错误的？你的决定是否曾与客观数据相悖？如果这些问题中有任何一个的答案是"否"，那么几乎可以肯定，你什么也没学到。这不是意愿或勤奋的问题，而是铁一般的逻辑。你就是一个在黑暗中打球的高尔夫球手。

再来回想一下第3章中提到的精神科医生的例子。他们之中的大多数人都是勤勉并富有同情心的，然而他们的技能却没有随着从业时间增长而提高。为什么呢？答案很简单。大多数精神科医生衡量患者康复程度的方式不是通过客观数据，而是通过在诊室内的观察，但这种方式很不可靠，因为病人可能为了取悦医生而夸大疗效。此外，精神科医生很少在治疗完成后追访病人的情况。这意味着他们无法获知治疗的后续效果。

要如何解决这种问题呢？即使不懂精神疗法方面的知识，也可以找到答案。精神科医生需要切实的数据来提示他们哪里有问题，借此改进自己的判断，并更进一步地改进他们理解问题的方式。

理解了这一点之后，我们再来看，如果精神科医生能通过一套标准化的问诊程序获知病人的康复情况，情况会发生怎样的变化。这样一来，医生们就能获得更多客观信息，以更好地了解病人恢复的程度。如果长期疗效得到谨慎的追踪，再结合切实的、类似疾病的历史数据，医生就能直接得到反馈，了解病人的恢复情况是否正常了。

尾声：放眼全局

这种方法为进步做好了准备。一个心理学家团队发表了一篇里程碑式的论文，具体提出了上述改进办法。这篇论文指出："各种疾病的恢复情况都会有可靠的标准，医生们可以把患者的康复情况与这种标准做比较。医生可以用这种反馈调整治疗方法，以取得最佳治疗效果。"

需要说明的是，这种方法不仅适用于精神治疗，也适用于各类直观的专业知识和决策活动。如果我们在一个得不到有效反馈信息的环境中工作，我们就无法进步。我们必须把获取"错误信号"的方式制度化。

这种方法也可以用来提高体育运动的水平。在运动领域，反馈信息几乎都是即时的，而且非常明确。如果我们在打高尔夫球时击球出界或者在打网球时对一次正手击球的时机判断失误，我们马上就会知道问题出在哪里。但先进的训练方式能够将反馈信息的数量和质量最大化，提升进步的速度。

以橄榄球为例，每当一名球员没能控制住队友传给他的球，他就能学到一点东西。久而久之，他的神经系统适应了这种运动，就能锻炼出更好的球技。但是，如果一个年轻球员在全尺寸球场上练习，少有触球的机会，那么他的进步速度就不会太快；相反，如果他在小一些的场地上练习，能够频繁地触球，技巧就会很快提高。

橄榄球中的各种技巧都与这种反馈有关，包括感知能力、运球、传球以及在实战中把这些技能结合起来的能力。伟大的教练不会只满足于营造一种允许进步的环境，他们更致力于找出最有效的训练方法。球员能进步还不够，他们要的是速度最快、幅度最大的进步。

与此类似，在医疗业内，有不少人认为弗吉尼亚-梅森医疗系统是降低医疗错误最有效的体系。同样，也有人指出丰田生产系统是提高生产线效率的最佳方式，但这两种体系终究会被超越。我们会创造出更有效率、更具革命性的体系，不仅在医疗业和制造业，在航空业也是一样。①

那么，要如何从不同的进化系统中做出选择呢？试验是个好办法。比如，在橄榄球运动中，你可以把一队能力相当的年轻选手随机分成两组，让他们采取不同的训练方法，几周之后，把他们召集在一起，看看谁的进步大。在测量方法客观的前提下，用这种对照试验的方式，能够排除其他干扰因素，找出哪种训练方式更有效。换句话说，这种选择进化系统的方式本身也具有进化的特点。

要利用失败的力量，需要解决的另一个实际问题是降低这样做的成本。对企业和政府来说，降低成本的一个方式是推出试行计划，这让企业和政府有机会在小规模的摸索中学到东西。但关键在于设计这些计划的目的是要测试而非肯定设想。如果你为这种试行计划投入过多，只为追求最佳效果，那么你还是不会学到任何东西。

哈佛商学院的艾米·埃德蒙森指出：

> 负责试行新产品或新服务的管理者们……往往会尽己所能，保证试行产品一推出就完美无缺，但具有讽刺意味的是，这种对成功的渴望却可能阻碍正式产品的成功。负责试行产品的管理者们往往为产品设计了最佳而非最有代表性的条件，因此这些产品无法让人发现哪里有问题。

---

① 要更好地了解从错误中学习的方法是如何改变航空业的，还有哪些有益的想法能帮助航空业在未来继续发展，请参见西德尼·戴克的演讲：https://vimeo.com/102167635。

我们已经了解过随机对照试验这种有力的方法。在商业领域，这种方法已经得到了推广，但在政治等领域，对随机对照试验的应用还很不够。"行为观点团队"（The Behavioural Insights Team）为了解决这个问题在2010年应运而生。这是一个小规模的组织，最初诞生于唐宁街10号英国首相府，如今是一家抱有社会责任感的公司。这家公司实行的随机对照试验数量已经超过英国政府历史上所有此类试验的总和（遗憾的是，这其实说明不了什么问题——政府做的试验实在太少了）。

在位于伦敦中部的办公室里召开的几次会议上，这个团队对一些在英国国内和海外进行的试验展开了讨论。在一个试验中，他们尝试用不同的方式（包括不同的用词等）写信给不能按时报税的危地马拉纳税者。最有效的写信方式使得这些人上交的税额增长了 **43%**。这就是测试的力量。"在英国和海外，测试仍然会遭遇很强的政治阻力。"行为观点团队的首席执行官大卫·哈尔彭表示，"但我们在慢慢取得进展。"

最近几年，另外一种"以失败为基础"的方法越来越频繁地出现，这就是所谓的"死前验尸法"。使用这种方法的团队会在一个计划付诸实施以前就去研究它为什么会失败，这是顶级的"尽快失败"的方法。这种方法的核心思想在于鼓励人们对自己的担忧畅所欲言，而不会因为害怕悲观论调而闭口不言。

"死前验尸法"与考虑可能出现的问题有着根本不同。采用这种方法的团队一开始就会被告知"病人已死"。项目已经失败了，没能达成预期目标，计划泡汤了。团队成员会被要求找出失败的合理解释。通过把失败具体化而非抽象化，人们思考问题的方式也会产生变化。

著名心理学家加里·克莱因（Gary Klein）指出，所谓的"前瞻性后见之明"（prospective hindsight）能让人对未来后果的解释准确率提高30%。这种观点也得到了很多主要思想家的支持，其中就包括丹尼尔·卡内曼（Daniel Kahneman）。"'死前验尸法'是一种很好的方法。"他说，"我在达沃斯论坛上介绍过这种方法……一家大型企业的董事会主席说，学到了这种方法就没白来一趟。"

在使用"死前验尸法"的过程中，团队领导者会要求成员设想项目出现了严重的问题，并在纸上写出出现问题的原因，然后，这位领导者会让每名成员读出一条原因。从项目管理者开始，每个人都要发言。

克莱因举例说明，这种方法能让本来被掩盖的问题浮出水面。"在一家《财富》50强公司中，一名主管提出，一个价值数十亿美元的环境可持续发展项目'失败'了，因为随着首席执行官的退休，股权降低了。"他写道，"另一名主管把'失败'归咎于政府调整政策后导致业务状况的稀释。"

"死前验尸"的目的不是否决计划，而是加强计划，这种方法也很容易施行。"我的观点是，对一个即将实行的计划进行'死前验尸'不会导致这个计划被弃置。"卡内曼说，"但这个计划可能被加以改进，变成更有利的形态。因此，'死前验尸'是一种低成本、高收益的方法。"

在这本书中，我们介绍过边际收益、精益创业等各种方法。这些方法的意义在于它们能够利用进化机制的无穷力量。在顾及背景的前提下，以成长型思维模式为指导，这些方法就能开启一项威力无穷的进程：累积适应。

持续改变

在一个早春的晴朗下午,我拜访了马丁·布鲁米利。这本书的开头讲述了这位飞行员的故事,在 2005 年的一次常规手术中,他失去了妻子伊莱恩。他的两个孩子亚当和维多利亚,当时分别是 4 岁和 5 岁。在我写下这本书时,他们又长大了 10 岁。

北马斯顿是一个颇具古典美的英格兰村庄,村庄中心是一家名叫"朝圣者"的小酒吧。村庄四周有小山和绿草环绕,大约 800 人在此毗邻而居。在和煦的阳光下,我开车沿着安静的道路来到布鲁米利家门前。

在客厅里,马丁向我介绍了他正在进行的保卫患者安全活动。虽然不声不响,但他仍然矢志不渝地以无偿志愿者的身份领导着"医疗中的人为因素组织"(Clinical Human Factors Group),并用大量业余时间呼吁推行一种思维模式:不要再把负面事件当成威胁,而应该把它们当成学习的机会。

我们见面几周前,马丁发了一条推特,以提问的方式来衡量这个活动的成果。他提出的问题和他的人一样,很简单,但一下就问到了点子上:"你们能用具体的例子说明你从我妻子的死中学到了什么吗?你们学到的东西是如何引起改变的?"

几分钟内,就有很多人回复了他。回复者不仅来自英国,也来自世界各地。来自斯温登的一名呼吸与重症监护科医生马克写道:"在那件事后,我们增加了模拟训练。这对提高护理质量有很大影响。"

在药品安全行业工作的尼克写道:"我们给本科生和研究生讲述了你的故事,让他们讨论紧张环境下的注意力和如何提醒上级注意等问题。"护理学高级讲师乔·托马斯写道:"你的力量不仅触及了手术室、麻醉室、康复室中的医生，还对现有的设想发起了挑战。"

来自澳大利亚悉尼的麻醉师杰夫·希里写道："你的力量与勇气教育了至少两代麻醉师。无数人因你的工作而得救。我们每天的工作都与这件事相关。"

这些回复展现出的事实也是这本书的基础。从错误中学习，听上去也许是管理学的陈词滥调，会被当成老生常谈或是枯燥乏味的准则，但马丁·布鲁米利的工作应该能帮我们把眼界放得更宽。从错误中学习有着深刻的道德目的。它能拯救生命，并让人类生活变得更加美好。马丁说：

> 毫无疑问，医疗业的很多领域已经取得了进步。十年前，在医院感染金黄色葡萄球菌会被当作"难以避免的失误"，人们认为我们对这种问题无能为力。今天，我们已经确实愿意面对这些问题并思考如何在未来防止类似伤害了。
>
> 但这种思维模式还远远称不上普及。只要看看英国和世界各地的可预防死亡数字，就能知道掩盖错误的倾向仍然严重，人们仍然害怕独立调查会揭露问题。我们需要让这种态度来个180度的转变。这是医疗业最重要的问题。

日落时，布鲁米利家的房门打开了。亚当和维多利亚放学回家了。那天正好是亚当的14岁生日，他激动地说晚上要出去吃比萨。我问他们长大以后想做什么，维多利亚立即回答道："我想当飞行员。"亚当也对航空表现出了兴趣，但他更想当个气象学家。

我和孩子们谈论了他们的父亲在改变医疗业态度方面的工作。亚当说："我真为爸爸感到骄傲。他在那个组织上花了那么多的时间，可他还有全职工作。如果你在十年前对他说他能做出这么多成绩，他是不会相信的。他现在几乎每周都能收到来信和留言。"

维多利亚坐在亚当身边，点头同意弟弟的话。"妈妈的死对我们来说都很难接受，我们也知道无论如何她都回不来了。"她充满感情地说，"但我希望爸爸继续他的工作，让别人的家庭不再像我家一样遭受痛苦。"

维多利亚停顿了一下，然后表情又快乐起来："我想妈妈也会希望如此。"

后　记

我在生活中曾多次遭遇失败，特别是做乒乓球运动员的时候，所以这本书的主题与我本人有很深的关系。我写这本书，是因为我发现成功的人、组织和体制都有一个共同点，那就是一种对失败的健康、有力的态度，无论对大卫·贝克汉姆、詹姆斯·戴森、航空业还是谷歌公司来说，成功的秘诀都是如此。

这本书也经历了一系列重复打磨的过程，希望每次改写都能得到一些边际收益，就像书里写的那样。每次改写，我都会从读到早期版本的朋友和同事那里得到建议。在这里，我要深深感谢丹尼·芬克尔斯特恩、大卫·巴比诺、克里斯·迪罗、马克斯·鲁特、本·普莱斯顿、安迪·基德、凯西·温克斯、卡尔·马克雷、马克·托马斯、迪莱斯·赛义德、大卫·霍尼格曼和詹姆斯·耐勒。这本书的任何缺点都要归咎于我本人，我希望能从这些缺点中学到东西。

我还想感谢本书英国版本的编辑尼克·戴维斯，美国版本的编辑艾米丽·安吉尔以及我的经纪人乔尼·盖勒，他总是充满热情和创意。我也从《时代》杂志的同事们那里得到了很大的支持，包括蒂姆·哈利赛、尼古拉·吉尔和约翰·维斯罗。《时代》是一本出色的出版物。

写作这类书籍的一个最大的享受就是我能接触到让人大开眼界的

书籍、论文和杂志文章。我想在此列出对我影响最深的书籍,包括卡尔·波普尔的一系列著作:《科学发现的逻辑》(The Logic of Scientific Discovery)、《猜想与反驳》(Conjectures and Refutations)、《开放社会及其敌人》(The Open Society and its Enemies)、《历史决定论的贫困》(The Poverty of Historicism)与《无尽的探索》(Unended Quest)。我也从托马斯·库恩的《科学革命的结构》(The Structure of Scientific Revolutions)和保罗·费耶阿本德(Paul Feyerabend)的《反对方法》(Against Method)这两本书中得到了很大的享受与助益。

很多杰出的流行书籍也对我的写作起到了影响,包括西德尼·戴克的《公正文化》、彼得·普洛诺沃斯特的《安全患者,智能医院》、詹姆斯·瑞森的《人为失误》(Human Errors)、凯瑟琳·舒尔茨的《犯错》、蒂姆·哈福德的《适应性创新》、纳西姆·尼古拉斯·塔勒布的《反脆弱》、阿图·葛文德的《医生的修炼》(Complications)、卡罗尔·塔弗瑞斯和埃利奥特·阿伦森的《有人犯了错(但不是我!)》、吉姆·曼兹的《失控》、艾米·埃德蒙森的《团队合作》(Teaming)、斯蒂芬·约翰逊的《好主意从哪里来》(Where Good Ideas Come From)、艾德·卡特姆的《创意公司》、卡罗尔·德韦克的《自我理论》(Self Theories)、乔纳·雷尔(Jonah Lehrer)的《决定性时刻》(The Decisive Moment)和勃里安·马奇的《哲学与真实世界》(Philosophy and the Real World)。

我还要感谢我的采访对象、某些特定章节的试读者和其他所有给予我帮助的人。书里已经提到了很多人的名字,但我想特别感谢詹姆斯·戴森、欧文·休斯、大卫·哈尔彭和行为观点团队、吉姆·曼兹、大卫·本特利、卡罗尔·德韦克、罗伯特·道斯、西德尼·戴克、史蒂夫·亚特、梅根·马霍尼、梅赛德斯车队和天空车队成员、托比·沃德、马克·麦卡锡、托尼·麦克海尔、瑞塔·温克斯、大卫·贝克汉姆、史蒂夫·琼斯和埃斯特·迪弗洛。

最后，我要感谢我了不起的妻子凯西、我们的孩子艾薇和泰迪、我的父母阿巴斯和迪丽斯。这本书是献给你们的。

出版后记

"失败是成功之母"的道理人人皆知，但在实际生活中，人们又是如何看待和对待失败的呢？

作为一名退役运动员，马修·萨伊德对失败与成功、错误与改进之间的关系有着充分的认识。他从医疗失误入手，对比得出了这种随处可见的悲剧与航空业界重大事故之间最大的不同——错误和失败能对行业制度的改善起到多大的促进作用。他指出，在多种因素作用下，这两类行业对待失败的不同态度，导致医疗业在闭路循环中裹足不前，而航空业却能从每一次过失中吸取教训，不断提高整个行业的安全性。他将讨论扩大到司法、政治和商界，表明人类正是因此而进步的。

萨伊德还分析了给失败笼罩上阴影的谴责文化。失败后不探究教训而是狂热追责的倾向，以及对这种文化的恐惧，让人们更难以正视失败的事实。与此相对，在失败发生后积极寻求改善、拥有极强复原力的成长型文化，是如今创业精神引领经济发展的市场现状最需要的。无论是针对社会发展还是日常生活，这本书的现实意义可以延伸到当今世界的每一个角落。

© 民主与建设出版社，2024

图书在版编目（CIP）数据

黑匣子思维 /（英）马修·萨伊德著；孙鹏译. --
北京：民主与建设出版社，2024.6
书名原文：Black Box Thinking: The Surprising
Truth About Success
ISBN 978-7-5139-4558-5

Ⅰ.①黑… Ⅱ.①马…②孙… Ⅲ.①学习方法
Ⅳ.①G442

中国国家版本馆CIP数据核字（2024）第066425号

Copyright©2015 Matthew Syed
This edition arranged with Hodder & Stoughton Limited through Peony Literary Agency
Simplified Chinese translation copyright©2024 Ginkgo (Shanghai) Book Co., Ltd.
本书中文简体版权归属银杏树下（上海）图书有限责任公司。
版权登记号：01-2024-2135

黑匣子思维

HEIXIAZI SIWEI

著　　者	［英］马修·萨伊德
译　　者	孙　鹏
责任编辑	王　颂
封面设计	棱角视觉
出版发行	民主与建设出版社有限责任公司
电　　话	（010）59417749　59419778
社　　址	北京市海淀区西三环中路10号望海楼E座7层
邮　　编	100142
印　　刷	天津中印联印务有限公司
版　　次	2024年6月第1版
印　　次	2024年7月第1次印刷
开　　本	889毫米×1194毫米　1/32
印　　张	11.25
字　　数	270千字
书　　号	ISBN 978-7-5139-4558-5
定　　价	68.00元

注：如有印、装质量问题，请与出版社联系。